Zimmermann • Die letzte Fahrt der Hindenburg

Christa-Maria Zimmermann

# Die letzte Fahrt der Hindenburg

Loewe

Die Deutsche Bibliothek – CIP-Einheitsaufnahme

Zimmermann, Christa-Maria:
Die letzte Fahrt der Hindenburg / Christa-Maria Zimmermann.
– Bindlach : Loewe, 2000
ISBN 3-7855-3702-6

*Der Umwelt zuliebe ist dieses Buch*
*auf chlorfrei gebleichtem Papier gedruckt.*

ISBN 3-7855-3702-6 – 1. Auflage 2000

Umschlagillustration: Ulrike Heyne
Umschlagtypografie: Andreas Henze
Gesamtherstellung: Wiener Verlag, Himberg
Printed in Austria

## Die Hauptpersonen

Jakob Wohlfahrt, 15,
Lehrling im Hotel *Excelsior*, wird Hilfssteward

Thea Baum, 14,
muss aus Deutschland fliehen

Max und Philipp Köcherts (9 und 7),
sind die Söhne eines Frankfurter Juweliers

Dennis Johnson, 15,
aus Philadelphia, macht mit seiner Familie eine Europareise

Erika Aberle, 21,
Studentin der Kunstgewerbeschule, wird als Reisebegleiterin engagiert

Uschi Hoff, 22,
ist eine der ersten Stewardessen auf einem Zeppelin

Für meine Dritte, Theresa,
die Erika aus den Flammen rettete

I Das Spinnennetz vorm Fenster glitzert in der Sonne. Ob man die Fäden zählen kann?

„Was bekommt ein Junge, der seine Hausaufgaben nicht gemacht hat?" Der Vater sieht Jakob drohend an.

„Fünf Hiebe mit der Gerte." Jakob streckt mechanisch die linke Hand aus. Die rechte ist noch geschwollen von den Hieben von gestern. Er starrt das Netz an und beginnt zu zählen. Wenn ein Indianer am Marterpfahl steht, dann löst er seinen Geist von allem, was mit ihm geschieht, und richtet ihn auf etwas außerhalb seines Körpers – jedenfalls steht das im *Lederstrumpf,* einem von Jakobs Lieblingsbüchern.

Die Gerte zischt durch die Luft. Jakob atmet gleichmäßig und konzentriert sich auf das Spinnennetz. Als er bis fünf gezählt hat, verschwimmen die Fäden zu silbernen Schatten. Der Schmerz treibt einem das Wasser in die Augen, das kann man nicht verhindern. Aber das würde man nicht als Weinen bezeichnen, oder?

Der Vater lässt die Gerte sinken. Jakob blinzelt die Tränen weg und betrachtet seine Handfläche. Die Haut sieht sehr weiß aus gegen die dünnen, roten Striemen. Sie brennen, als ob jemand seine Hand gegen eine glühende Herdplatte presst. Er braucht jetzt kaltes Wasser, einen ganzen Eimer voll, dann wird das Brennen nachlassen.

„Marsch in dein Zimmer! Abendessen ist gestrichen! Du schreibst hundertmal: ‚Es ist meine Pflicht, meine Aufgaben zu erledigen.' In Schönschrift! Verstanden?"

Jakob nickt nur. Er ist nicht sicher, dass seine Stimme normal klingt. Er zuckt zusammen, als der Vater losbrüllt.

„Wie antwortet ein Sohn seinem Vater?"

„Zu Befehl!", flüstert Jakob. Er wird nicht weinen! Er starrt das Spinnennetz an. Eine dicke, goldbraune Hummel hat sich in den Fäden verfangen und zappelt und brummt, kommt aber nicht los.

„Lauter! Bist du eine Memme? Und sieh mich gefälligst an."

Die Spinne kriecht näher und belauert ihre Beute. Jakob löst seine Blicke von dem Netz und sieht seinen Vater an – die säuberlich gescheitelten, dunklen Haare, von denen jedes an seinem Platz liegt, den mit Pomade in Form gebrachten Schnurrbart, das bleiche, knochige Gesicht mit den grauen Augen, die mageren, weißen Hände, die die Gerte biegen und zurückschnellen lassen. Er trägt wie immer Schwarz. Schwarze Schuhe, schwarzer Anzug, schwarze Weste, dunkle Krawatte. Ihm gehört das größte Bestattungsunternehmen von Mainz. Als kluger Geschäftsmann nimmt er Rücksicht auf die Gefühle seiner Kunden und beweist durch seine Kleidung Anteilnahme an ihrer Trauer. Das einzig Helle an ihm sind das weiße Hemd mit dem hohen Kragen, der so steif gestärkt ist, dass er kaum den Kopf bewegen kann, und die goldene Uhrkette vor seinem dünnen Bauch. Er ist ein angesehener, erfolgreicher Mann, das weiß Jakob, und er weiß auch, dass er genau so werden soll.

Aber er will nicht! Nein, er will nicht, und wenn er noch so viel Prügel kriegt. Er will weg aus diesem düsteren, alten Haus. Er will fremde Länder sehen. Er will Urwälder erforschen oder Wüsten oder Gebirge. Er will wissen, wie gebratene Heuschrecken schmecken oder frische Kokosmilch oder Straußeneier oder Biberschwanz. Er will Eisbären jagen oder Löwen, auf Elefanten reiten und auf Kamelen, im Kanu fahren oder im Hundeschlitten. Mit jedem Abenteuerbuch, das er liest, ändern sich seine Träume. Aber eines weiß er ganz sicher: Er will in die weite Welt. Doch jetzt ist wohl nicht der richtige Augenblick, um über seine Zukunft zu reden. Er holt tief Luft.

„Zu Befehl!", sagt er laut.

„Du missbrauchst meine Geduld und Nachsicht, statt dankbar zu sein für meine schützende Hand." Der Vater runzelt die dunklen Brauen.

Prügelnde Hand wäre wohl treffender, denkt Jakob aufsässig. Und Geduld und Nachsicht gibt es überhaupt nicht in diesem Haus.

„Von der Schule kommen nur Beschwerden. Deine Noten werden immer schlechter. Du wirst keine Lehrstelle kriegen, das sehe ich schon kommen."

„Das will ich auch gar nicht", hätte Jakob beinahe gesagt, aber er kann sich gerade noch bremsen. Er muss diese Strafpredigt einfach über sich ergehen lassen, wie so viele andere auch, und hoffen, dass der Vater von irgendetwas abgelenkt wird. Vater hört sich gerne reden, und wenn er einmal dabei ist, findet er so schnell kein Ende.

„Mir wird nichts anderes übrig bleiben, als dich zu Mulfingers zu schicken. Aber was werden die Leute dann denken? Der älteste Sohn von Wohlfahrt und Partner lernt bei einem Fuhrunternehmer! Womit habe ich das verdient?"

Er erwartet offensichtlich keine Antwort auf diese Frage, denn er dreht seine Augen und seine Hände zur Decke, als ob er den Himmel zum Zeugen anrufen würde. Jakob sagt kein Wort, denn er findet die Aussicht insgeheim prima. Die Brüder Mulfinger machen die meisten Fuhren mit Pferden, und Jakob liebt Tiere. Er kennt jeden Knecht und Kutscher in Mulfingers Stall und hat sich sogar mit dem Wachhund angefreundet.

„Hast du auch bedacht, mein Lieber, dass du den Mulfingers ein Lehrgeld zahlen musst?“ Die scharfe Stimme kommt aus dem Lehnstuhl am Fenster. „Jeder Pfennig an diesen Jungen ist meiner Meinung nach verschwendet. Schau dir doch den frechen, aufsässigen Ausdruck an, mit dem er dich jetzt ansieht. Kannst du dir vorstellen, dass er fähig ist, die Anweisungen eines Lehrherrn auszuführen? Ich fürchte, er wird nicht einmal die bescheidenen Ansprüche der Mulfingers erfüllen. Er wird mit Schimpf und Schande davongejagt werden – und wie stehen wir dann da?“

Frau Wohlfahrt, wie immer den Stopfkorb neben sich und einen Strumpf ihrer zahlreichen Sprösslinge in der Hand, hat nur einen kurzen Blick in Jakobs Richtung geworfen. Sie vermeidet es möglichst, ihn anzuschauen, und behandelt ihn wie Luft. Seit sie die Hausherrin geworden ist, hat sie jedem klargemacht, dass ihr Stiefsohn ein missratenes Kind und ihr zuwider ist. Die zweite Frau Wohlfahrt ist groß und schwer, mit teigiger Haut, sandfarbenen Haaren, vorquellenden Augen und einer Stimme, die einem durch Mark und Bein geht. Wie ihr Mann trägt sie ständig schwarze Kleidung. Sie ist sehr stolz darauf, dass Gottes Segen ganz offensichtlich auf ihrer Ehe liegt, denn sie hat in acht Jahren sechs Kinder geboren und ist schon wieder schwanger, während ihre Vorgängerin in fünf Jahren nur ein einziges Kind zu Stande gebracht hat und vor der Geburt des zweiten gestorben ist.

Herr Wohlfahrt zwirbelt unschlüssig seinen Schnurrbart. „Du weißt ja, dass ich vorhatte, ihn weiter zur Schule zu schicken, aber das ist wirklich vertane Zeit und vertanes Geld. Es ist mir ohnehin schleierhaft, wie ich ihn so weit bringen soll, dass ich ihn in die Firma aufnehmen kann."

Frau Wohlfahrt lacht übertrieben laut. Es klingt, als ob zwei Topfdeckel gegeneinander reiben. „Aber mein Lieber! Es besteht doch wahrlich kein Grund, dass du dir jetzt schon über die Nachfolge Gedanken machen musst! Du bist doch ein Mann in den besten Jahren! Wenn es einmal so weit ist, dann hast du genug Söhne, die dich unterstützen werden." Sie streicht selbstgefällig über ihren dicken Bauch. „Du weißt, wie hoch ich deine Menschenkenntnis achte, aber ich fürchte, in diesem Fall macht dich die väterliche Zuneigung blind. Der Junge ist absolut ungeeignet, dein Nachfolger zu werden. Dieser Beruf erfordert einen Mann, so wie du es bist, taktvoll, einfühlsam, aber auch energisch und geschäftstüchtig."

Herr Wohlfahrt nickt geschmeichelt, und seine Frau lächelt ihn an. Sie versteht es wirklich, seinem Vater um den Bart zu gehen, das muss Jakob zugeben. Ihm väterliche Zuneigung zu unterstellen, obwohl die sich lediglich in Prügeln äußert, das ist ein schlauer Schachzug. Was mag sie wohl vorhaben? Denn etwas führt sie im Schild, da ist er sich ganz sicher. Sie redet sonst nie über Jakob, zumindest nicht in seiner Gegenwart.

„Aus dem Jungen wird nichts werden, weder durch eine Lehre bei den Mulfingers noch durch eine längere Schulzeit. Die wäre reine Verschwendung, da hast du wie immer völlig Recht. Er ist jetzt 14 und so dumm und faul, dass er unseren Kindern ein schlechtes Beispiel gibt.“ Sie nennt Jakob grundsätzlich nicht bei seinem Namen, sondern immer nur ‚der Junge‘ oder ‚er‘.

„Aber was soll aus ihm werden?“ Herr Wohlfahrt zwirbelt wieder seinen Schnurrbart.

Seine Frau ist davon in Anspruch genommen, einen Faden durch das Nadelöhr zu schieben. Erst als ihr das gelungen ist, sagt sie beiläufig: „Schick ihn zum Jaksch.“

Jakob fährt der Schreck durch die Glieder. Jaksch! Das ist ein fetter, kleiner Kerl in einer ewig schmierigen Schürze in einem ebenso schmierigen, düsteren Laden, der bis unter die Decke, bis in den Keller, bis in den Schuppen hinterm Haus voll gestopft ist mit Waren.

Es gibt wahrscheinlich nichts, was man beim Jaksch nicht kaufen kann. Das Heringsfass steht neben dem Bottich mit Sauerkraut, der Ölkrug neben der Essigflasche, der Zuckerhut neben dem Mehlsack, die Kiste mit Tee neben dem Sack mit Reis, das Fass mit Schmierseife neben den Kistchen mit Nägeln und Schrauben und Muttern. Und Herr Jaksch steht reglos hinter der Theke oder watschelt höchstens ein paar Schritte hin und her, während er die beiden Verkäufer die Leitern an den Regalen und die Kellertreppe und die Treppe in den Hof hinauf- und hinunterhetzt. Es sind ständig neue, denn niemand hält es lange bei ihm aus.

Und in diesem düsteren Durcheinander, in dem unzählige verschiedene Gerüche um die Oberhand kämpfen, soll Jakob von früh bis spät herumrennen, angetrieben von den wachsamen, giftigen Äuglein von Herrn Jaksch und der keifenden Stimme von Frau Jaksch an der Waage? Das ist ja schlimmer als Schule! Viel schlimmer!

Seine Stiefmutter ist mit dem kleinen Strumpf beschäftigt und würdigt ihn keines Blickes. Er sieht seinen Vater an. Der zwirbelt noch immer seine Schnurrbartspitzen und macht nachdenklich: „Hm! Hm!" Er scheint den Vorschlag tatsächlich zu überlegen. Jedenfalls hat er ihn nicht zurückgewiesen.

Jakobs Blick irrt zum Fenster. Die Spinne hat sich noch näher an die Hummel geschoben. Die spürt die Gefahr und zappelt immer stärker. Auf einmal reißt ein Faden, dann noch einer. Die Hummel fällt ein Stückchen nach unten, ihr Gewicht zerrt an den restlichen Fäden, und auch die geben nach. Ein Zappeln noch, dann brummt sie torkelnd davon.

Jakob sieht hinter ihr her. Ich laufe weg, denkt er. Sobald es dunkel ist, verschwinde ich. Ja, ich weiß, ich hab mir das schon oft vorgenommen. Nach jedem neuen Buch habe ich Pläne gemacht und wollte Kolumbus sein oder Drake oder Livingstone. Aber jetzt ist es ernst. Er dreht sich um und geht zur Tür, ohne die Erlaubnis seines Vaters abzuwarten.

„Was fällt dir ein?", schreit Herr Wohlfahrt. „Habe ich dir etwa gesagt, dass du gehen sollst?"

Jakob öffnet die Tür.

„Lass ihn doch", hört er seine Stiefmutter sagen. „Der Junge ist verstockt und bösartig, das habe ich immer gewusst. Du tust ihm einen Gefallen, wenn du ihn zum Jaksch schickst, der nimmt ihn endlich mal richtig ran. Da wird er schon begreifen, wie gut er es hier gehabt hat."

Als alles still im Hause ist, nimmt Jakob seinen voll

gestopften Ranzen auf den Rücken, öffnet leise das Fenster und steigt auf das Fensterbrett. Es ist zu gefährlich, die knarrenden Stufen hinunterzuschleichen und die quietschende Haustür zu öffnen. Er beugt sich weit vor und hangelt mit einer Hand nach einem Ast des großen, alten Baumes, dessen Krone bis über das Dach reicht. Es hat geregnet am Abend, die Rinde fühlt sich nass und glitschig an unter seinen Fingern. Er zerrt an dem Ast, der ächzt ein bisschen und schwankt, aber er wirkt so dick und stark, als ob er ein ordentliches Gewicht aushalten könnte.

Jakob löst die andere Hand vom Fensterrahmen, stößt sich ab und springt. Einen Augenblick lang schweben seine Füße in der Luft. Der Ast knirscht und stöhnt. Und bricht.

Jakob versucht, einen anderen zu greifen, aber der rutscht durch seine Hände, und dann ist nichts mehr da. Mit einem fürchterlichen, saugenden Ziehen greift der leere Raum nach ihm. Er fällt und fällt immer schneller. Er spürt, wie die Luft an ihm vorbeistreicht und anfängt zu sausen von der Schnelligkeit seines Falls. Jetzt wird er auf dem Boden aufschlagen.

Aber er fällt immer weiter, in ein endlos tiefes, dunkles Loch. Hoch über sich hört er das blecherne Lachen seiner Stiefmutter. Die Dunkelheit wird schwärzer, die Luft drückender, es stinkt nach faulen Kartoffeln und schimmeligem Käse und Mäusedreck. Jakob stöhnt. Er stürzt in den Keller von Jakschs Laden. Und dort wird er bleiben müssen und Waren schleppen und hasten und rennen wie ein Hamster im Laufrad. Er schlägt um sich, aber seine Hände finden keinen Halt. Er will um Hilfe schreien, aber der Gestank erstickt seine Stimme, er kann nur stöhnen.

Dann spürt er plötzlich eine Hand an seinem Arm, und eine Stimme ruft: „Jakob! Wach auf, Jakob! Du träumst!"

Er stöhnt noch einmal und schlägt die Augen auf. Das Mondlicht fällt durch das Dachfensterchen und beleuchtet das winzige Zimmer mit den schrägen Wänden. Darin stehen dicht gedrängt vier Eisenbetten, ein einziger Schrank und ein Stuhl neben jedem Bett. Ein Bett ist leer, denn Paul steht neben Jakob und rüttelt ihn. Jakob reibt sich mit beiden Händen die Augen. Langsam kommt er zu sich.

„Oh Mann! Was war das für ein grässlicher Traum! Ich bin von zu Hause weggelaufen. Und dabei bin ich abgestürzt."

„Das kommt bloß davon, dass du dich abends immer so voll stopfst. Da muss man ja Albdrücken kriegen."

„Ich hab doch noch nie so tolle Sachen gekriegt wie hier." Jakob denkt an das Abendessen. Gulasch mit Paprika und Pilzen und Semmelknödeln. Und er hat tatsächlich zu viel genommen, nämlich drei Portionen. „Du kennst eben nicht den Fraß, den sie mir zu Hause vorgesetzt haben."

Paul lacht. Seine hellen Haare schimmern im Mondlicht. „Den möcht ich auch gar nicht kennen lernen. Mir genügt, was du davon erzählst. Da vergeht einem ja schon beim Zuhören der Appetit."

„Ruhe dahinten auf den billigen Plätzen", unterbricht ihn eine verschlafene Stimme aus dem anderen Bett.

„Schon gut, wir sind schon still."

Paul kriecht unter seine Decke, und auch Jakob legt den Kopf wieder aufs Kissen. Aber er kann nicht schlafen, das fürchterliche Gefühl des Fallens zittert noch in ihm nach. Er denkt daran, was tatsächlich passiert ist, damals.

Der Ast ist gebrochen, aber die anderen Äste haben seinen Sturz gebremst, und er ist zwar völlig zerschrammt und verkratzt, aber mit heilen Knochen auf dem Boden gelandet. Er hat sich in Mulfingers Stall versteckt und am nächsten Morgen einen Kutscher beschwatzt, ihn nach Frankfurt mitzunehmen.

Dort wohnt sein Patenonkel, Mutters Bruder Harald. Der überzeugt ihn davon, dass die Zeiten vorbei sind, in denen man ohne Papiere als Schiffsjunge anheuern kann, und dass die Lehre in einem Hotel die beste Voraussetzung für spätere Auslandsaufenthalte ist. Als der Vater hört, dass Onkel Harald das Lehrgeld zahlen will, hat er nichts dagegen. Und so wird Jakob Lehrling im *Excelsior*, dem teuersten Hotel von Frankfurt.

Jakob gähnt und wälzt sich auf den Bauch. Die Matratze ist hart, die Wolldecke dünn. Für Lehrlinge wird nicht geheizt, aber jetzt im Frühjahr ist das nicht schlimm, und niemand friert mehr so wie im Winter. Die anderen beschweren sich oft, dass sie zwölf Stunden am Tag arbeiten und auch noch dafür zahlen müssen, aber Jakob ist sehr zufrieden mit seinem Leben. Kein prügelnder Vater, keine schimpfende Stiefmutter, erstklassiges Essen – so gut ist es ihm noch nie gegangen.

Die Arbeit macht ihm Spaß. Er hat mit dem Zimmerreinigen und Schuhputzen angefangen, dann Koffer geschleppt und den Lift bedient, dann in der Wäscherei und an der Mangel geholfen, ist später aufgestiegen in die Rezeption und den Zimmerservice, und jetzt ist er schon ein paar Monate lang Küchenjunge.

Zum Schluss wird er noch das Servieren lernen, und dann ist die Lehrzeit vorbei, und er kann sich für einen Bereich entscheiden, den Innendienst oder den Speisesaal oder die Küche.

Aus den drei anderen Betten kommt leises Schnarchen und Grunzen. Jakob schließt die Augen. Er muss jetzt schlafen. Der Küchenchef kann sehr ungemütlich werden, wenn man nicht pünktlich erscheint oder bei der Arbeit gähnt.

2 Theas Pult steht direkt neben dem Fenster. Die unteren Scheiben sind aus Milchglas, damit die Schülerinnen nicht hinausschauen können. Aber die Scheibe an Theas Fenster ist erneuert worden. Vielleicht hat der Hausmeister vergessen, Milchglas zu bestellen, oder der Glaser hat keines gehabt, jedenfalls ist die eine Scheibe durchsichtig. Thea sieht nach draußen.

Das Schulgebäude ist mit dunkelroten Klinkern verkleidet. Eine Treppe aus grauen Steinen führt zum Haupteingang empor. Der Schulhof hat einen Boden aus dunklem Asphalt. In den Ecken blühen Japanische Kirschbäume. Um den Schulhof herum läuft eine hohe Mauer mit einem Tor an der Seite, das jeden Morgen Punkt acht verschlossen wird. Vor dem Tor steht ein Mädchen. Sexta, höchstens Quinta, schätzt Thea.

Die Kleine tritt von einem Fuß auf den anderen und lässt die erhobene Hand ein paar Mal sinken, ehe sie sich traut zu klingeln. Es dauert einige Zeit, dann kommt der Hausmeister und öffnet das seitliche Pförtchen. Thea sieht an dem ängstlichen Gesicht der Kleinen, dass er sie ausschimpft. Das Mädchen rennt die Treppe zum Portal empor. Der Türflügel ist so schwer, dass sie ihn kaum bewegen kann.

Thea betrachtet die Kirschbäume in der Ecke. Zwei Wochen lang haben sie ausgesehen wie eine rosa Wolke. In den Pausen haben sich die Mädchen aus den Blüten Kränze geflochten, und Dörte hat gesagt, dass Thea am besten damit aussieht mit ihren schwarzen Haaren, denn auf Blond wirkt das Rosa zuckrig. Da ist Ilse ganz giftig geworden, denn sie hält sich für die Schönste, weil sie lange blonde Zöpfe und blaue Augen hat.

„Die BDM-Führerin sagt, dass ich der Inbegriff des deutschen Mädels bin, und die sind die Allerschönsten auf der ganzen Welt." Ilse muss sich immer aufspielen. „Und im Märchen haben die Bösen schwarze Haare und die Guten helle. Und die Prinzessinnen sind auch alle blond."

„Quatsch! Und was ist mit Schneewittchen?"

Da hat Ilse sich den Kranz vom Kopf gerissen. „Zu nichts nutze ist dieser blöde Baum. Die Blüten duften nicht mal. Wenn er wenigstens Kirschen kriegen würde. Am besten würde man ihn abhacken und richtige Kirschbäume pflanzen."

„Du wirst immer gleich rabiat, Ilselein." Dörte ist um Ilse herumgehüpft. „Ilsebilse, keiner will se. Kam der Koch, nahm se doch."

Wütend hat Ilse sich umgedreht und ist weggegangen. Thea ist froh, dass Dörte ihre Freundin ist. Dörte hat die rotbraunen Zöpfe über den Ohren zu Schnecken gerollt. Ihre Augen sind so rund wie Murmeln und dunkelbraun, ihre Stupsnase ist voller Sommersprossen, und sie hat ein Grübchen auf jeder Backe. Wenn sie lacht, müssen alle mitlachen, so ansteckend ist das. Thea ist im März von Bad Homburg nach Frankfurt gezogen, und sie ist erst seit ein paar Wochen in der neuen Schule. Es fällt ihr nicht leicht, sich an die neue Klasse und an die Großstadt zu gewöhnen. Aber Dörte hilft ihr, wo sie kann.

„Würdest du bitte wiederholen, was ich gerade erklärt habe, Thea?"

Thea fährt zusammen. Herrn Holbergs Stimme klingt gereizt. Nichts macht ihn so ärgerlich, als wenn er eine Schülerin beim Träumen erwischt.

„Sie – Sie sprachen über Geisteskranke. Und Krüppel.“ Thea durchforstet ihr Gedächtnis nach weiteren Worten, die hängen geblieben sind. „Und über Beamte. Und Verbrecher.“

„Darf ich dich daran erinnern, dass du gerade Mathematikunterricht hast.“ Ein paar der Mädchen kichern. Sie merken, dass Herr Holberg witzig sein will. „Die Vermutung ist also nicht abwegig, dass ich im Zusammenhang mit diesen Herren auch Zahlen erwähnt habe, findest du nicht?“

Thea nickt beklommen.

„Findest du nicht?“, wiederholt Herr Holberg drohend.

„Oh, ja. Ja, bestimmt.“

„Aha. Und welche Zahlen waren das?“

Thea beißt sich auf die Lippen. Sie hat große Schwierigkeiten mit Zahlen. Herr Holberg hat eine 2 an die Tafel geschrieben, die schwimmt wie ein Schwan über einen grünen See, und aus der 4 darüber könnte man ein Bootshaus mit spitzem Dach bauen, und aus den 3,50 dazwischen umgedrehte Kähne. Sie hat von der Tafel weggeschaut, um sich das Bild weiter auszumalen, und dabei hat sie die Kirschbäume gesehen und an den Streit zwischen Ilse und Dörte gedacht.

„Würden Sie vielleicht die Güte haben, mir mitzuteilen, ob wir noch mit einer Antwort rechnen können, Fräulein Baum?“

Thea schaut Herrn Holberg an. Er trommelt mit den Fingerspitzen auf das Katheder. Seine Augenbrauen sind hochgezogen, seine Stimme trieft von Ironie. Er hat sich wohl vorgenommen, sie lächerlich zu machen. Aber sie weiß beim besten Willen nicht, was die Zahlen bedeuten.

„Ein Beamter verdient pro Tag 4 Mark“, flüstert Dörte hinter ihr.

„Dörte! Ein deutsches Mädel schummelt nicht!“

Dörte ist still.

„Schummeln ist kein Freundschaftsdienst, sondern Betrug. Man verschafft jemandem Vorteile, der sie nicht verdient, und benachteiligt dadurch die anderen. Ein deutsches Mädel ist unbedingt ehrlich. Und es steht zu seiner Schuld.“

Das geht gegen mich, denkt Thea. Sie räuspert sich. „Ich bitte um Verzeihung, ich fürchte, ich habe eben nicht aufgepasst.“

„Das fürchte ich auch. Du rechnest für morgen die Aufgaben 98, 99 und 100 zusätzlich. Und nun zurück zu unserem eigentlichen Thema. Wer erklärt jetzt die Aufgabe 97?“

Die Arme fliegen in die Höhe.

„Ilse?“

„Ein Beamter verdient pro Tag 4 Mark, ein Angestellter 3,50 Mark, ein ungelernter Arbeiter 2 Mark.“ Ilse schnurrt die Angaben nur so herunter. „Dagegen kostet ein Geisteskranker pro Tag 4 Mark, ein Krüppel 5,50 Mark, ein Verbrecher 3,50 Mark. In Deutschland gibt es mindestens 300 000 Geisteskranke. Die kosten also täglich 120 000 Mark.“ Ein paar Hände schnellen empor, aber Ilse verbessert sich hastig. „Nein, nein, eine Million und 200 000 Mark. Wenn man die Anstalten auflösen würde, könnte der Staat von diesem Geld jeden Tag“, – sie macht eine Pause und rechnet, „1 200 Ehestandsdarlehen ausgeben, wenn jedes Darlehen 1 000 Mark beträgt.“

„Sehr gut.“ Herr Holberg nickt. „Und was bedeutet das?“

„Dass junge, gesunde Leute, die kein Geld haben, nicht heiraten können, weil Irre, die zu nichts nutze sind, durchgefüttert werden."

„Richtig. Wer von euch führt die Rechnung für die Krüppel durch?"

Thea macht sich ganz klein und verkriecht sich hinter dem breiten Rücken der vor ihr sitzenden Maria. Herr Holberg ist jetzt fertig mir ihr, er wird bestimmt nach anderen Ausschau halten, denen er noch eine Strafarbeit aufbrummen kann.

In der nächsten Stunde ist Deutsch, und sie besprechen die letzte Klassenarbeit. Frau Schulz schreibt die Themen noch einmal an die Tafel.

*Der junge Schiller und die Jugend von heute*

*Wie zerriss Adolf Hitler die Fesseln des Versailler Diktats?*

*Der Gegensatz zwischen der alten und der neuen Zeit in Goethes „Götz von Berlichingen"*

*Worin zeigt sich der Wert unserer Wehrmacht?*

*Opferwilligkeit und Einsatzbereitschaft im neuen Deutschland*

„Es haben erstaunlich viele die politischen Themen gewählt." Frau Schulz' Ausdruck lässt nicht erkennen, ob sie das erfreulich findet oder nicht. „Es ist allerdings auch ein sehr schöner Aufsatz zu einem literarischen Thema dabei, nämlich zu Goethes Götz. Gut gemacht, Thea."

Sie lächelt Thea an, und Thea lächelt zurück. Frau Schulz ist eine der nettesten Lehrerinnen an der neuen Schule. Sie ist groß und dünn und hat den ganzen Kopf voller dunkler Wuschellocken.

„Zu den anderen Themen muss Thea ja auch den Mund halten", zischelt Ilse.

Thea spürt, wie ihr das Blut ins Gesicht schießt. Sie ist jetzt bestimmt dunkelrot. Frau Schulz scheint nichts gehört zu haben. Aber sie runzelt die Stirn, als Ilse mit den Fingern schnippt.

„Etwas gesitteter, Ilse. Was möchtest du sagen?"

„Es ist doch wohl selbstverständlich, dass man nicht Goethe oder Schiller nimmt, wenn man die Möglichkeit hat, über den Führer oder über unsere Wehrmacht zu schreiben."

Frau Schulz sieht sie nachdenklich an. „Findest du?"

Ilse wirft die Zöpfe über die Schultern. „Ja, das finde ich." Sie klingt fast angriffslustig.

„Nun – man kann natürlich auch bei einem literarischen Thema die heutige Zeit berücksichtigen, wenn man möchte. Man kann es allerdings auch rein von der Dichtung her erklären, so wie Thea das getan hat. Komm bitte nach vorne, und lies uns deinen Aufsatz vor, Thea."

Ilse zischelt wieder etwas, aber Thea kann es nicht verstehen, denn Dörte faucht: „Jetzt halt doch endlich den Mund. Du bist ja bloß neidisch."

Thea geht zum Pult. Der Aufsatz ist bestimmt Eins, wenn sie ihn vorlesen darf, aber auf einmal ist ihr die Freude vergangen. Sie fängt an zu lesen, aber jedes Mal, wenn sie eine Pause macht und hochguckt, sieht sie, dass Ilse ihren Nachbarinnen ein großes Blatt Papier zeigt und dazu etwas tuschelt, erst zur rechten, dann zur linken, dann zu der vor und hinter ihr.

Die Mädchen drehen den Kopf zu Ilse, und dann schauen sie Thea an und dann wieder das Papier. Und dann fangen sie auch an, mit ihren Nachbarinnen zu flüstern.

Das Flüstern läuft durch die Reihen. Es hat nichts

mit dem Aufsatz zu tun, da ist Thea sich ganz sicher, denn niemand hört ihr zu außer Dörte und Frau Schulz, das kann man den Gesichtern ansehen. Thea liest schneller. Sie will die Sache hinter sich bringen. Sie verspricht sich sonst nie, aber jetzt stolpert sie über ganz einfache Wörter. Sie merkt, dass ihre Stimme leiser wird, sie kann sie selbst kaum hören.

„Lies bitte lauter, Thea. Und nicht so schnell. Man versteht dich ja kaum. Wir haben Zeit genug für deinen Vortrag."

„Ich – mein Hals tut so weh."

„Dann lass mich den Schluss übernehmen, sonst haben wir ja gar nichts davon."

Frau Schulz hat sich in eine freie Bank gesetzt. Jetzt steht sie auf und geht zum Katheder. Da huscht Ilse zu Theas Platz, legt das Papier aufs Pult und huscht zurück. Frau Schulz nimmt Theas Heft und fängt an zu lesen, langsam und mit ausdrucksvoller Betonung: „Zwei Welten stehen sich also gegenüber, der bischöfliche Hof von Bamberg und die Ritterburg in Jagsthausen: dort Glanz, Schönheit, Witz, aber auch Grundsatzlosigkeit, Untreue, Verlogenheit, hier Einfachheit, Biederkeit, Ehrlichkeit, ein glückliches Familienleben, keine gesellschaftliche Kultur, aber Freude an der ursprünglichen Natur."

Habe ich das wirklich geschrieben?, denkt Thea. Das klingt ja richtig schlau. Und dann hört sie nichts mehr. Denn sie sieht das Blatt auf ihrem Pult. Es ist ein Foto, nein, eine herausgerissene Seite aus einer Illustrierten. In der Mitte steht eine große schlanke Frau. Sie trägt einen schräg aufgesetzten breitkrempigen Hut und hochhackige Riemchensandaletten. Hinter ihr und rechts von ihr stehen sechs SA-Männer in

Stiefeln, dunklen Hosen und Braunhemden, mit der Hakenkreuzbinde am linken Arm und der Uniformmütze auf dem Kopf. Links neben der Frau steht ein kleiner Mann, der ihr gerade über die Schulter reicht. Er trägt einen Anzug mit Weste, ein weißes Hemd mit schwarzer Fliege und den Hut in der rechten Hand.

An einer Schnur hängt ein weißes Schild um seinen Hals, das fast seinen ganzen Oberkörper verdeckt. Darauf steht: *Ich nehm als Judenjunge immer nur deutsche Mädchen mit aufs Zimmer!*

Auch der Frau hat man eine Schnur um den Hals gebunden und ein großes Schild daran befestigt: *Ich bin am Ort das größte Schwein und lass mich nur mit Juden ein.*

Thea atmet langsam ein und wieder aus. Das Luftholen tut weh. Es riecht nach Scheuermitteln und Bohnerwachs, ganz stark, der Geruch beißt in ihrer Nase, als ob sie empfindlicher geworden wäre. Das Knarren der Stühle dröhnt in ihren Ohren. Das Blatt bewegt sich von ihrem Atem, die Buchstaben verschwimmen und die Gesichter. Dann liegt das Blatt wieder still. Die SA-Männer blicken mit steinernen Gesichtern geradeaus, bloß der hinter der Frau, der ihr kaum über den Hut gucken kann, grinst. Die Frau steht mit hängenden Armen da, den Blick zur Seite gewandt, mit unbeteiligtem Gesicht, als ob sie das Ganze nichts anginge. Der kleine Mann hat die Augen niedergeschlagen.

Ein Sonnenstrahl fällt durchs Fenster und beleuchtet sein unglückliches Gesicht. Papa sieht ganz anders aus, denkt Thea. Und Papa ist in Amerika. Auf dem Gebäude im Hintergrund ist ein heller Balken mit schwarzer Inschrift: *Hamburger Tageblatt.* Im Sonnenlicht wirkt das Gesicht der Frau so groß und leer und weiß wie eine Maske. Thea versucht sich vorzustellen, dass Mama da stehen würde, mit so einem Schild um den Hals.

Aber Mamas Gesicht ist klein und rund und lustig. Und sie hat sich von Papa scheiden lassen, schon vor zwei Jahren, sobald es das „Gesetz zum Schutze des deutschen Blutes und der deutschen Ehre“ gab, das Ehen zwischen Deutschen und Juden verbietet. Ein paar Monate später hat sie einen Jugendfreund geheiratet, einen Witwer mit drei Kindern, und ist jetzt Frau Dr. med. Alois Camphausen. Papa ist nach Amerika gegangen. Er wollte Thea eigentlich mitnehmen. Papa war früher Staatsanwalt, aber nach dem „Gesetz zur Wiederherstellung des deutschen Berufsbeamtentums“ ist er 1933 entlassen worden. Er ist dann Vertreter für einen Verlag geworden und viel herumgefahren, und Thea hat ihn nur noch selten gesehen, deshalb wollte sie lieber bei Mama bleiben.

Thea merkt auf einmal, dass es ganz still ist in der Klasse. Sie hebt den Kopf. Frau Schulz sieht sie erwartungsvoll an. Sie hat wohl eine Frage gestellt, aber Thea hat nichts gehört.

„Es würde mich wirklich interessieren, Thea. Der Vergleich mit Gretchen ist mir nämlich erst ein bisschen abwegig vorgekommen, aber es spricht doch einiges dafür.“

„Sie fragt, ob du den *Faust* gelesen hast“, flüstert Dörte.

Den *Faust*? Als ob das jetzt noch wichtig wäre! Ilse weiß es. Warum sonst sollte sie das Foto auf ihr Pult gelegt haben? Und gleich werden es alle wissen. Thea schlägt die Augen nieder. Die weißen Gesichter aus der Illustrierten starren zu ihr hoch. *Mein schönes Fräulein, darf ich wagen, meinen Arm und Geleit Ihr anzutragen? Ich nehm als Judenjunge immer nur deutsche Mädchen mit aufs Zimmer. Bin weder Fräulein weder schön, kann ungeleitet nach Hause gehn. Ich bin am Ort das größte Schwein und lass mich nur mit Juden ein.* Ja, sie hat den *Faust* gelesen. Thea nickt unwillkürlich.

„Tatsächlich?“ Frau Schulz guckt richtig erfreut. „Hast du vielleicht ein paar Zeilen behalten?“

Ein paar Zeilen? Thea hat das ganze Gretchen auswendig gelernt. Sie will Schauspielerin werden, das ist ihr beim Lesen klar geworden. Seit Wochen übt sie jeden Tag vor dem Spiegel in ihrem Zimmer. Langsam löst sie ihren Blick von dem grässlichen Foto und fängt leise an zu sprechen:

„Es war ein König in Thule
gar treu bis an sein Grab,
dem sterbend seine Buhle
einen goldenen ...“

„Ich finde, es gehört verboten, dass Artfremde sich mit den Blüten der deutschen Dichtung befassen“, ruft Ilse in die Klasse.

Alle halten den Atem an. Es ist so still, dass die Vogelstimmen durch die geschlossenen Fenster zu hören sind. Frau Schulz ist ganz blass geworden. Sie sagt eine volle Minute lang gar nichts, streicht nur mechanisch mit der flachen Hand Theas Heft glatt.

„Und es ist einfach unglaublich, dass eine Halbjüdin eine deutsche Schule besuchen darf.“ Ilses Stimme überschlägt sich fast. „Aber so ist dieses Pack. Dreist. Und lügnerisch und unverschämt.“

„Du schreibst für morgen hundertmal: Ich darf nicht

in die Klasse rufen, wenn ich mich vorher nicht gemeldet habe und dazu aufgefordert worden bin.“ Frau Schulz blickt nicht einmal in Ilses Richtung, sondern auf Theas Heft. „Wenn ich mich recht erinnere, hat deine Mutter bei deiner Anmeldung angegeben, dass dein Vater Protestant ist, Thea?“

„Ja. Das stimmt.“

„Und seine Eltern sind auch Protestanten?“

„Ja.“

Frau Schulz’ blasses Gesicht belebt sich. In der Klasse lässt die Spannung nach. Die Mädchen haben sich seit Ilses Zwischenruf nicht gerührt. Jetzt rutschen sie auf den Stühlen hin und her oder drehen sich verstohlen zu Thea um. Dörte stößt schnaufend die Luft aus.

„Einmal Jud, immer Jud. Ein Schwein wird doch kein Ross, auch wenn es im Pferdestall geboren wird.“ Ilse lacht höhnisch. „Der Fritz Camphausen ist bloß ihr Stiefbruder. Der hat meinem Bruder erzählt, dass ihr Vater jüdisch ist und ihre Großeltern auch. Und dass er es satt hat, mit diesem Abschaum an einem Tisch zu sitzen. Er wird sie aus dem Haus ekeln, sagt Fritz. Niemand will schließlich eine dreckige Judensau in der Familie haben.“

„Das gibt eine Eintragung ins Klassenbuch, Ilse.“ Frau Schulz schlägt das Buch auf. Ihre Hände zittern.

„Warum kümmern Sie sich nicht lieber um die dreckige Judensau? Die muss rausgeschmissen werden, das ist doch wohl jetzt das Wichtigste.“

Auf Frau Schulz’ Wangenknochen erscheinen zwei kreisrunde, rote Flecken. „Ich möchte morgen Nachmittag deinen Vater sehen.“

„Das können Sie gerne. Der will Sie nämlich auch sehen, schon ’ne ganze Weile. Weil er den Unterricht, den Sie machen, ziemlich sonderbar findet." Ilse wartet die Wirkung ihrer Worte ab. Wieder sitzen alle starr. Ilse grinst. Dann schlägt sie ein kleines Heft auf und fängt an vorzulesen. „3. Mai 1937. Zitat Frau Schulz: ‚Es haben erstaunlich viele die politischen Themen gewählt.' Sie stimmt anschließend nicht zu, dass ein Aufsatz über den Führer oder die Reichswehr selbstverständlich am liebsten gewählt wird. 29. April 1937. Zitat Frau Schulz: ‚Im Mittelalter wurden Menschen verbrannt. Heute verbrennt man nur Bücher. Ist das nicht ein gewaltiger Fortschritt?' Gelächter in der Klasse, also war die Bemerkung ironisch gemeint. 27. April 1937. Zitat Frau Schulz: *‚Ich weiß nicht, was soll es bedeuten* ist kein deutsches Volkslied, sondern stammt von dem Dichter Heinrich Heine.' Einwand aus der Klasse: ‚Aber in unserem Buch steht Deutsches Volkslied.' Frau Schulz: ‚Nicht alles, was in Schulbüchern steht, entspricht der Wahrheit.'

Wenn sie die Zitate liest, macht Ilse Frau Schulz' Stimme nach. Es hört sich unheimlich an. Thea spürt, wie ihr eine Gänsehaut über den ganzen Körper läuft. Auf einmal hält sie es nicht mehr aus. Ich muss mich übergeben, wenn ich weiter zuhöre, denkt sie. Oder schreien. Oder mich auf sie stürzen und ihr das Gesicht zerkratzen.

Sie bückt sich nach ihrem Ranzen und steht auf.

„Kann ich bitte nach Hause gehen? Mir ist schlecht."

Sie ist schon bei der Tür. Frau Schulz dreht den Kopf in ihre Richtung, so langsam, als ob ihr jeder Zentimeter Schmerzen machen würde. „Ja, natürlich. Geh nur, Thea." Sie flüstert fast. „Warte. Nimm dein Heft mit."

Thea schüttelt den Kopf.

Sie wird das Heft nicht mehr brauchen. Sie wird neue kriegen. Vielleicht auch neue Bücher. Ob die jüdische Schule denselben Stundenplan hat wie die anderen Schulen? Sie stolpert die Treppe hinunter und zerrt an dem schweren Schulportal. Ihre Arme fühlen sich an wie Watte. Sie geht über den leeren Hof. Der Wind wirbelt die Blütenblätter durcheinander, rosa, braune, graue.

Thea lehnt den Kopf gegen das Gitter. Die Tränen tropfen ihr vom Kinn, sie laufen unaufhörlich, sie spürt sie auf der Haut und sieht sie als kleine, glitzernde Punkte auf den Boden fallen. Sie hebt die Hand zur Klingel und lässt sie wieder sinken. Die Kleine heute Morgen, die hat sich auch nicht getraut, den Hausmeister zu rufen. Thea weiß, dass sie kein Wort herausbringen wird, wenn er fragt, warum sie nach Hause will. Sie kann jetzt nicht sprechen. Sie bringt es einfach nicht fertig.

Thea hält die Hand unters Kinn und lässt die Tränen darauf fallen. Sie steht da und fühlt sich schlaff und leer und auf einmal völlig gleichgültig. Es war alles vergebens. Dass sie umgezogen sind nach Frankfurt, wo niemand sie kennt. Dass sie die Schule gewechselt hat. Dass Alois sich mit seinen Eltern zerstritten hat. „Eine geschiedene Frau mit Kind zu heiraten, ist ja schon schlimm genug", hat sich die alte Frau Camphausen aufgeregt. „Aber die Kleine ist Halbjüdin. Und du nimmst sie in deine Familie auf und behandelst sie wie deine Tochter. Hast du denn keine Ehre im Leib?"

Warum musste Fritz sie verraten? Thea schließt die Augen und sieht ihn vor sich mit seinen borstigen blonden Haaren und dem pausbäckigen Gesicht, die Hände immer schmutzig, die Knie immer zerschrammt, weil er ein richtiger Draufgänger ist, der ständig rauft und keinen Baum zu hoch findet. Natürlich ist es nicht einfach, eine große Schwester zu kriegen, wenn man zehn Jahre lang der Älteste war. Aber nach den schwierigen ersten Monaten war Fritz eigentlich ganz nett zu ihr.

Das hat sich erst geändert, seit sie nach Frankfurt gezogen sind. Er redet nur noch von seinem tollen Fähnleinführer und von seinen Pimpfen. Und der Fähnleinführer ist Ilses Bruder. Die Tränen laufen weiter, unter den geschlossenen Lidern hervor. Sie brennen auf der Haut. Ein Arm legt sich um ihre Schulter.

„Hast du schon geklingelt?“, fragt Dörte.

Thea schüttelt bloß den Kopf. Dörte hebt die Hand und drückt auf den Klingelknopf, gleich mehrmals hintereinander.

„Gleich schellt's zur großen Pause. Dann willst du doch sicher weg sein.“

Es ist eine Feststellung, keine Frage. Thea nickt. Der ganze Schulhof voller Geschrei und Bewegung – das hält sie jetzt nicht aus. Und neugierige Blicke schon gar nicht. Wenn Ilse entdeckt, dass die dreckige Judensau noch am Tor steht, wird sie bestimmt weiterschimpfen. Die Schritte des Hausmeisters knirschen über den Asphalt.

„Wollt ihr 'nen alten Mann ärgern? Wo brennt's denn?“

„Entschuldigen Sie bitte, Herr Pakulla.“ Dörte macht einen Knicks und lächelt ihn an. Sie kann den bärbeißigsten Menschen freundlich stimmen. „Meine Freundin ist krank und soll nach Hause gehen. Und außerdem ist ihr schlecht, und sie muss gleich spucken, und ich dachte, das tut sie besser draußen überm Gully als hier auf dem sauberen Schulhof."

„Das denk ich auch." Der Hausmeister hat den Schlüssel schon in der Hand. Die Schulglocke schrillt. Sie hat „meine Freundin" gesagt, denkt Thea. Dörte drückt sie kurz.

„Mach's gut!", sagt sie leise.

Thea nickt nur. Sie kann immer noch nicht sprechen. Das Tor fällt hinter ihr zu. Sie geht langsam die Straße hinunter. Das Schulportal öffnet sich. Stimmen. Gelächter. Geschrei.

„Und gute Besserung!", ruft Dörte.

Es gibt keine Besserung für mich, denkt Thea. Die Juden sind das Krebsgeschwür am deutschen Volkskörper und gehören ausgemerzt. Das sagt der Führer immer wieder. Und das gilt auch für mich.

Sie dreht sich um. Dörte hat das Gesicht gegen die Gitterstäbe gepresst und sieht ihr nach. Sie versucht zu lächeln, aber ihre Lippen zittern. Sie weiß, dass Thea nicht wiederkommen wird. Thea macht im Kopf ein Foto von Dörte. Sie wird sie immer so sehen, mit dem zittrigen Lächeln und den Gitterstäben neben dem Gesicht, die ihre rotbraunen Schnecken verdecken, und der großen Schule dahinter. Dörte streckt eine Hand durchs Gitter und winkt. Thea winkt zurück. Es ist ein Abschied, das wissen beide.

Thea biegt um die Ecke und bleibt stehen. Es soll ein Abschied für immer sein. Der Gedanke ist auf einmal in ihrem Kopf, und im gleichen Moment ist auch die Entscheidung gefallen. Sie wird nicht auf die jüdische Schule wechseln. Sie wird sich nicht von Fritz aus dem Haus ekeln lassen. Sie wird sich nicht mehr schämen müssen. Sie wird weggehen.

Thea zieht ein Taschentuch heraus und wischt sich das Gesicht trocken. Sie überquert die Straße und läuft zu einer Haltestelle. Es ist nicht der Weg nach Hause. Sie fährt jetzt zu Marion. Die hat ein riesiges Sparschwein, randvoll mit Münzen und Scheinen, sie hat es Thea noch am Samstag gezeigt. Damit kann man eine Fahrkarte nach Aachen kaufen, zu Tante Ruth. Und Tante Ruth soll sie nach Amsterdam bringen, zu Oma und Opa Baum. Die Straßenbahn kommt, und Thea steigt ein.

3 Die Eisenbahn legt sich in die Kurve. Die Räder rattern leise. Max hockt auf dem Boden und hat eine Hand am Regler. Philipp kniet auf der anderen Seite des Schienennetzes. Unten schrillt die Klingel an der Haustür.

„Lass schellen“, sagt Philipp. „Wir dürfen ja doch nicht aufmachen.“

Max bewegt den Hebel für die Geschwindigkeit ein bisschen nach vorn. Der Zug rast auf die nächste Kurve zu. Da klingelt es wieder, dreimal hintereinander, und der letzte Ton dauert so lange, als ob jemand seinen Finger auf dem Klingelknopf liegen lässt.

„Vielleicht ist es der Postbote mit einem Paket“, vermutet Max. Er lässt die Lokomotive langsamer werden und anhalten. Er steht auf. „Ich geh mal nachschauen.“

„Warum stellst du denn ab? Lass sie doch weiterfahren. Bitte!“

Max sieht seinen kleinen Bruder an, dann streckt er zögernd die Hand nach dem Schalter aus. „Meinetwegen. Aber nur ganz langsam. Und fass ja nichts an, das merk ich doch!“

Er läuft die Stufen hinunter und legt die Kette vor, ehe er die Tür einen Spalt öffnet. Das Erste, was er sieht, ist ein riesiger Blumenstrauß. Rote Rosen, weiße Rosen, rosa Kugeln, weiße Glocken und drum herum eine Wolke von rosa und weißem Spitzenpapier. Das Ganze ist bestimmt doppelt so groß wie der Strauß, den Mama vorige Woche von Papa zum Geburtstag gekriegt hat. Er verdeckt die Frau, die ihn trägt, fast bis zu den Schultern.

Max sieht ein bisschen schwarz glänzenden Stoff und darüber ein weißes Gesicht mit einem Mund, der röter ist als die röteste Rose. Die Haare sind ganz hellblond, und auf dem Scheitel sitzt ziemlich schräg ein kleiner, schwarzer Hut mit einem Schleier dran, der gerade über die Augen geht. Das Gesicht kommt Max irgendwie bekannt vor. Die Frau verzieht ihre dunkelroten Lippen zu einem Lächeln.

„Guten Tag. Du bist bestimmt der Max. Ich will deine Mama besuchen."

„Mama ist nicht da."

„Nicht da?", wiederholt die Frau verwundert. „Na, so was! Da hätte ich mich ja doch besser angemeldet. Aber ich wollte sie überraschen. Ich bin nämlich ihre älteste Freundin. Wir kennen uns noch aus dem Kindergarten."

„Sie kommt um eins mit Papa nach Hause. Fräulein Weber hat Urlaub, deshalb hilft sie ihm im Geschäft."

Die Frau verschiebt den Strauß ein bisschen und dreht ihr Handgelenk herum, sodass Max ihre Armbanduhr sehen kann, ganz aus Gold und mit glitzernden Steinen rund ums Zifferblatt.

„Ich kann die Zeiger nicht sehen. Wie spät ist es denn?"

„Viertel vor eins", sagt Max.

„Dann kommt sie ja bald. Ich warte hier auf sie. Am besten gibst du mir eine Vase, dann kann ich die Blumen schon mal ins Wasser stellen."

Max streckt die Hand nach der Kette aus, aber dann zögert er. „Aber ich darf niemand Fremden ins Haus lassen."

Die Frau sieht ihn so erstaunt an, dass er ganz verlegen wird. Dann fängt sie an zu lachen. „Du bist ja ein vorsichtiger kleiner Junge! Ruf doch euer Mädchen, die wird mich schon hereinlassen."

„Die Ella hat den Fuß gebrochen und liegt im Krankenhaus."

„Und ihr zwei seid ganz allein zu Hause? Na, da hast du ja Recht, dass du so misstrauisch bist. Aber ich bin keine Fremde, ich kenne euch alle ganz genau. Pass mal auf. Du heißt Max und bist neun Jahre alt, und dein Bruder Philipp ist sieben. Deine Mama heißt mit Vornamen Elfriede und dein Papa Paul, und fast hätte er mich geheiratet, dann wäre ich jetzt deine Mama. Was sagst du nun?"

Max sagt gar nichts. Das muss er erst einmal verdauen. Er betrachtet die Frau. Er kann sich nicht vorstellen, dass Papa so dick angemalte Lippen schön findet. Mama macht das nie. Aber jetzt fällt ihm auch ein, an wen ihn das Gesicht erinnert. An Marlene Dietrich. Von der hat Mama einen ganzen Stapel von Filmfotos. Aber Papa gefällt sie nicht. Kalt wie eine Hundeschnauze, sagt er immer.

„Ich hab euch auch was mitgebracht." Die Frau wackelt mit dem anderen Arm. Daran hängt ein Beutel, und aus dem Beutel guckt etwas sehr Umfangreiches in Goldpapier. „Die größte Pralinenschachtel, die ich finden konnte."

Man kann sie wirklich nicht vor der Tür stehen lassen, denkt Max. Mama redet zwar ständig davon, dass Fremde gefährlich sein können und unter gar keinen Umständen ins Haus dürfen, aber sie ist ja niemand Fremdes, sie ist Mamas älteste Freundin. Und außerdem hat sie Pralinen. Er schiebt die Kette zurück und öffnet die Tür. Die Frau spaziert herein und sieht sich um. Ihre Schuhe haben ganz hohe Absätze, und die Seidenstrümpfe glänzen.

„Wo ist denn dein Bruder?"

„Im Kinderzimmer.“

Max zeigt nach oben, und auf einmal merkt er, dass das Surren der Eisenbahn nicht mehr zu hören ist. Er rennt die Treppe hinauf. Philipp sitzt auf dem Bett und hat seinen alten, abgewetzten Teddybären im Arm. Das macht er immer, wenn er ein schlechtes Gewissen hat. Die Eisenbahn steht still, und neben den Gleisen liegen zwei Loks.

„Bist du irre? Du hast sie zusammenstoßen lassen, du Trottel!“ Max würde am liebsten brüllen, aber was soll dann Mamas Freundin von ihm denken?

„Ich brauche eine Vase, Mäxchen“, ruft sie von unten.

Max kniet sich auf den Boden und untersucht die Loks. Bei einer ist das Fanggittter verbogen, die andere hat eine Delle im Tender, und die Räder stehen etwas schief.

„Los, hol eine Vase. Eine große. Und lass sie nicht fallen, du – du – “

Philipp wartet nicht, bis seinem Bruder ein passendes Schimpfwort einfällt. Er springt vom Bett und läuft nach draußen, den Bären unter den Arm geklemmt.

„Ach, du bist bestimmt der Philipp. Kannst du dich noch an mich erinnern? Wahrscheinlich nicht, du hast noch im Kinderwagen gesessen, als ich dich das letzte Mal gesehen habe.“

Wenn man das lächelnde Gesicht nicht sieht, könnte man sie fast für Frau Jägers von nebenan halten, denkt Max. Die hat auch so einen übertriebenen Ton in der Stimme, damit jeder sie für wer weiß wie freundlich hält, dabei keift sie sofort los, wenn mal ein Ball über den Zaun fliegt. Er legt die Loks auf den Tisch und nimmt Werkzeug aus seinem Bastelkasten. Vorsichtig biegt er das Gitter gerade. Dann untersucht er die schief stehenden Räder. Aber er merkt bald, dass mit der Achse etwas nicht stimmt. Da will er lieber auf Papa warten.

Außerdem ist Philipp jetzt unten alleine mit Mamas Freundin. Und mit der Pralinenschachtel! Das wäre ja noch schöner, wenn er sie aufmachen dürfte! Max läuft die Treppe hinunter ins Wohnzimmer. Die goldene Schachtel liegt auf dem Tisch. Sie ist größer als ein Karton von Papas Schuhen. Der Blumenstrauß liegt daneben, noch immer ohne Vase.

„Da bist du ja endlich." Die Frau hat Philipps Bären in der Hand. „Wir warten schon auf dich. Wir wollen das große Indianerspiel spielen. Wer sich zuerst befreit hat, der darf sich so viele Pralinen nehmen, bis die Schachtel halb leer ist."

Philipp sitzt auf einem Stuhl, seine Hände sind mit einer Schnur zusammengebunden, und eine Schnur läuft auch um seine Waden und fesselt sie an die Stuhlbeine. Max kennt das Spiel nicht, er will lieber zurück zur Eisenbahn. Doch schon hat die Frau seinen Hände genommen und ihn auf einen Stuhl gezogen. Ehe er sich versieht, ist er festgebunden – sehr fest, findet er. Die Schnur schneidet ins Fleisch. Die Frau legt ihre schwarz glänzende Handtasche auf den Tisch, öffnet sie und kramt darin herum. Sie steckt sich eine Zigarette zwischen die rot gemalten Lippen und drückt auf ein goldenes Feuerzeug.

„Und jetzt?", fragt Philipp erwartungsvoll.

„Jetzt warten wir darauf, dass das Telefon klingelt."

„Das Telefon? Wieso?"

„Euer Papa wird gleich anrufen und fragen, wie es

euch geht. Und wenn er erfährt, dass ihr beide festgebunden seid, dann wird er genau das tun, was mein Freund ihm sagt."

„Aber – aber – wir sollen uns doch befreien und Pralinen essen?" Philipp begreift nicht, was die Frau meint.

Aber Max spürt auf einmal, wie irgendetwas in seinem Bauch sich zusammenzieht. Ein Knoten bildet sich da, ein schwerer, kalter Knoten, und die Kälte breitet sich ganz langsam in seinem Körper aus. Sie steigt den Brustkorb empor, durch die Kehle bis in den Kopf, sie sinkt durch den Bauch und die Beine in die Zehen, sie läuft in die Fingerspitzen. Max hat das Gefühl, als ob er sich allmählich in Eis verwandelt. Die Kälte prickelt auf seiner Kopfhaut und lässt ihm die Haare zu Berge stehen. Er merkt, dass er am ganzen Körper eine Gänsehaut hat. Philipp hebt die Ellbogen und versucht mit aller Kraft, sie in entgegengesetzte Richtungen zu ziehen, aber die Hände lassen sich nicht auseinander bewegen.

„Du hast den Knoten viel zu fest gezogen." Er ist rot im Gesicht vor Anstrengung. „Wie soll ich den denn aufkriegen? Das geht ja gar nicht."

Die Frau antwortet nicht. Sie sieht ihn nicht einmal an. Sie bläst den Rauch durch die Nase, dass er in Schwaden um ihren Kopf steht, und lässt die Blicke durch den Raum wandern. Die Asche schnipst sie auf den Teppich. Sie geht zu den Türen und öffnet sie, als ob die Wohnung ihr gehört. Die erste Tür führt ins Esszimmer, die zweite in Papas Arbeitszimmer. In dem verschwindet sie. Max fängt an zu zittern. Etwas stimmt nicht mit der Frau. Sie hat einen Freund, der in Papas Geschäft ist. Und Papa muss tun, was der sagt.

Plötzlich weiß Max, dass die fremde Frau nicht Mamas älteste Freundin ist.

„Hilfe!“, schreit Max, so laut er kann. „Hilfe!“

Vielleicht geht draußen jemand vorbei und hört ihn. Philipp sieht ihn erstaunt an, dann schreit er mit. Das gehört zum Indianerspiel, denkt er. Die Frau stürzt aus dem Arbeitszimmer. Max sieht ihre erhobene Hand blitzen. Sie hat dicke, goldene Ringe an den Fingern. Ihre Hand landet in seinem Gesicht. Max schnappt nach Luft. Der Schlag ist hart. Ihm bleibt der Atem weg. Sein Kopf knallt gegen die hölzerne Lehne. Es dröhnt in seinen Ohren. Er hört einen zweiten klatschenden Schlag und Philipps Stöhnen. Diese gemeine Person! Er tastet mit der Zungenspitze seine Oberlippe ab. Sie ist aufgeschwollen wie eine Pflaume und schmeckt nach Blut.

„Wenn ich noch einen Laut höre, passiert euch was! Verstanden?“

Die Frau starrt die beiden an. Ihre Augen sind so kalt wie blaue Eisstückchen. Dann drückt sie die Zigarette in der Obstschale auf dem Tisch aus, nimmt ihre Handtasche und verschwindet wieder im Arbeitszimmer. Max sieht Philipp an. Auf seiner rechten Backe zeichnen sich deutlich die roten Umrisse von vier Fingern ab. Er ist sehr blass. Sogar seine Lippen sind bleich. Sein Mund steht offen, sein Atem kommt stoßweise. Eigentlich ist es ein Schluchzen, aber er versucht, es zu unterdrücken, damit die Frau nicht wütend wird. Dicke Tränen rollen über seine Backen.

Die Frau kommt zurück und trägt das schwarze Telefon von Papas Schreibtisch in der Hand. Die Schnur reicht nur bis zur Tür. Sie zieht ein Tischchen heran, setzt das Telefon darauf und geht zu Max. Die Zigarette hängt in ihrem Mundwinkel wie festgeklebt.

„Entschuldigen Sie bitte, ich muss mal“, flüstert Max dringend. Wenn er sich ganz dünn macht, kann er sich bestimmt durch das Klofenster zwängen und Hilfe holen.

Die Frau zieht eine Augenbraue hoch. Ein spöttisches Zucken läuft um ihren rot gemalten Mund. Sie stößt den Rauch mit einem leisen Schnauben aus. Bild dir nicht ein, dass ich darauf hereinfalle, soll das heißen.

„Aber ich muss ganz furchtbar dringend. Ich kann es kaum noch aushalten.“

„Dann mach in die Hose“, sagt sie bloß.

Sie greift nach der Lehne, kippt den Stuhl auf die Hinterbeine, zieht ihn samt Max neben das Telefon und geht wieder ins Arbeitszimmer. Max hört, wie sie Schubladen aufzieht und Türen öffnet. Dabei darf niemand ins Arbeitszimmer außer Papa. Selbst Mama geht nur, wenn Papa sie ruft.

Das Telefon schrillt. Max zuckt zusammen, Philipp auch. Die Tür geht auf. Max sieht die geöffnete Handtasche der Frau auf Papas Schreibtisch stehen. Und die Schreibtischplatte und der Boden davor sind voller Papiere. Das Telefon klingelt ein zweites und ein drittes Mal. Dann hört es auf. Max versteht nicht, dass die Frau nicht abhebt. Sie wartet doch auf den Anruf. Den Anruf von Papa. Es ist ganz still im Zimmer, nur die Wanduhr tickt, und Philipp schluchzt leise, und die Frau saugt den Rauch ein.

Da klingelt das Telefon wieder. Diesmal greift die Frau sofort nach dem Hörer.

„Hier bei Herrn Juwelier Köcherts.“ Jetzt hat sie wieder diese falsche Stimme wie eben mit Philipp. Aber dann wird sie ganz knapp und kühl. „Ja“, sagt sie bloß und noch einmal: „Ja. Alles wie geplant.“ Sie schaut Max an, während sie in die Muschel spricht. „Dein Vater möchte mit dir reden, Mäxchen. Er möchte wissen, wie es euch geht. Und das erzählst du ihm jetzt ganz genau. Hier ist Ihr Sohn, Herr Köcherts.“

Sie hält Max den Hörer ans Ohr. Jemand räuspert sich.

„Max?“ , fragt Papa. „Max, bist du da? Geht es euch gut?“ Seine Stimme klingt ganz heiser. Max holt tief Luft. Jetzt bloß nicht weinen.

„Nein, es geht uns nicht gut. Sie hat uns fest gebunden. Und geschlagen hat sie uns auch. Meine Lippe blutet. Philipp weint. Und ich muss mal so schrecklich nötig, aber sie lässt mich nicht aufs Klo.“

Seine Stimme zittert. Das Schlimme ist, dass er inzwischen tatsächlich muss. Aber er kann doch nicht in die Hose machen! Er ist doch kein Wickelkind! „Sag ihr, dass sie mich aufs Klo lassen soll, Papa! Sie sagt, ich soll – ich soll ...“

Auf einmal laufen ihm doch die Tränen aus den Augen. Er schluchzt auf.

„Du darfst jetzt nicht weinen, Max! Bitte, wein nicht! Du bist mein großer Junge, und ich brauche dich jetzt sehr dringend. Nur du kannst mir helfen.“

Max schluckt die Tränen hinunter. So hat Papa noch nie mit ihm gesprochen. „In Ordnung. Ich weine nicht.“

„Hier im Geschäft ist jemand mit einer Pistole. Wenn wir alles tun, was er sagt, dann passiert Mama und mir nichts. Hast du das verstanden?“

Max atmet mühsam. „Ja." Der Freund, von dem die Frau gesprochen hat, ist also im Geschäft bei den Eltern! Papa ist überfallen worden! Aber es gibt doch eine Alarmanlage?

„Ihr zwei müsst alles tun, was die Frau sagt. Sie heißt Irene."

Das weiß Papa also schon. Das hat ihm der Pistolenmann erzählt. Vielleicht hat Irene auch eine Pistole. Die Gedanken rasen wie Loks durch Max' Kopf. Er begreift auf einmal alles – warum Irene da ist, warum Papa anruft, warum er nicht auf den Alarmknopf gedrückt hat, warum er nicht die Polizei ruft.

„Max? Hast du mich verstanden?"

„Ja. Du kannst nichts tun, weil sie uns hat."

„Gott, was bist du für ein kluges Kerlchen!" Irene lacht hässlich und stößt ihm dabei eine Rauchwolke ins Gesicht.

Max hört Papas Atem im Hörer. „Kann ich mit Philipp sprechen?"

„Nein, das geht nicht. Er ist doch festgebunden, und die Telefonschnur reicht nicht bis zu seinem Stuhl."

„Dann sag ihm jetzt bitte, was ich gesagt habe."

Max sieht zu seinem Bruder hinüber. Der hat aufgehört zu weinen. „Philipp, da ist Papa. Er will, dass wir alles tun, was Irene sagt. Sonst geht es ihm schlecht. Und uns auch."

„Wer ist Irene?", fragt Philipp.

Wieder das hässliche Lachen. „Na, wer wohl? Ich, du kleiner Dummkopf."

Philipp betrachtet sie, wie sie Max den Hörer ans Ohr hält, blickt auf seine gefesselten Hände und dann wieder zu Max. Der sieht ihm an, dass er immer noch nicht versteht.

„Es ist jemand im Geschäft, der hat eine Pistole“, erklärt er.

Philipps Gesicht wird ganz schief vor Schrecken. Und da kollern ihm wieder die Tränen aus den Augen.

„Mama!“, ruft er laut. „Wo ist Mama?“

„Schrei nicht so! Sonst setzt’s was!“ Max ist froh, dass Irene nicht vom Telefon wegkann, sonst würde sie Philipp bestimmt die nächste Ohrfeige verpassen.

„Nein, nicht schlagen!“ Max hat das Gefühl, dass sein Trommelfell bald platzt, so laut schreit Papa in den Hörer. „Sag ihm, dass Mama hier bei mir ist. Es geht ihr gut. Und mir auch.“

„Jetzt mal ein bisschen dalli“, kommt eine tiefe Stimme aus dem Hintergrund. „Wir haben schließlich nicht ewig Zeit.“

„Hör zu, Max. Du zeigst Irene jetzt, wo die Koffer sind. Und dann hilfst du ihr beim Packen. Nimm auch ein paar Spielsachen mit. Ihr verreist ein paar Tage, und dann kommt ihr zurück, und alles ist wieder gut.“

Max spürt die Worte in seinem Kopf hämmern. Auf einmal ist der kalte Knoten in seinem Bauch wieder da. „Verreisen? Mit Irene? Aber wohin denn?“

„Das weiß ich nicht.“ Papas Stimme klingt gepresst. „Stell dir vor, es ist so eine Art verfrühtes Geburtstagsgeschenk. Eine Überraschung.“

Aber damit lässt sich Max nicht trösten. Sein Bauch ist ein einziger Eisklumpen. „Und wie lange?“

„Nur ein paar Tage. Ihr dürft die Schule schwänzen und fahrt ein bisschen herum. Stell dir einfach vor, ihr seid Emil und die Detektive und erlebt ein tolles Abenteuer.“

Aber das ist ein Buch, das ist bloß ausgedacht, will Max sagen. Wie kannst du das vergleichen? Doch er kriegt keinen Ton heraus. Seine Stimme ist eingefroren vor Angst.

„Ich verlass mich auf dich, Max. Und gib auf Philipp Acht!“

„Ja, Papa“, flüstert Max.

4 „Verflixt noch mal!“ Jakob bückt sich nach dem Topflappen. Heute Morgen fällt ihm auch alles aus der Hand. Die letzte Nacht und der Albtraum stecken ihm noch in den Knochen. Der Küchenchef hat eine miserable Laune, aber daran ist nicht Jakob schuld, sondern die Grippewelle, die das Hotel ergriffen hat.

„Wie soll ich das Menü vorbereiten, wenn die Hälfte der Besatzung krank ist? Das Essen ist schließlich das Wichtigste in einem Hotel, das müsste doch jedem klar sein. Aber statt mir Ersatz zu besorgen, muss ich auch noch Leute abgeben. Jakob! Du bist für den Etagenservice eingeteilt worden. Im zweiten Stock. Paul! Du für den Lift. Wenn eure Schicht um ist, kommt ihr sofort wieder in die Küche. Eure Mittagspause fällt aus, ich brauche euch hier.“

Die beiden gehen in den Umkleideraum und ziehen ihre weißen Schürzen aus. Jakob schlüpft in die schwarze Jacke der Etagenkellner, Paul in die grüne Livree der Liftboys. Als Jakob im zweiten Stock ankommt, steht schon ein Servierwagen mit einem üppigen Frühstück in der Anrichte neben dem Speisenaufzug.

„Der kommt auf Nr. 23. Und geh auf dem Rückweg in Nr. 18 vorbei, die müssen längst fertig sein.“ Der Kellner belädt schon den nächsten Wagen. „Und beeil dich.“

Jakob rollt den Wagen zu Zimmer 23 und klopft.

„Herein! Tür ist offen“, tönt es von drinnen.

„Guten Morgen, gnädiger Herr! Sie haben zweimal Frühstück bestellt, gnädiger Herr?“ Dass man übertrieben höflich sein muss, war das Erste, was Jakob im Hotel *Excelsior* gelernt hat.

„Stell's dahin", sagt der Herr im Morgenmantel, ohne von seiner Zeitung aufzusehen, und deutet mit einer Hand zu dem breiten Bett hinüber. „Meine Frau ist noch im Bad."

„Sehr wohl, der Herr." Jakob rollt den Servierwagen neben das Bett. Die Decken und Laken sind cremefarben und glänzen. Vom Kopfkissen steigt ein Duft nach Veilchen auf. „Wünsche wohl zu speisen."

Der Herr brummt etwas und liest weiter. Jakob verbeugt sich trotzdem und schließt leise die Tür. Kein Trinkgeld. Nun ja, das kommt häufig vor. Wenn man die Preise im *Excelsior* bedenkt, sollte man meinen, dass die Leute mit dem Geld bloß so um sich schmeißen können, aber das täuscht. Vielleicht haben sie ja das Gefühl, dass mehr nicht nötig ist, wo sie schon so viel bezahlen. Vielleicht ist es ihnen auch einfach nur lästig, ständig nach Kleingeld zu suchen.

In Zimmer 18 ist das Zimmermädchen schon bei der Arbeit.

„Na endlich! Der Wagen steht mir nur im Weg. Ich frag mich bloß, warum die Leute sich ein Frühstück bestellen, wenn sie keinen Hunger haben."

Das fragt Jakob sich auch oft. Er hebt die Deckel von den Tellern. Die Butter ist unberührt, der Schinken ebenso, der Käse auch. Das Zimmermädchen drapiert ein Nachthemd aus lachsfarbener Seide auf dem Kopfkissen. „Dabei ist sie dürr wie eine Bohnenstange. Ich hab sie eben gesehen. Da nützt das tollste Negligee nix, wenn bloß Knochen rausgucken."

„Ein Ei hat sie wenigstens gegessen. Und eine halbe Semmel", sagt Jakob. Das Mädchen zuckt mit den Schultern und verschwindet im Bad. Er wickelt eine Scheibe Schinken um ein Stück Käse, klappt die halbe Semmel drum herum und stopft sie sich in den Mund. Heute früh hat er nur ein paar Happen essen können, weil der Koch ihn gleich nach oben gescheucht hat.

Zufrieden kauend schiebt er den Wagen auf den Gang. Eine Männerstimme ruft: „Komm her, Junge! Schnell!"

Jakob dreht sich erstaunt um und sieht, dass nicht er gemeint ist, sondern Paul, der jetzt zögernd seinen Lift verlässt und auf ein Paar zugeht. Der Herr hält einen schwarzen Riesenschnauzer an der Leine.

„Hier, nimm den Hund! Meine Frau fühlt sich nicht wohl. Sie muss sich sofort niederlegen."

„Aber, mein Herr, ich fürchte, das geht nicht, ich darf nicht ..."

„Du darfst alles, was ich sage. Bring den Hund in den Zwinger. Hier!"

Er drückt Paul die Leine in die Hand, dazu ein Geldstück, und legt den Arm stützend um seine Frau. Die lehnt den Kopf gegen seine Schulter. Sie gehen den Gang hinunter und verschwinden in einem Zimmer.

„Aber, mein Herr!", protestiert Paul, doch die Tür hat sich schon geschlossen. Der Hund fängt an zu winseln und an der Leine zu zerren, sodass Paul ins Stolpern gerät und fast gefallen wäre.

„He, was fällt dir ein? Sitz! Willst du wohl sitzen!"

Der Hund dreht sich um und knurrt und zieht dann wieder Richtung Zimmer. Paul reißt an der Leine, worauf der Hund gefährlich grollt und mit hochgezogenen Lefzen ein paar steifbeinige Schritte auf ihn zumacht. Paul weicht zurück, die Leine fällt ihm aus der Hand.

„Ganz ruhig, mein Guter! Ganz ruhig!" Jakob lässt

den Wagen stehen und geht langsam auf den Hund zu.
„Du willst doch wohl nicht beißen? Nein, das willst du nicht, du bist ein braver Hund, ein ganz braver Hund. Mein guter Kleiner bist du, mein ganz lieber Kleiner."

Jakob spricht so beruhigend, wie er nur kann. Der Hund spitzt die Ohren, hört auf zu knurren und bewegt den Schwanz zögernd hin und her.

„Kleiner?", zischt Paul. „Mein lieber Kleiner? Dass ich nicht lache!"

Jakob wirft ihm einen warnenden Blick zu und streckt dem Tier beide Hände entgegen.

„So ist's brav. Ich wusste ja, dass du ein braver Hund bist, mein Kleiner. Ein ganz braver Hund. Jetzt darfst du an meinen Händen schnuppern, hmm, die riechen gut nach Schinken, nicht? Ich wette, du hast nichts gegen eine Scheibe Schinken einzuwenden, oder? Jetzt kraule ich dich ein bisschen hinter den Ohren, denn das magst du bestimmt gern, das hatte mein Rex auch am liebsten, der ist ein Schäferhund und noch größer als du."

„Du hast einen Hund? Sag bloß! Wieso weiß ich das nicht?"

„Sie hat ihn verkauft", sagt Jakob.

Paul weiß sofort, wer gemeint ist. Der Riesenschnauzer brummt zufrieden und leckt Jakob die Hand. Der schiebt ihm eine Scheibe Schinken ins Maul und reicht Paul die Leine.

„Du kannst ihn jetzt wieder nehmen, ich glaube, er hat sich beruhigt."

„Mann, ich bin vielleicht froh, dass du aufgetaucht bist! Ich kenn mich nämlich überhaupt nicht aus mit Hunden, und ich weiß gar nicht, wo der Zwinger ist, und es ist doch auch verboten, dass ich den Lift alleine lasse, aber der Herr hat mich ja nicht einmal ausreden lassen."

Wie immer, wenn Paul aufgeregt ist, redet er ohne Punkt und Komma.

„Donnerwetter, das ist eine ganze Mark!" Er blickt entgeistert auf das Geldstück in seiner Hand. „Jakob, du kriegst die Hälfte, wenn du das Vieh in den Zwinger schaffst. Ich trau mich einfach nicht."

„Aber ich muss den Servierwagen zurückbringen."

„Das mach ich für dich. Ich übernehme alle Frühstücke, wenn du willst."

„Und dein Lift?"

„Den mach ich zusätzlich. Jetzt ist sowieso nicht viel Betrieb. Mann, stell dir vor, eine ganze Mark! Der muss ja im Geld schwimmen."

„Wisst ihr denn nicht, wer das war?"

Die beiden Jungen fahren herum. Die Zimmertür gegenüber steht offen, am Türrahmen lehnt ein schmaler Mann in einem taillierten Nadelstreifenanzug.

„Keine Ahnung", sagt Paul.

Jakob schüttelt bloß den Kopf.

Der Herr betrachtet sie prüfend. Er hat dunkle Haare und ein hageres Gesicht. „Ich kenn euch ja gar nicht. Arbeitet ihr schon lange hier?"

„Wir sind heute nur die Aushilfen", erklärt Jakob. „Alle haben Grippe."

„Das war eine beeindruckende Vorstellung eben. Ich muss sagen, alle Achtung. Du kannst ja wirklich erstklassig mit Hunden umgehen. Soll ich dir mal was zeigen?"

Er stößt seine Tür weiter auf, damit man ins Zimmer

sehen kann. Auf dem Teppich vorm Fenster liegt ein Schäferhund. Er hebt den Kopf und blickt zur Tür, steht aber nicht auf. Sein Fell ist braungolden, der Rücken fast schwarz. Als er den Riesenschnauzer sieht, zeigt er die Zähne und knurrt ganz leise, bleibt aber liegen.

„Das ist ja ein Prachtkerl." Jakob betrachtet ihn hingerissen.

„Er heißt Bella und ist eine Sie." Der hagere Herr macht ein paar Schritte ins Zimmer. „Na komm, mein Mädchen, komm her."

Der Hund erhebt sich, macht zwei Sprünge auf ihn zu und bleibt neben ihm stehen. Er geht ihm fast bis zur Taille. Bella ist eine gute Handbreit höher als der Riesenschnauzer und entschieden breiter. Der scheint das zu begreifen, denn er zieht sich einen halben Schritt hinter Jakob zurück.

„Ich kann dich jetzt leider nicht brauchen, Bellamädchen. Mein Impresario kommt gleich, und er verabscheut Hunde." Der Herr sieht Jakob an. Der fragt sich, was wohl ein Impresario ist. „Ich wäre dir außerordentlich dankbar, wenn du dich eine halbe Stunde mit ihr beschäftigen könntest. Oder besser noch eine ganze."

„Das würd ich wirklich sehr gerne."

Jakob schaut unschlüssig zwischen dem Riesenschnauzer, Bella und Paul hin und her. Er kann sich doch nicht einfach um Hunde kümmern, wenn er als Hilfe des Etagenkellners eingeteilt ist. Er könnte sie natürlich beide in den Zwinger bringen. Bellas Augen sind genauso groß und golden wie die von Rex. Und sie schaut auch so klug und verständig. Hat man den Lehrlingen nicht von Anfang an beigebracht, dass der

Gast in diesem Hause König ist und seine Wünsche allem anderen vorgehen? Sie ist fast noch schöner als Rex. Beinahe hat Jakob sich schon entschieden.

„Ich muss erst schauen, ob die zwei sich vertragen." Einen Hundekampf darf er nicht riskieren.

Der Herr nickt bloß, legt Bella eine Leine ans Halsband und führt sie zur Tür. Die Schäferhündin tut, als ob der Schnauzer Luft für sie wäre. Der versteckt sich erst hinter Jakob, dann kommt er vor und wedelt demütig. Bella beschnuppert ihn ziemlich herablassend und sieht ihren Herrn an, als ob sie sagen wollte: „Toll ist er nicht, aber wenn's sein muss, halt ich ihn aus."

Der Herr lacht und tätschelt ihr den Kopf. „Das scheint zu klappen. Also siehst du, Bella, das ist der Jakob, der bringt jetzt diesen schwarzen Struppi in den Zwinger und dich in einer Stunde wieder zu mir. Verstanden?"

Er reicht Jakob die Leine. Bella dreht den Kopf und sieht den Jungen eindringlich an. Dann schnobert sie an seinen Fingern und schiebt den Kopf in seine Hand. Jakob fühlt auf einmal, wie Tränen hinter seinen Lidern brennen, so lächerlich das ist. Sie hat wirklich die gleichen Augen wie sein Rex. Nie hat er seiner Stiefmutter verziehen, dass sie ihn einfach nach Mannheim verkauft hat. Ohne ihm ein Wort zu sagen. Er kam aus der Schule, und Rex war nicht mehr da.

„So ein großes Hundsviech frisst einem ja die Haare vom Kopf", hat sie gesagt. „Und ist viel zu gefährlich mit den Kleinen. Am Ende beißt er sie tot."

„Wenn du nur halb so nett zu deinen Kindern wärst wie Rex, könntest du stolz sein", hat Jakob geschrien, aber da hat sie ihn mit dem Schuhspanner verprügelt und ihn einen ganzen Tag und eine Nacht in den Kohlenkeller gesperrt, bis er halb verrückt war vor Angst, dass sie ihn vergessen hätte und er in der Finsternis verhungern und verdursten müsste.

Jakob geht mit den beiden Hunden zur Treppe, aber er hat sie noch nicht erreicht, als der Etagenkellner seinen Kopf aus der Anrichte steckt.

„Verflixt noch mal, wo – “

Er sieht den Riesenschnauzer und den Schäferhund, und das Kinn fällt ihm herunter. Und ausgerechnet in diesem Augenblick biegt der Herr Direktor um die Ecke. Der erfasst die Situation mit einem Blick. Die Lifttüren stehen offen, der Liftboy ist nicht an seinem Platz, sondern schiebt einen Frühstückswagen, der dafür zuständige Junge hält zwei große Hunde an der Leine, und der Etagenkellner war wohl im Begriff, etwas durchaus Nötiges zu sagen, kann das aber nicht, weil ein Gast vor seinem Zimmer steht, und da darf man nicht die Beherrschung verlieren.

Der Herr Direktor wirft einen durchbohrenden Blick auf die beiden pflichtvergessenen Lehrlinge. Seine Miene ist Unheil verkündend. Macht euch auf was gefasst, heißt das. Aber dann erkennt er den Gast und verneigt sich, wobei er sogar ein dünnes Lächeln auf sein Gesicht zaubert.

„Hatten Sie eine angenehme Nacht, Monsieur Dova?“

Der Direktor weiß, dass Ben Dova nur der Künstlername des Herrn Joseph Späh ist. Künstler, na ja. Früher nannte man so etwas Akrobat und rümpfte die Nase. Aber die Zeiten haben sich geändert. Monsieur Dova tritt in allen großen Varietees Europas auf, und zwar sehr erfolgreich, denn sonst hätte er wohl nicht die Luxussuite im *Excelsior* gebucht und die Heimfahrt auf der *Hindenburg*. Die *Hindenburg*, herrje. Darum muss er sich ja auch noch kümmern!

„Danke, durchaus angenehm. Ich muss Ihnen ein Kompliment über Ihren Nachwuchs machen, Herr Direktor. Ganz ausgezeichnete junge Leute haben Sie da. Und so rücksichtsvoll gegenüber den Gästen. Daran erkennt man wirklich das Erste-Klasse-Hotel, dass selbst die Jüngsten vom Personal die Gäste in den Mittelpunkt stellen."

Der Etagenkellner macht ein süßsaures Gesicht und zieht sich in seine Anrichte zurück. Der Herr Direktor lächelt geschmeichelt. Der Blick, den er den beiden Jungen zuwirft, ist jetzt deutlich wohlwollend. Er macht ihnen ein Zeichen, dass sie mit ihrer Tätigkeit fortfahren sollen. Also schiebt Paul den Servierwagen Richtung Anrichte, und Jakob führt die beiden Hunde die Treppe hinunter. Den Schnauzer bringt er in den Zwinger, aber Bella muss dort nicht bleiben. „Es gibt gute Knochen in der Küche, meine Schöne, die gehen wir gleich holen, wenn du willst. Und dann machen wir zusammen einen schönen Spaziergang. Es gibt eine Hundewiese im Park, da kann ich dir Stöckchen werfen."

Der Chefkoch kriegt einen Wutanfall, als er den Hund in seiner geheiligten Küche sieht. Jakob schnappt sich schnell einen Kalbsknochen und tritt mit Bella den Rückzug an. Sie verbringen eine sehr unterhaltsame Stunde im Park, und Jakob kriegt sogar zwei Mark, als er sie zurückbringt.

„Vielen Dank! Vielen, vielen Dank!" Er verneigt sich mehrmals hintereinander. „Aber das ist wirklich nicht nötig! Ich bin froh, dass ich mit ihr gehen durfte. Sie ist ein so schöner Hund."

Und da geschieht etwas Merkwürdiges. Monsieur Dova streckt seine Rechte aus. Jakob legt seine hinein, etwas verwundert, denn ein Handschlag ist zwischen Gästen und Lehrjungen nicht üblich. Mit der Linken schlingt sich Monsieur Dova ein schwarzes Tuch um den Kopf und kriecht in sich zusammen. Das hat nur eine Sekunde gedauert, aber Jakob hat auf einmal das Gefühl, als ob ein uraltes, verkrümmtes Weiblein vor ihm steht.

„Jaköble, main Jingelchen." Auch die Stimme ist anders, krächzend, fast tonlos. „Wos ist es, wos ich sähe in Hand deinigerr? Sähe ich Iberrraschung, grroße, grroße Iberraschung! Sähe ich Abenteuerr, grroßes Abenteuerr. Wirrst machen Rreise, mein Jingelchen, weit iberr Land und Mährr. Wirrst sähen Wolken von oben, wirrst grreifen nach Mond. Warrts nur ab, Jingelchen, warrts nur ab."

Die heisere Stimme fängt an zu kichern, und Jakob reißt seine Hand los und macht, dass er aus dem Zimmer kommt. Ihm ist auf einmal ganz unheimlich zu Mute. Er zieht die Tür zu, aber das Kichern ist immer noch zu hören. Er läuft den Gang hinunter und springt in den Lift.

„Na endlich. Ich hab eher mit dir gerechnet." Paul zieht Jacke und Käppi aus und gibt sie ihm. Mechanisch schlüpft Jakob aus seinem dunklen Jackett. Sie haben die gleiche Kleidergröße und können tauschen. „He, was ist los mit dir? Du machst so ein komisches Gesicht."

„Ach, ich weiß nicht." Auf einmal schämt sich Jakob über sein Davonlaufen. „Was ist das eigentlich für einer, dieser Monsieur Dova?"

„Keine Ahnung. Wie ich aus der Anrichte gekommen bin, hat er immer noch mit dem Herrn Direktor geredet. Und dann hat der mich nach deinem Nachnamen gefragt."

Jakob sieht ihn beunruhigt an. „Wieso das denn?"

Paul hebt die Schultern. „Vielleicht ..."

Aber da schrillt die Liftklingel, und er springt hinaus. Jakob drückt auf die Knöpfe. Warum wohl hatte der Herr Direktor seinen Nachnamen wissen wollen? Und was hat das sonderbare Benehmen von Monsieur Dova zu bedeuten?

Am frühen Nachmittag fährt Jakob noch einmal alle Stockwerke ab, doch nirgendwo warten Gäste, alle Flure liegen verlassen da. Das Mittagessen ist vorüber. Die Stunde nach den Mahlzeiten ist für die Liftboys die stillste Zeit des Tages, und Jakob beschließt, in die Küche zu fahren. Er ist hungrig. Dort sitzt die ganze Belegschaft um den großen Tisch, denn gegessen wird erst, wenn die Gäste fertig sind. Als Jakob hereinkommt, ruft einer: „Da ist er!", und alle Lehrlinge trommeln mit ihren Bestecken auf die Tischplatte. Jakob bleibt verwirrt stehen. Der Küchenchef erhebt sich von seinem Platz und hebt gebieterisch die Hand. Der Lärm hört auf.

„Es gereicht dir zur Ehre, Wohlfahrt, dass du selbst heute deinen Dienst erfüllst. Ich wünschte, ich könnte das von allen Anwesenden sagen." Er wirft einen strengen Blick in die Runde. Einige ziehen die Köpfe ein. „Ihr seht also, worauf es ankommt im Leben, nämlich auf Pflichterfüllung und Fleiß und auf unbedingten Arbeitseifer." Er mustert Jakob kritisch. „Ich will nicht behaupten, dass du schon perfekt bist, das bist du nämlich noch lange nicht." Er verliert auf einmal seinen feierlichen Ton. „Wenn ich an den Hund heut früh denke, so war das eine Unverschämtheit, und ich hätte dir ein paar Ohrfeigen verpasst, wenn ich dich nur erwischt hätte."

Jakob macht unwillkürlich einen Schritt zurück. Die anderen kichern, sind aber nach einem drohenden Blick des Chefs gleich wieder still.

„Wenn es nach mir gegangen wäre, hätte ich Paul vorgeschlagen, aber der Herr Direktor wollte dich und sonst keinen."

Jakob starrt ihn an. Wovon redet er denn bloß? „Mich? Der Herr Direktor? Ja, wofür denn?"

Jetzt starrt auch der Küchenchef. „Sag bloß, du weißt noch nichts von deinem Glück?"

„Wenn das nicht ein Grund zum Feiern ist." Das Flüstern kommt vom unteren Tischende. Wieder wird unterdrücktes Kichern laut. Jeder weiß, dass der Chef die Cognacflasche noch mehr liebt als seine hohe, weiße Mütze.

Jakob schüttelt bloß den Kopf und wirft einen hilflosen Blick auf Paul. Der breitet die Arme aus, hebt sie bis auf Schulterhöhe und lässt sie auf und ab schwingen. Jakob begreift überhaupt nichts mehr, und das sieht man seinem Gesicht an. Die anderen prusten vor Lachen. Sogar der strenge Chefkoch lächelt. Es gefällt ihm, dass der Junge die Neuigkeit von ihm erfährt.

„Du fliegst heute Abend nach Amerika. Und zwar als Hilfssteward auf der Hindenburg."

Jakob steht ganz still. Er kann nicht mehr klar denken. Sein Kopf ist auf einmal voller Bilder. Er sieht weiße Wolken und darüber blauen Himmel und darunter Wellen mit weißen Kämmen und dann einen riesigen, buttergelben Vollmond mit einem dunklen

Schatten davor. Der Schatten sieht aus wie eine gewaltige Zigarre. Sie schneidet den Mond in zwei Hälften. Jakob atmet, als ob er alle Treppen im Hotel hinaufgerannt wäre.

„Hindenburg?" Er muss husten, weil er kaum Luft kriegt. „Auf der Hindenburg?"

Die anderen schlagen mit den Fäusten auf den Tisch. „Hin – den – burg!" rufen sie im Takt. „Hin – den – burg!"

„Das kommt wohl etwas plötzlich für dich, Junge. Setz dich, sonst kippst du uns noch um." Der Chef klingt richtig väterlich. Jemand drückt Jakob auf einen Schemel. „Wir haben die Erlaubnis deiner Eltern vorausgesetzt. Mach ihnen klar, dass es eine große Ehre ist, auf der Hindenburg arbeiten zu dürfen. Da kannst du was werden, denn nur die Besten werden engagiert. Du weißt ja, dass das ganze Personal auf der Hindenburg aus dem Excelsior stammt."

„Deshalb haben sie den großen Meister auch nicht genommen, denn er ist nicht der Beste", zischelt jemand.

„Psst, sei still, wenn er dich hört, zieht er dir die Ohren lang."

Aber der Meister ist zu beschäftigt, um auf das Getuschel zu achten. „Wenn man mit dir zufrieden ist, kannst du vielleicht auf der Hindenburg bleiben und den Rest deiner Lehre dort machen. Und denk immer daran: Das ist eine einmalige Chance für dich. Falls deine Eltern nicht zustimmen, gib mir sofort Bescheid, dann werde ich Paul schicken."

„Sie stimmen zu, da bin ich ganz sicher", sagt Jakob hastig. Er wird sie gar nicht fragen, das könnte er ja sowieso nur telefonisch, und seine Stiefmutter ist im

Stande, aus purer Gemeinheit Einwände zu machen. Er wird nur Onkel Harald anrufen, und der ist bestimmt begeistert.

„Du sollst Wäsche zum Wechseln und ein frisches Hemd mitnehmen. Mehr nicht. Du weißt ja, dass sie mit jedem Pfund rechnen.“ Jakob nickt. Er weiß alles über die *Hindenburg*. Seit Jahren ist Karlchen dort Steward, Karl Nettelbeck, der inzwischen auf der *Bremen* angeheuert hat und um die ganze Welt schippert, dem sind alle Lehrjungen nachgerannt, wenn er zwischendurch wieder im *Excelsior* auftauchte.

„Gut. Dann viel Glück! Und mach dem Excelsior Ehre!“

Er reicht Jakob die Hand. Jakob springt auf. Das ist eine seltene Auszeichnung. Der Chef scheucht die Übrigen an die Arbeitstische, wobei er Befehle knattert wie ein Unteroffizier: „Zucker stoßen! Semmeln reiben! Mehl sieben! Butter schneiden!“

Jakob geht etwas benommen zur Tür. Paul witscht hinter ihm her. „Ich weiß, warum sie dich genommen haben. Wegen den Kötern. Der Monsieur Dova fährt auch mit der Hindenburg, und der hat dem Direktor gesagt, Schuhe putzen kann jeder und Betten machen auch, das ist keine Kunst, aber seinen Hund versorgen schon, und deshalb soll er dich schicken.“

„Mann, das war aber verflixt plötzlich. Ich bin ganz fertig. Kneif mich mal feste, damit ich merk, dass ich nicht träume. Au! Bist du verrückt? Kneifen hab ich gesagt, nicht den Arm zerquetschen!“ Er sieht in Pauls grinsendes Gesicht und kriegt auf einmal ein schlechtes Gewissen. „Mensch, Paule, bist du nicht stinksauer auf mich? Der Chef wollte dich schicken, das hast du ja gehört.“

„Nun mach dir mal nicht ins Hemd, Kleiner. Ich wär nicht gegangen, da kannst du Gift drauf nehmen. Ich krieg schon eine Gänsehaut, wenn ich bloß an diese Bella denke. Und meine Eltern hätten mich sowieso nicht gelassen.“

„Das glaub ich nicht.“

„Kannst du ruhig glauben. Sie haben viel zu viel Angst um ihr Herzblatt. Ich bin schließlich der Stammhalter.“

Jakob legt den Kopf schief und sieht seinen Freund misstrauisch an. Ob Paul sich über ihn lustig macht? „Aber wieso denn Angst? Die Hindenburg ist das Sicherste, was man sich vorstellen kann. Sie hat letztes Jahr 36 Ozeanüberquerungen gemacht ohne irgendeinen Zwischenfall. Und die Graf Zeppelin in den Jahren davor auch. Es ist überhaupt noch nie etwas passiert.“

„Das brauchst du mir doch nicht zu erzählen.“ Seit das *Excelsior* die Belegschaft der Zeppeline stellt, verfolgt das gesamte Personal jede Fahrt mit großer Spannung. „Aber bei meinen Eltern kann ich mir den Mund fusselig reden. ‚Wenn Gott gewollt hätte, dass die Menschen fliegen, dann hätte er sie mit Flügeln erschaffen‘, sagt meine Mutter immer.“

Jakob schüttelt den Kopf. Er findet diesen Einwand nicht überzeugend. „Er hat sie ja auch bloß mit zwei Füßen erschaffen, und trotzdem fahren sie inzwischen mit Eisenbahnen und Autos.“

„Klar. Find ich auch. Aber meine Eltern sind eben altmodisch. In ein paar Jahren, wenn alle mit Zeppelinen fahren, dann merken sie vielleicht endlich, wie lächerlich ihre Angst ist.“

Jakob linst durch die Türspalte in die Küche. „Der

Chef ist weg. Ich muss jetzt erst mal was essen. Aufregung schlägt mir immer auf den Magen. Er fühlt sich so hohl an wie ein Fußball."

„Du findest immer einen Grund, um dich voll zu stopfen. Ich würde keinen Bissen herunterbringen." Kopfschüttelnd sieht Paul zu, wie Jakob Kalbsragout und Curryreis auf einen Teller häuft. „Du solltest den Koch auf der Hindenburg vielleicht warnen, dass er mehr Vorräte mitnimmt als sonst, damit er am Ende nicht vor leeren Schränken steht. Mensch, Jakob, etwa noch einen Teller? Willst du nicht lieber packen?"

„Ach was. Die paar Sachen hab ich in fünf Minuten fertig. Wenn du willst, übernehm ich noch eine Stunde den Lift für dich, dann kannst du Mittagspause machen."

5 Dennis Johnson sitzt im Frankfurter Dom und gähnt hinter vorgehaltener Hand. Der Fremdenführer vorne erzählt in breitester Ausführlichkeit die Geschichte der Kirche, und da er erst im Jahre sechzehnhundertirgendwas ist, wird es wohl auch noch dauern. Dennis gähnt, dass ihm die Tränen in die Augen treten. Noch nie ist er so froh gewesen wie in diesem Sommer, dass er ein Amerikaner ist und sich nicht mit vielen, vielen Jahrhunderten Geschichte herumplagen muss. Das sind die langweiligsten und anstrengensten Ferien, die er je erlebt hat. Er hat jeden Abend gebetet, dass irgendetwas passieren soll, damit sie nach Hause können, aber bis jetzt vergebens.

Warum muss er mitfahren, wenn seinen zwei großen Schwestern die Sehenswürdigkeiten Europas gezeigt werden, denkt er zum hundersten Mal. Akropolis, Forum Romanum, Florenz, Venedig, Avignon, Paris – er wirft jetzt schon alles durcheinander. Es interessiert ihn nicht, verflixt noch mal! Natürlich hat Vater darauf bestanden, dass sie auch noch nach Deutschland fahren, „wo schließlich die Wiege unserer Vorfahren Johannsen gestanden hat". Und dann hat sich Dorothy auf ihrem ersten Ball in Frankfurt prompt in einen jungen Baron oder Graf oder ein ähnlich vorsintflutliches Wappentier verliebt, und der hat sich erboten, ihnen Frankfurt und Umgebung und das echte *good old Germany* zu zeigen. Das ist nach Dennis' Ansicht kein bisschen gut, sondern altmodisch und eng, voll von komischen Leuten, die sich ständig die Hände schütteln und sich überhaupt sonderbar benehmen. Und obwohl er schon jahrelang Deutschunterricht hat, tun sie tatsächlich so, als ob sie ihn nicht verstehen würden.

Dennis gähnt wieder. Seine Eltern rümpfen zwar die

Nase über die überholten Vorrechte des Adels und finden Amerika viel besser, wo jeder Tellerwäscher es zum Millionär bringen kann. Aber beeindruckt von dem Stammbaum des Wappentieres sind sie trotzdem und durchaus geschmeichelt, dass er sie herumführt, jedenfalls bis Mutter herauskriegt, dass sein Vermögen ziemlich bescheiden ist. Seitdem ist sie deutlich herablassend.

Dennis fragt sich oft, wie seine Mutter es fertig bringt, innerhalb kürzester Zeit über die Vermögensverhältnisse aller Leute Bescheid zu wissen, die sie interessieren. Fast tut ihm das junge Wappentier Leid. Die Johnsons gehören zu den reichsten Familien von Philadelphia, wo ohnehin die reichsten Leute Amerikas wohnen. Es ist nicht einfach, mit ihnen zu konkurrieren, selbst wenn man seinen Familienstammbaum zurückführen kann bis in die Zeiten Kaiser Barbarossas (wer immer das sein mag, Dennis weiß es nicht, und er hat auch nicht die Absicht, es sich erklären zu lassen, denn es interessiert ihn nicht die Bohne).

Dennis faltet die Hände und schließt die Augen. Er sitzt in einer Kirche, die angeblich sehr bedeutend und jedenfalls uralt ist, und vielleicht ist ein Gebet hier wirkungsvoller als abends im Bett. Lieber Gott, betet Dennis. Lass doch irgendetwas passieren, damit wir endlich nach Hause fahren. Ich will sehen, wie es meinem alten Pony Cindy geht und meinem Pferd Goldie und ob meine Fische alle noch leben und wie viele Junge Patsy gekriegt hat. Wenn wir bald fahren, dann kann ich dafür sorgen, dass sie nicht verkauft werden, denn das tut Edward bestimmt, bloß um mich zu ärgern. Also mach bitte etwas, lieber Gott. Ganz egal, was es ist. Ich werde mir auch keine Reptilien mehr für den Teich wünschen und keinen Papagei und keinen Kakadu. Lieber Gott, ich –

Ein Rippenstoß unterbricht ihn.

„Schläfst du etwa?“ Seine Mutter klingt entrüstet.

„Ich bete“, sagt Dennis würdevoll.

Seine Mutter starrt ihn an. „Wieso betest du?“

„Für uns alle“, sagt Dennis etwas unbestimmt.

Mrs Johnson macht ihr herablassendes Gesicht. Sie hat dann irgendwie Ähnlichkeit mit einer Ziege, denkt Dennis, obwohl er sich jedes Mal für den Gedanken schämt.

„Dies ist eine katholische Kathedrale. Römisch-katholisch, um genau zu sein. Wir sind Protestanten, und deshalb beten wir in einer protestantischen Kirche. Hast du mich verstanden?“

Dennis nickt stumm. Seine Mutter jedenfalls scheint von einem Gebet in dieser Kirche nicht viel zu halten.

Als der Vormittag vorbei ist, fühlt er sich so müde und schlecht gelaunt, dass er am liebsten knurren würde wie Patsy, wenn jemand sie ärgert. Er hat die Nase voll von Geschichte und Kunst und Kultur! Die nächsten Tage wird er einfach streiken! Sie können so viel alten Plunder besichtigen, wie sie wollen, er wird mit seinem Lieblingsbuch *Der Lederstrumpf* im Hotel bleiben und sich fühlen wie ein Trapper auf Spurensuche und alles andere vergessen.

Aber er weiß, dass das nur ein Traum ist. Mutter wird ihn nicht alleine im Hotel lassen. Wenn einem schon mit fünfzehn ein Europaaufenthalt geboten wird, dann hat man sich auch für Europa zu interessieren. Das ist ihre Überzeugung, und von der wird sie sich nicht abbringen lassen. Und schon gar nicht von ihrem Jüngsten. Ach, wenn sie doch endlich nach

Hause fahren würden. Was konnte er denn noch tun außer beten?

Wenigstens liegt ein ruhiger Nachmittag vor ihm. Seine Eltern haben eine Menge Leute, die sie seit ihrer Ankunft in Frankfurt kennen gelernt haben, zu einem festlichen Dinner ins *Excelsior* eingeladen, dem Luxushotel, in dem sie wohnen und vor dem das Taxi gerade hält. Zwei Portiers reißen die Türen auf, als die Familie Johnson die Treppe emporsteigt. Sie haben kaum die prächtige Empfangshalle betreten, als eine Gestalt in dunklem Anzug auf Mr Johnson zustürzt.

„Endlich, Sir! Gott sei Dank! Ich bin an allen Sehenswürdigkeiten Frankfurts gewesen, um Sie zu finden!"

Mr Albert, Vaters Sekretär, muss sich immer wichtig machen. Wahrscheinlich hat es wieder etwas mit der Börse zu tun, das bringt ihn gerade so in Aufregung, als ob es sich dabei um sein eigenes Geld dreht. Dabei gehört alles Geld Vater, und der hat so viel davon, dass es ihm eigentlich egal sein kann, ob die Aktien steigen oder fallen. Aber sonderbarerweise ist es ihm nicht egal, er regt sich auch immer auf, bloß merkt man das nur, wenn man ihn sehr gut kennt.

Dennis begreift das nicht. Er findet Geld langweilig und störend. Wenn sie nicht so furchtbar reich wären, dann hätten sie das Geld für diese vermaledeite Europareise nie gehabt, und er hätte zu Hause bei seinen Tieren bleiben können. Und jetzt hat er keine Lust, sich anzuhören, warum Mr Albert so aufgeregt ist. Der hat Vater in eine Ecke gezogen und sieht aus wie Patsy, wenn's donnert. Mutter und Dorothy stehen schon an der Rezeption und lassen sich ihre Post überreichen.

„Ich bin müde, ich gehe in mein Zimmer. Hunger hab ich keinen, also wartet bitte nicht auf mich."

Margaret nickt. „Du kannst dir ja etwas aufs Zimmer bestellen. Komisch, was hat Mr Albert denn bloß? Er ist ja richtig bleich und mitgenommen."

„Das ist er doch immer." Dennis dreht sich um und geht zum Lift. Er läuft sonst immer die Treppen hoch. Liftfahren ist etwas für Opas. Aber nach diesem Morgen fühlt er sich so erschöpft wie ein alter Mann. Und die Aktien sind ihm egal. Er will Tierarzt werden, wobei er nicht weiß, ob Vater ihm das erlauben wird.

„Ich verstehe nicht, wieso keiner meiner Söhne etwas von meiner kaufmännischen Begabung geerbt hat. Der Jüngste interessiert sich nur für Viehzeug und der Älteste für Autos und leichte Mädchen."

Das hat Mr Johnson kurz vor Antritt der Europareise zu seiner Frau gesagt. Er wusste nicht, dass Dennis unter dem offenen Fenster im Gras hinter einem Busch lag und Ameisen beobachtete und jedes Wort hörte.

„Leichte Mädchen? Ich muss doch sehr bitten!"

„Schon gut, meine Liebe, ich weiß, du magst diesen Ausdruck nicht, aber unter uns können wir die Dinge doch wohl beim Namen nennen. Von einem Mädchen, das unsere Schwiegertochter werden könnte, ist jedenfalls weit und breit nichts zu sehen."

„Die jungen Männer sollen sich ruhig ihre Hörner abstoßen, dann werden sie später bessere Ehemänner. Schau dir Henry an, der macht einen Seitensprung nach dem anderen. Und John lässt sich nach mehr als 20 Jahren scheiden und heiratet ein Kind, das jünger ist als sein Sohn. Und warum? Weil sie sich beide zu früh gebunden haben. Jetzt bilden sie sich ein, sie hätten die große Liebe oder die große Leidenschaft verpasst und hätten als Multimillionäre ein Recht darauf, sie nachzuholen."

Mr Johnson lachte. „Meine Liebe, du erstaunst mich. Vor deinen Töchtern redest du ganz anders."

„Wir sind ja unter uns, mein Schatz, wie du gerade sehr richtig bemerktest. Ich gebe zu, unser Ältester macht mir auch Sorgen. Er ist sehr unreif für sein Alter. Dass er der Erbe eines derartigen Vermögens ist, hat seiner Entwicklung nicht gut getan. Aber ich hoffe, das wächst sich noch aus. Allerdings ist Dennis heute schon verantwortungsvoller als Edward. Wenn Edward sich nicht bessert, hast du ja immer noch den Kleinen als Nachfolger."

„Aber ich will nicht!", hätte Dennis beinahe laut gerufen, ehe ihm gerade noch rechtzeitig einfiel, dass seine Eltern nicht wissen durften, dass er dieses Gespräch mit anhörte. Er schlich geräuschlos davon und dachte einige Zeit darüber nach. Seine Eltern haben also auch keine besonders gute Meinung von ihrem Ältesten?

Seit Edward Seifenlauge in sein Aquarium geschüttet hat, ist Dennis endgültig überzeugt, dass der Große ein richtiger Widerling ist. Das sagt er natürlich niemandem, denn Edward ist sein Bruder, und seinen Bruder muss man lieben. Aber Dennis kommt gegen das Gefühl der Abneigung nicht an. Ein richtiger Bruder, also einer, den man lieb haben kann, der würde sich auch nicht hinter einem Busch verstecken und das Pferd so erschrecken, dass es Dennis abwirft! Und Patsy hat er eine Blechdose an den Schwanz gebunden, obwohl er weiß, wie nervös sie ist, und Patsy ist fast verrückt geworden vor Angst. Da hat Dennis eine solche Wut auf Edward gekriegt, dass er ihm Zucker in den Tank seines neuen Autos geschüttet hat. Das war eine Gemeinheit, Dennis sieht es ein, und dass er Prügel verdient hat, auch, aber dass Edward darauf bestanden hat, dass Dennis die Kakadus verkaufen muss, um davon die Reparatur zu zahlen, das war noch viel gemeiner, und das würde er ihm nie verzeihen. Und die vielen anderen Bosheiten auch nicht. „Na warte, das wirst du mir alles noch büßen“, murmelt er.

„Wie bitte?“, fragt eine erstaunte Stimme neben ihm.

„Schon gut“, sagt Dennis verlegen. „Dich habe ich nicht gemeint.“

Wie kommt er im Lift des *Excelsior* dazu, sich über Edward aufzuregen und über Sachen, die Wochen und Monate zurückliegen? Der Liftjunge muss ihn für verrückt halten. Dennis betrachtet ihn aus den Augenwinkeln. Der Junge ist kaum älter als er, ein schmales, blasses Kerlchen mit kurz geschorenen Haaren. Bloß unter dem Schirm des Käppis gucken ein paar blonde Fransen hervor. Er sieht starr geradeaus. Das machen Liftboys immer, das gehört sich wohl so.

„Warum fahren wir denn nicht weiter?“, fragt Dennis nervös.

„Hier ist Ihr Stockwerk, mein Herr.“ Der Junge verzieht keine Miene, obwohl er sich bestimmt wundert, dass die Türen schon geraume Zeit offen stehen und sein Gast immer noch nicht aussteigt.

Oh Mann, denkt Dennis. Diese alten Ritter und Kaiser und Könige haben mir wohl tatsächlich den Verstand vernebelt.

„Entschuldigung. Ich glaube, ich schlafe mit offenen Augen.“ Er wühlt in seinen Hosentaschen nach Trinkgeld, und dann fällt ihm ein, dass er im Frankfurter Dom alles in den Opferstock geworfen hat. Das ist eine dieser katholischen Unsitten, hat seine Mutter gesagt und nicht gemerkt, dass ihr Jüngster dieser Sitte folgte. Aber wenn eine Opfergabe im Frankfurter Dom üblich ist, dann wollte Dennis die Dringlichkeit seiner Gebete gerne dadurch unterstützen.

„Ich habe kein Geld bei mir. Kannst du ein paar Minuten warten? Ich hol schnell welches aus meinem Zimmer. Oder kann ich's dir heute Abend geben?"

„Das geht leider nicht, mein Herr." Der Junge dreht den Kopf und strahlt Dennis an. „Heute Abend bin ich auf der Hindenburg."

„Hindenburg? Was ist denn das?"

„Das ist der größte und schönste Zeppelin der deutschen Luftflotte." Der Junge vergisst vor lauter Begeisterung sogar das ‚mein Herr'. „Er war im letzten Jahr zehnmal in den Vereinigten Staaten und achtmal in Rio. Heute Abend fängt die neue Saison an. Mit einer Nordamerika-Fahrt. Und ich fahre mit!"

„Willst du denn auswandern?"

„Aber nein. Das Excelsior hat den Hotelbetrieb der Zeppeline übernommen. Alle Frankfurter Hotels haben sich darum beworben, und wir sind ausgesucht worden. Und jetzt ist einer vom Personal krank geworden, und ich darf mit."

„Aber als was denn?"

„Als Hilfssteward. Die Hindenburg macht in diesem Jahr die Route Frankfurt-New York – also nicht direkt nach New York, sondern nach Lakehurst, da ist der Landeplatz. Und vielleicht darf ich jede Fahrt mitmachen."

Von unten schrillt gebieterisch eine Klingel.

„Der Lift wird gebraucht.“ Dennis tritt auf den Gang. Der Junge hat schon die Hand an den Knöpfen. „Gut, dass ich gleich weg bin. Wir sollen nämlich nicht mit den Gästen reden, mein Herr, nur kurz antworten, wenn sie etwas fragen.“

„Komm noch mal zurück, dann hab ich das Geld.“

Der Junge nickt nur, denn die Türen schließen sich schon, und der Lift surrt nach unten.

Der hat es gut, denkt Dennis, während er über den Flur geht. Heute Abend steigt er in einen Zeppelin, und ein paar Tage später ist er in Amerika. Ich weiß nicht genau, wie lange ein Zeppelin für die Fahrt braucht, aber bestimmt weniger als eine Woche. Dann sitze ich wahrscheinlich immer noch hier und warte darauf, dass wir endlich nach Hause fahren.

Er öffnet die Tür zu seinem Zimmer und bleibt verwundert stehen. Die Schränke stehen offen, auf dem Boden knien zwei Zimmermädchen und legen mit einer Schnelligkeit, der man die langjährige Übung anmerkt, seine Hemden, Pullover, Hosen, Jacken und Wäsche in zwei große Koffer.

„Was soll denn das heißen? Bekomme ich ein anderes Zimmer?“

Die beiden erheben sich und knicksen, was Dennis schon wieder verlegen macht, denn die eine ist fast so alt wie seine Mutter und die andere bestimmt älter als seine große Schwester.

„Nein, mein Herr“, sagt die ältere nach einigem Zögern. „Es wurde Befehl gegeben, das Gepäck in die Halle zu schaffen.“

Ein winziges Fünkchen Hoffnung glimmt in Dennis auf. In die Halle? Das hört sich ja fast nach Abreise an. Fragt sich nur, wohin? Tatsächlich nach Hause?

Aber sein Vater hat während des ganzes Tages kein Wort davon gesagt. Ob er etwa noch ein zweites lohnendes Reiseziel in *good old Germany* entdeckt hat? Einige Vorfahren des Wappentieres stammen aus Sachsen, fällt Dennis ein. Das wäre ja grässlich!

Er sieht sich im Zimmer um und entdeckt auf seinem Bett einen schwarzen Anzug, daneben ein weißes Hemd, eine schwarze Krawatte und schwarze Strümpfe. Er tritt näher und betrachtet die Sachen. Sie sind offensichtlich ganz neu und scheinen in seiner Größe zu sein. Was soll denn das heißen? Die beiden Frauen beobachten ihn, und zwar mit sehr ernsten, fast beklommenen Gesichtern. Ein bängliches Gefühl steigt auf einmal in ihm auf.

„Wie kommen die Sachen auf mein Bett? Sie gehören mir nicht."

„Die Französin war eben da mit den Leuten von Mayers", sagt die Ältere.

Sie meint zweifellos Victorine, die Zofe seiner Mutter. Und Mayers ist der Luxusmodesalon, in dem Mutter sie alle noch einmal eingekleidet hat, weil sie plötzlich fand, die Sachen aus Paris wären zu extravagant für Ausflüge aufs Land. Aber einen schwarzen Anzug kann er dazu auch nicht anziehen. Ob er etwa heute Abend an dem Dinner teilnehmen muss? Das können sie ihm nicht antun! Er will endlich seine Ruhe haben! Er wird sich krank stellen!

„Hat Victorine gesagt, dass ich die Sachen anziehen muss?"

Wieder zögert die Frau. „Es steht uns nicht zu, Ihnen darüber Auskunft zu geben, mein Herr", sagt sie schließlich.

Das bängliche Gefühl in Dennis verstärkt sich. Er

steht ein paar Augenblicke da und weiß nicht, was er tun soll, dann geht er hinaus und klopft an Margarets Tür. Hier sieht es genauso aus wie bei ihm: Die Schranktüren stehen offen, zwei Zimmermädchen packen die Koffer. Und auf dem Bett liegen ein schwarzes Kleid, ein schwarzer Mantel und ein schwarzer Hut mit einem schwarzen Schleier.

Dennis merkt, dass irgendetwas mit seinem Atem nicht stimmt. Er versucht, tief Luft zu holen, aber das fällt ihm schwer. Die Mädchen betrachten ihn wortlos und ebenso beklommen wie die beiden in seinem Zimmer. Er hält sich gar nicht damit auf, sie zu fragen, sondern geht in die Suite seiner ältesten Schwester. Er ahnt schon, was er vorfinden wird: Offene Schränke, gepackte Koffer. Und auf dem Bett die schwarzen Sachen. Aber hier hört er wenigstens eine vertraute Stimme.

„Vorsischt mit diese Schal! Er muss werden gepackt in Papier aus Seide!“

„Victorine! Was ist passiert?“

Sie wirbelt herum und läuft auf ihn zu.

„Oh, mon Dieu, da seid ihr ja endlisch. Isch weiß nischt, wo mir steht der Kopf. Seit Stunden bin isch ge’üpft, ge’üpft wie ein Kreisel. Und diese Albert hat mir gemacht fast wahnsinnisch. Wie soll isch wissen, was ihr geht besischtigen? Diese deutsche Namen sind zu schwer für meine Kopf. Der Römer, das isch ’abe gewusst, aber da wart ihr schon weg. Schließlisch ich ’abe gesagt, er soll seine Zeit nischt vertun mit Unsinn und soll lieber Bestellung machen bei Mayers und soll Passage buchen in Zeppelin, und ’at er gemacht, und alles ist fertisch, Dieu merci.“

Passage buchen? Sollte das wirklich heißen ...?

„Aber Victorine, was ist passiert?“

Sie sieht ihn erschrocken an und greift nach seinen Händen.

„Ach, Dennis, mon petit, du weißt es noch gar nischt ...? Aber Albert, ’at er denn nischt ...?“

Normalerweise kann Dennis nicht ausstehen, wenn sie ihn „mein Kleiner“ nennt, denn sie geht ihm knapp bis zur Schulter, aber heute ist ihm das egal.

„Er war in der Halle, und er sah sehr aufgeregt aus, aber ich bin gleich in mein Zimmer gegangen.“ Und als er merkt, dass sie ihn loslässt, fügt er drängend hinzu: „Bitte, Victorine, sag jetzt nicht, dass du nicht darüber reden kannst. Bitte, sag’s mir.“

Sie zögert noch und nickt dann. „Gut, ich sag es. Denn Madame wird jetzt nischt können reden, und Monsieur auch nischt. ’eute Morgen – ihr seid weg zwei Stunden – kommt ein Telegramm. Und Albert weiß, dass Monsieur wartet auf Nachrischt von Börse und macht auf. Und da steht – da steht ...“

Sie nimmt wieder seine Hände. Dennis schaut sie stumm an.

„Edward ’at eine collision mit sein Automobile.“

Dennis merkt, dass sein Herzschlag ins Stolpern gerät. Er weiß, was jetzt kommt. Es gibt nur eine Erklärung für die Trauerkleidung in jedem Zimmer. Und für das Buchen der nächstbesten Passage. Sein Wunsch ist in Erfüllung gegangen. Oh mein Gott! Heute morgen! Da hat er im Frankfurter Dom gebetet und hat sein ganzes Taschengeld geopfert, damit irgendetwas geschieht, das ihn nach Hause bringt. Aber doch nicht das! Nie im Leben hätte er so etwas gewollt! Ganz sicher nicht!

Dennis spürt, wie eine Gänsehaut über seine Arme

läuft. Sie fahren zurück, nach Hause, nach Philadelphia, zu seinen Tieren und seinen Büchern. Zu allem, was er so vermisst hat. Keine Woche wird es dauern, und er wird alles wieder sehen. Nur nicht Edward. Edward ist tot. Ist er gestorben, weil sein kleiner Bruder ein selbstsüchtiges Muttersöhnchen ist, der ihn nicht einmal lieb hat und fast nie an ihn denkt, und wenn, dann nur zornige, rachsüchtige Gedanken?

Dennis schaudert. Ist er ... ist er etwa schuld an Edwards Tod? Kann das sein? Oh Gott! Er würde seinen Eltern nicht mehr unter die Augen treten können! Er würde keine ruhige Minute mehr haben! Er würde sein Leben lang von Gewissensbissen gequält werden! Was hat er noch gebetet? Mach bitte etwas, lieber Gott. Ganz egal, was es ist. Daran lässt sich nicht drehen und deuteln. Ganz egal, was es ist ... Das hat er gesagt, und es ist in Erfüllung gegangen, und Edward ist tot.

Victorine sieht ihn besorgt an. Sie hat immer den Eindruck gehabt, dass die beiden Brüder sich nicht mögen. Der Große zeigte nicht das geringste Interesse an dem Kleinen, außer wenn er ihm seine Überlegenheit beweisen konnte. Darin war er manchmal richtig heimtückisch. Deshalb ging Dennis ihm möglichst aus dem Weg. Ob er doch an ihm gehangen hat und es nur nicht hat zeigen wollen, weil Edward ihn so schlecht behandelt hat?

Sie schweigt ratlos und streichelt Dennis' Hände, aber er scheint es gar nicht zu merken. Er steht einfach da, kreidebleich und zitternd, und dann dreht er sich um und geht hinaus. Als er vor seiner Tür steht, spürt er, dass ihn jemand anschaut, und als er den Blick hebt, sieht er den Liftboy neben der Kabine stehen. Er wirkt, als ob er auf jemanden wartet, aber Dennis kann sich nicht vorstellen, auf wen.

Auf mich bestimmt nicht, denkt er. Mich kennt er gar nicht. Ich fahre nie mit dem Lift, ich laufe lieber die Treppen hoch. Und selbst das wird mir keinen Spaß mehr machen. Oh Gott, mir wird nie mehr etwas Spaß machen.

Er geht mit starrem Gesicht in sein Zimmer, und Jakob schaut verwundert hinter ihm her. Das ist doch der nette amerikanische Junge, der ihm noch ein Trinkgeld geben will? Er sieht ganz verändert aus. Als ob ihm ein Gespenst begegnet wäre.

## 6

Marion hockt vor dem Koffer aus gelbem Schweinsleder und drückt mit beiden Händen auf den Deckel. Der wölbt sich an der einen Ecke hoch, verkantet an der anderen und will sich nicht schließen lassen. Marion hebt ihn hoch, boxt wütend ein paar Wäschestücke und Pullover zur Seite, versucht es noch einmal. Sie stützt sich auf die Ecken wie bei einer Turnübung. Sie spürt, dass ihr Kopf rot wird vor Anstrengung. Die Kanten gleiten übereinander. Sie drückt auf die Schlösser. So, der ist zu! Sie setzt sich auf den Koffer, zieht die Beine in den Schneidersitz und blickt zu ihrer Mutter hinüber.

„Eigentlich will ich überhaupt nicht nach Amerika, dass du's nur weißt! Jahrelang hast du dich nicht um mich gekümmert. Und jetzt muss es auf einmal hopplahopp gehen. Ausgerechnet jetzt, wo Bruno gekommen ist."

Marion wickelt eine Haarsträhne um den Finger und versinkt in Träumereien. Bruno ist der Neue im Internat und sieht aus wie Jung Siegfried persönlich. Und wenn sie jetzt nach Amerika muss, wird Ingrid sich an ihn ranmachen, diese falsche Schlange, die glatt behauptet hat, Bruno würde sich bestimmt nicht für Blondinen interessieren, weil er selbst blond ist und seine Schwestern auch. Pah! Wen hat er denn schon zweimal angelächelt, Ingrid oder Marion? Aber Ingrid bildet sich ein, dass jeder auf sie fliegen muss, weil sie eine rassige Rote ist. So nennt sie sich glatt. Pah!

„Du hättest wenigstens bis zu den Sommerferien warten können", nörgelt Marion weiter. „Bis dahin hätte ich schon rausgekriegt, ob er wirklich so nett ist. Aber du musst immer deinen Kopf durchsetzen!"

Ihre Mutter lächelt ungerührt. Sie ist eine auffallend hübsche Frau mit einer eleganten blonden Wellenfrisur, die Lippen sind breit ausgemalt, die Augenbrauen gezupft und gewölbt, die Wimpern üppig getuscht.

„Ich hatte Papa schon fast rumgekriegt, dass ich später fahren kann.“ Marion ist noch nicht fertig mit ihren Vorwürfen. „Ich weiß wirklich nicht, warum du mich ausgerechnet jetzt drüben haben willst. Dabei kommst du mich noch nicht mal abholen. Du hättest das Theater vom Kränzlein sehen müssen, bis sie endlich eine einwandfreie Begleiterin für mich gefunden hat. Und von Papa kann ich mich nicht mal verabschieden, der ist schon seit zwei Wochen in Rom und kommt erst nächste Woche zurück. Du bist schon verflixt selbstsüchtig!“

Ihre Mutter lächelt immer noch. Es bleibt ihr nicht anderes übrig, denn sie steht in einem Silberrahmen auf Marions Schreibtisch. Alle paar Monate schickt sie ihr neuestes Foto. Sie hat sich vor vier Jahren von ihrem Mann getrennt, „in aller Freundschaft“, wie beide Marion versichert haben. Seitdem reist sie durch die Welt, verbringt den Winter an der Riviera, den Sommer in der Schweiz, schickt Ansichtskarten aus Beirut und Lissabon und Kopenhagen und London. Ab und zu besucht sie Marion auch mal in ihrem Internat am Bodensee, aber immer nur kurz, und seit sie in Amerika ist, überhaupt nicht mehr. Marion hat den Verdacht, dass sie einem möglichen neuen Vater vorgestellt werden soll, aber Papa weiß angeblich nichts davon und auch aus dem Kränzlein war nichts herauszukriegen.

Die Türglocke schellt. Kann nur der Postbote sein. Trotzdem steht Marion auf und guckt über das Treppengeländer. Sie ist so neugierig wie eine Elster. Unten geht Erika zur Tür, schaut durch das Fenster und öffnet.

„Ich wollte mich verabschieden. Und ich wollte dich um etwas bitten. Um etwas ungeheuer Wichtiges."

Das ist auf keinen Fall der Postbote.

„Bitte, Franz, fang nicht schon wieder an."

„Aber das tu ich doch gar nicht. Was denkst du denn von mir? Du willst mich nicht heiraten, das habe ich durchaus begriffen."

Heiraten? Marion spitzt die Ohren. Wer mag das sein? Sie duckt sich hinter eine Truhe dicht am Geländer und späht über den Deckel. In der offenen Haustür steht ein Mann und schaut auf Erika herunter. Marion kann nur seine dunklen Haare sehen, nicht sein Gesicht.

„Ich will dich noch nicht sofort heiraten, habe ich gesagt." Das klingt fast wie eine Verteidigung. Erst muss ich meine Ausbildung fertig machen. Außerdem bin ich einfach noch zu jung, finde ich."

„Schon gut, das haben wir ja alles durchgesprochen. Ich wollte nicht wieder davon anfangen. Bestimmt nicht. Es geht um etwas anderes."

„Dann komm herein. Wir brauchen nicht hier unter der Tür zu stehen. Am besten gehen wir in mein Zimmer, da stört uns niemand."

„Nanu? Wieso auf einmal diese Großzügigkeit? Ich denke, Herrenbesuch ist nur im Salon erlaubt? Was wird denn die pingelige Frau Kranz dazu sagen?"

Erika kichert. „Sie ist zu ihrer kranken Mutter gefahren und kommt erst nächste Woche wieder. Frau Renger und Berta sind einkaufen. Herr Schmitz arbeitet im Garten. Und Marion packt ihren Koffer, und zwar ohne meine Hilfe, und deshalb schon seit heute früh. Sie ist ziemlich unselbstständig für ihr Alter."

Marion schneidet eine Grimasse. Wie soll man selbstständig werden, wenn man zu Hause dauernd bedient wird? Im Internat macht sie genauso viel wie alle anderen.

Der Mann seufzt. „Manche Leute haben es wirklich gut. Vier Mann Personal für einen Haushalt, wo die Tochter im Internat ist und der Hausherr ständig unterwegs. Zu was brauchen die überhaupt so ein riesiges Haus?"

Er sieht sich in der Diele um und betrachtet die Bilder, die am Treppenaufgang hängen. Marion kann sein Gesicht jetzt sehen. Er sieht gut aus, nicht ganz so gut wie Bruno, nicht so kräftig und sportlich, sondern mehr – mehr – sie sucht nach einem passenden Wort. Kränzchen würde durchgeistigt sagen, die liebt so hochgestochene Ausdrücke. Er trägt einen langen Regenmantel und hält eine große Mappe unterm Arm. Und er ist schon ziemlich alt, mindestens Mitte, vielleicht sogar Ende 20.

„Du kannst nicht zählen, Fränzchen. Hier gibt es derzeit fünf Mann Personal. Ich gehöre schließlich auch dazu." Erika macht einen Knicks. „Ich bin eine ungewöhnlich talentierte Gouvernante und Reisebegleiterin."

Er lächelt sie an. „Du bist so winzig, dass man dich einfach übersieht."

Sie stellt sich auf die Zehenspitzen. „Was fällt dir ein? Ich bin nicht winzig! Ich bin fast so groß wie Marion."

„Aber die ist erst 14, soviel ich weiß, und hat noch Aussichten zu wachsen. Wohingegen du eine uralte

Frau von 21 bist und dein Wachstum längst abgeschlossen hast. Wie ist sie denn so, die Kleine? Meinst du, du wirst mit ihr fertig?"

„Sie ist richtig nett. Freundlich und gutartig und überhaupt nicht so blasiert, wie ich das nach dem Auftreten von Frau Kranz befürchtet hatte. Ein bisschen verwöhnt ist sie schon, aber dafür kann sie schließlich nichts als Einzelkind in so einem Haushalt."

Marion lächelt erfreut. Der Lauscher an der Wand hört seine eigne Schand, sagt Kränzchen immer. Wieder mal ein Beweis, dass sie gar nicht unbedingt Recht hat mit ihren Sprüchen.

„Sie hat sogar eingesehen, dass sie zum Üben Englisch mit mir reden muss. Ich glaube, es macht ihr Spaß, dass Frau Kranz dann nichts versteht. Und dass wir über ganz unerhörte Sachen sprechen. Über Erziehung ohne Strafen. Und über das Recht der Frau auf einen Beruf. Und über moderne Kunst."

„Darüber muss ich auch mit dir reden." Seine Stimme klingt auf einmal ernst.

„Tatsächlich? Ausgerechnet heute?"

„Ja! Ich weiß einfach nicht mehr weiter. Du bist die Einzige, die mir helfen kann."

Erika nimmt ihn an die Hand und führt ihn die Treppe hinauf. Marion hockt hinter der Truhe und grübelt. Der Mann ist ganz offensichtlich verliebt in Erika. So verliebt, dass er sie heiraten will. Er wird sie jetzt ein paar Wochen oder sogar Monate nicht sehen, denn vielleicht wird Erika bei ihr bleiben und sie auf die amerikanische Schule vorbereiten. Und dann redet er nicht von ewiger Treue und Hoffnung auf Wiedersehen, sondern über moderne Kunst? Marion hat jeden Liebesroman verschlungen, den sie erwischen konnte, aber so etwas hat sie noch nie gehört. Da stimmt etwas nicht. Und sie möchte zu gerne wissen, was.

Sie schleicht die Treppe hinunter und auf der anderen Seite wieder hinauf. Das Zimmer vom Kränzlein liegt direkt neben dem von Erika. Und das Kränzlein ist zu ihrer kranken Mutter gefahren. Sie drückt leise die Klinke hinunter, öffnet und schließt geräuschlos die Tür, geht auf Zehenspitzen zur Wand und legt das Ohr dagegen.

„Ich kann das einfach nicht glauben." Sie hört Erikas Stimme ganz deutlich. „Was hast du dir bloß dabei gedacht?"

„Lieber Himmel, Erika, was hätte ich denn machen sollen? Sie haben Bücher zu hunderten verbrannt. Ach, was sag ich, zu tausenden. In jeder deutschen Stadt. Meinst du, sie werden vor Bildern Halt machen? Hast du Hitlers Rede nicht gehört? Er hält die moderne Kunst für nichts anderes als das Ergebnis von Augenfehlern und grauenhaften Sehstörungen. ‚Wir werden von jetzt ab einen unerbittlichen Säuberungskrieg führen gegen die letzten Elemente unserer Kulturzerstörung.' Das hat er wörtlich gesagt. Hier, kennst du das Plakat nicht?"

„‚Entartete Kunst. Ausstellung von Kulturdokumenten des Bolschewismus und jüdischer Zersetzungsarbeit. Vom 4. März bis 31. März 1936. Was wir in dieser interessanten Schau sehen, wurde einmal ernst genommen!'", liest Erika. „Natürlich kenn ich das. Es hing wochenlang in unserer Schule. Das Plakat ist übrigens nicht schlecht. Rein vom Grafischen, mein ich. Roter Kreis mit schwarzem Dreieck, unten die roten Kreissegmente und Schriftzeichen als Antwort, seitlich das schwarze Rechteck als Gegengewicht für die schwarze Schrift.“

Der Mann, der Franz heißt, pfeift durch die Zähne. „Oh Gott! Was ist denn das für eine Art der Betrachtung? Der Lehrer, der euch so etwas beibringt, wird bestimmt bald entlassen. Das Plakat will sich ja gerade über die grafischen Elemente in der modernen Kunst lustig machen.“

„Aber man kann sich wirklich über einiges lustig machen, das musst du doch zugeben. Wir sind letztes Jahr alle nach München gefahren und haben uns die Ausstellung angesehen. Und es waren Bilder dabei, vor denen konnte man richtig erschrecken. Menschen wie Fratzen, wie Karikaturen. Und auf anderen konnte man gar nichts erkennen, die waren nur ein Durcheinander von Farben.“

Eine Zeit lang ist es still. Marion hört nur ein Rascheln. „Es zwingt dich ja niemand, solche Bilder schön zu finden. Aber wenn du sie nicht verstehst, ist das doch kein Grund, sie zu zerstören und die Maler zu verfolgen. Hier, sieh dir das in Ruhe an. Und das. Und die hier auch. Warte, ich lehne sie gegen die Bettkante, da ist das Licht am besten.“

Schritte sind zu hören.

„Nein, zum Erschrecken ist das nicht“, sagt Erika schließlich. „Das hier gefällt mir richtig gut. Es ist irgendwie heiter und friedlich. Und das hier mit den kleinen Vögeln auch. Ich glaube, an das erinnere ich mich, das war auch in München bei der Entarteten Kunst, nicht? Oh verflixt, Franz, das war ja dann deines. Es ist nicht zu fassen. Wieso hat das keiner gemerkt?“

„Weil sie keine Ahnung haben. Ich hab mich allerdings auch wirklich angestrengt. Aber ein Fachmann hätte es erkennen müssen. Die Originale haben so etwas Durchsichtiges, Leuchtendes in den Farben, das hab ich einfach nicht nachmachen können, trotz meiner Meisterklasse in Malerei. Sieh mal hier, wie das dunkle Blau immer zarter wird und dann verschwimmt, ist das nicht wunderbar? Du wirst sehen, eines Tages wird man Paul Klee für einen der bedeutendsten Maler dieser Epoche halten. Im Ausland tut man das heute schon. Aber hier werden seine Bilder als ‚entartet' bezeichnet und vielleicht verbrannt. Das konnte ich doch nicht zulassen."

Marion hat die Luft angehalten. Jetzt verschluckt sie sich fast und unterdrückt gerade noch einen Hustenanfall. Franz hat drüben im Zimmer Bilder aufgestellt, das ist klar. Und zwar Originale, das heißt eigenhändige Werke von einem Maler namens Paul Klee. Marion kennt den Namen nicht, aber dass er zu den Entarteten gehört, das hat sie gerade erfahren. Und dass Erika seine Bilder auf der Ausstellung in München gesehen hat, auch. Aber wieso hat Erika gesagt, ‚das war ja dann deines'?

In Marions Kopf fahren die Gedanken Karussell. Erika hat mal von einem Freund gesprochen, der Malerei studiert hat und jetzt in einem Museum arbeitet. Das kann nur Franz sein. In seinem Museum muss es Bilder von diesem Klee geben. Und Franz wollte nicht, dass sie auf die Ausstellung von Entarteter Kunst geschickt und vielleicht vernichtet wurden. Aber wie konnte er das verhindern? Marion pustet die Backen auf und bläst langsam Luft aus. Es gibt nur eine einzige Erklärung für den Satz ‚das war dann ja deines'. Franz hat die Bilder abgemalt, die Fälschungen nach München geschickt und die Originale behalten. Oh Mann! Im Nebenzimmer ist ein richtiger Bilderfälscher! Aber was kann er bloß von Erika wollen?

„In ein paar Wochen wird in München das Haus der Deutschen Kunst eröffnet." Franz' Stimme reißt Marion aus ihren Gedanken. „Dafür wird noch mal eine Ausstellung von Entarteter Kunst vorbereitet, viel größer als die vom letzten Jahr. Die soll später durch ganz Deutschland wandern. Und jetzt werden alle Museen nach weiteren Bildern durchsucht. Ich hatte die Klees im Magazin versteckt, da waren sie ziemlich sicher. Aber das sind sie jetzt nicht mehr. In meinem Zimmer kann ich sie nicht lassen, ich fürchte, ein paar Leute im Museum haben gemerkt, dass ich die offizielle Kunstpolitik nicht unterstütze. Wenn man eine Hausdurchsuchung macht und die Bilder bei mir findet, lande ich im Gefängnis. Oder sogar im KZ."

Beim letzten Wort durchfährt Marion ein heißer Schreck. Ins KZ zu kommen, das ist das Schlimmste, was einem passieren kann. Konzentrationslager sind für die „Schädlinge am deutschen Volkskörper" da, das hat sie in der Schule gelernt. Da kommen Kommunisten hin oder Sozialdemokraten, Zigeuner oder Zeugen Jehovas, Juden oder arbeitsscheue Asoziale. Es sind Arbeitslager, wo Staatsfeinde und Hetzer und Verbrecher umerzogen werden, hat der Lehrer gesagt. Aber Frau Renger kennt einen, der ist in einem KZ verschwunden, weil er einen Hitler-Witz erzählt hat, und der Pfarrer aus ihrem Dorf hat in einer Predigt gesagt, dass die Menschen aller Rassen Gottes Kinder sind und vor Gottes Augen alle gleich, da hat ihn die Gestapo direkt nach der Messe abgeholt, und als er nach ein paar Wochen wieder kam, da war er halb tot. Deshalb wird über KZs nur geflüstert.

Franz und Erika flüstern nicht. Es raschelt auch nichts mehr. Im Zimmer nebenan ist es ganz still. Marion kann sich vorstellen, dass Erika genauso erschrocken ist wie sie bei seinen Worten. Jetzt steht sie bestimmt da und starrt abwechselnd Franz und die Bilder an und weiß nicht, was sie sagen soll. Doch, jetzt räuspert sie sich. Marion presst das Ohr an die Tapete.

„Und wenn man die Bilder bei mir findet, wo lande ich dann?"

„Aber Erika, was glaubst du denn? Bildest du dir ein, ich würde dir die Bilder bringen, wenn du dadurch in Gefahr kämest? Du hast ja eine tolle Meinung von mir! Erst denkst du, ich will dir mit einem neuen Heiratsantrag auf die Nerven fallen, und jetzt unterstellst du mir, ich will mich und die Bilder auf deine Kosten retten. Ich glaube, ich gehe besser."

„Entschuldige, bitte, Franz. Ich wollte dich nicht kränken. Ich unterstelle dir auch gar nichts. Bestimmt nicht! Aber wenn ich KZ höre, kann ich irgendwie nicht mehr klar denken. Ich – ich weiß einfach nicht – was soll ich denn – "

„Schon gut, du Kälbchen." Marion muss grinsen. Erika sieht tatsächlich ein bisschen aus wie ein Kälbchen mit ihren riesigen, schrägen braunen Augen und der krausen Tolle über der Stirn und der breiten kurzen Nase. „Ich habe mir natürlich schon eine Geschichte für dich ausgedacht, und die ist absolut überzeugend. Was gibst du beim Zoll als Berufsbezeichnung an?"

„Hm – Studentin."

„Genau. Und auf Befragen kannst du erklären, dass

du an der Kunstgewerbeschule studierst, und zwar im letzten Jahr, und dass du schon dabei bist, deine Examensarbeiten anzufertigen. Die hast du alle in dieser Mappe, aber du musst sie noch überarbeiten, und deshalb nimmst du sie mit."

„Wieso ist das eine Geschichte? Das stimmt doch alles – bis auf deine Mappe natürlich."

„Das ist ja eben das Entscheidende bei einer überzeugenden Geschichte, dass sie zum größten Teil auf Wahrheit beruht und nur ein kleines bisschen gelogen ist. In deinem Fall im Thema der Examensarbeiten. Du hast für das Fach Design eine Tapete entworfen – diese hier. Und für das Fach Illustration einen Umschlag und ein paar Einzelblätter zur Geschichte von den glücklichen Vögeln – diese hier. Und für das Fach textiles Gestalten ein Stoffmuster – dieses hier. Und in der Mappe hab ich noch einen Stapel anderer Blätter in verschiedenen Techniken und Stilrichtungen, die mischen wir mit den Klee-Aquarellen – da müsste jemand schon Künstler oder Kunstwissenschaftler sein, um sie zu erkennen. Und der steht weder am deutschen noch am amerikanischen Zoll."

„Franz – das ist genial!"

Franz lacht. „Na, ich weiß nicht recht. Ich finde Klee genial." Er macht eine Pause. „Und dich – dich liebe ich. Ich würde nicht das kleinste Risiko eingehen, wenn ich Angst hätte, dass dir etwas dabei passieren würde, nicht einmal, um Klee zu retten. Wenn du irgendwelche Bedenken hast, dann sag's mir, und ich lasse mir etwas anderes einfallen."

„Nein, nein, das klingt bombensicher. Wir legen einfach die normalsten Bilder in der Mappe obenauf. Lass mal sehen, ja, das hier, eine Igelfamilie. Und die

Mühle am rauschenden Bach. Und die angelnden Zwerge. Die habe ich auch schon mal gemacht. Hast du mich etwa nachgeahmt?"

Franz lacht wieder und sagt etwas, aber das versteht Marion nicht, denn an der Haustür schrillt die Klingel.

„Nanu? Wer kann das denn sein? Ob Frau Renger den Schlüssel vergessen hat? Warte, ich schau mal eben nach."

Eine Tür quietscht, und Erikas Schritte klappern die Treppe hinunter. Und dann zuckt Marion zusammen. Denn von unten wird ihr Name gerufen.

„Marion! Besuch für dich! Marion!"

Verflixt! Muss das denn ausgerechnet jetzt passieren? Wenn sie aus Kränzleins Zimmer antwortet, weiß Erika sofort, dass sie gelauscht hat. Sie huscht zur Tür, aber sie wagt sich nicht auf den Flur. Was, wenn Erika ihre Tür offen gelassen hat und Franz sie sieht? Von unten ertönt Gemurmel, dann kommen die Schritte wieder die Treppe herauf, und eine Tür fällt ins Schloss.

„Das war Marions Kusine. Ich habe sie nach oben geschickt, Marion steckt wahrscheinlich kopfüber in irgendwelchen Schränken, sie hat uns nicht gehört. Ich wusste gar nicht, dass die zwei so aneinander hängen, dass Thea sich gar nicht trennen kann. Sie sah ganz verweint aus."

Thea? Wieso ist Thea da? Sie haben sich doch schon am Samstag verabschiedet. Und überhaupt – müsste sie nicht jetzt in der Schule sein? Ob etwas mit Tante Veronika passiert ist? Aber das muss schon etwas wirklich Schlimmes sein, sonst würde Thea doch nicht die Schule schwänzen und zu ihr kommen. Wieso hat sie eigentlich nicht angerufen?

Marion drückt die Klinke hinunter und öffnet behutsam die Tür. Die quietscht nicht, Gott sei Dank. Jetzt dürfen nur die Treppenstufen nicht knarren! Marion schiebt sich zum Treppengeländer, schwingt ein Bein darüber und rutscht lautlos nach unten. Während sie die gegenüberliegende Treppe hinaufrennt, überlegt sie, ob sie Thea die ungeheuerlichen Sachen verraten soll, die sie gerade belauscht hat. Aber als sie ihrer Kusine ins Gesicht sieht, vergisst sie Bilderfälschung und Schmuggel und sogar ihre Reise.

„Thea! Was ist passiert?"

„Ilse hat es rausgekriegt."

Marion weiß sofort, was sie meint. „Die giftige Blonde? Mit dem Bruder, der Fähnleinführer ist?"

Thea nickt. „Sie hat mich vor der ganzen Klasse eine dreckige Judensau genannt und verlangt, dass ich sofort rausgeschmissen werde." Ihre Stimme schwankt ein bisschen, aber sie fängt nicht mehr an zu weinen. Sie hat genug geweint. „Ich muss weg, Marion. Ich kann hier nicht bleiben. Ich wollte dich um dein Sparschwein bitten, dann fahre ich zu Tante Ruth, und die soll mich nach Amsterdam bringen zu Opa und Oma Baum."

Marion starrt sie an. „Soll das heißen, dass deine Mutter gar nichts weiß? Bist du gleich von der Schule aus zu mir gekommen?"

Thea nickt wieder. „Ich kann's ihr einfach nicht sagen. Es wird sie ganz schrecklich treffen. Und vielleicht lässt sie mich auch nicht fahren und will, dass ich in die jüdische Schule gehe. Aber ich will nicht. Ich will hier weg. Ich hasse Deutschland!"

„Ach, Thea, sag doch nicht so was!" Marion schlingt beide Arme um ihre Kusine. „Ich bin doch auch deutsch. Und ich hab dich lieb, und es ist mir völlig egal, ob dein Vater Jude ist oder Russe oder Deutscher."

Thea lehnt den Kopf an ihre Schulter. „Ja, ich weiß. Du bist nicht so. Und Dörte auch nicht. Ich glaube, die Schulz auch nicht. Und Alois hat nie ein Wort gesagt. Aber Ilse hätte mich am liebsten angespuckt. Und die anderen in der Klasse haben nicht gerade zu mir gehalten. Man weiß eben von keinem, ob er ein Freund ist oder ein Feind. Fritz hat mich verraten. Hättest du das gedacht?"

„Dein Fritzchen? Dein Bruder?"

„Er ist nicht mein Bruder. Wir sind nicht mal verwandt. Und du kannst sicher sein, dass er verflixt froh darüber ist. Er will mich aus dem Haus ekeln, hat er gesagt. Ich muss so schnell wie möglich weg, Marion, wirklich! Du verstehst das doch?"

„Na klar." Marion greift schon nach ihrem Sparschwein. „Du kannst all mein Geld haben. Ich glaube, es ist enorm viel. Komm, wir zählen mal."

Sie setzt das Schwein aufs Bett, holt den kleinen Schlüssel aus der Nachttischschublade und schließt auf. Es regnet Münzen und Scheine auf die Bettdecke. Marion schiebt alle zu einem Berg zusammen, aber plötzlich hält sie inne. „Dein Pass! Du kommst nicht ohne Pass über die Grenze."

Thea sinkt aufs Bett. Ihre Beine sind auf einmal ganz weich. Sie kann nicht mehr stehen. Der Pass! Sie braucht ihren Pass! Durch das offene Fenster dringt ein metallisches Klappern. Marion springt auf.

„Schmitz mäht den Rasen. Das Auto steht in der Garage. Ich bitte ihn, dass er mich zu dir nach Hause fährt. Ich hole dir den Pass."

Thea denkt nach, dann schüttelt sie den Kopf. „Nein, das hat keinen Zweck. Was willst du machen, wenn Mutter ihn dir nicht gibt? Oder wenn sie einfach zu dir ins Auto steigt und mit zurückfährt? Sie lässt mich auf keinen Fall so Hals über Kopf los. Sie wird erst Tante Ruth schreiben und meinen Großeltern und alles ausführlich bereden. Ich kenne sie doch. Wenn sie erst weiß, dass ich bei dir bin, dann holt sie mich bestimmt nach Hause."

Marion setzt sich neben sie. Das Geld ist vergessen. Sie starren vor sich hin und grübeln. Beide haben das Kinn in die Handflächen gestützt. Marion merkt auf einmal, dass ihre Gesichter aus dem Wandspiegel gegenüber schauen. Wenn die unterschiedliche Haarfarbe nicht wäre, könnte man sie für Zwillinge halten, denn Thea kommt ganz auf ihre Mutter und Marion auf ihren Vater, und die beiden sind Geschwister. Aber Thea hat die schwarzen Haare von ihrem Vater und Marion die blonden von ihrer Mutter geerbt.

Marion starrt in den Spiegel. Die Haare sind unter den Händen verborgen, man sieht nur den Ansatz über der Stirne. Der Gedanke durchfährt sie wie ein elektrischer Schlag. Sie spürt ihn bis in die Zehen, bis in die Fingerspitzen. Sie muss nach Luft schnappen.

„Thea!", flüstert sie. Sie kann kaum sprechen. „Ich habe eine Idee! Ich weiß, was wir machen." Thea dreht den Kopf und sieht sie an. „Nein, bleib so. Schieb die Hände nur ein bisschen höher. Über die Haare! Jetzt schau uns an!"

Thea tut, was sie sagt, aber sie kraust ungeduldig die Stirne. „Was soll das? Wir gleichen uns. Das war immer schon so. Die ganze Familie redet ständig davon."

Das stimmt. Bei jedem Familientreffen sagt garantiert jemand: „Die zwei könnten Zwillinge sein. Kaum zu glauben, dass sie nur Kusinen sind."

„Weißt du was?" Marion flüstert immer noch. „Du fährst nach Amerika. Mit meinem Pass."

„Bist du übergeschnappt? Du weißt doch, was in deinem Pass steht. Haarfarbe: blond."

„Klar weiß ich das." Marion fängt vor Aufregung an zu kichern. „Aber ich weiß auch, was die Berta in den Osterferien gemacht hat. Sie hat sich das Wasserstoffperoxyd aus der Waschküche stibitzt und hat sich damit die Haare gefärbt. Von Mausbraun auf Goldblond. Die Frau Renger hat sie vielleicht runtergeputzt, wieso sie nicht mit der Haarfarbe zufrieden ist, die Gott ihr gegeben hat, und dass sie wohl auf Männerfang gehen will und sich einbildet, als nordischer Typ hätte sie mehr Erfolg, aber sie wird schon sehen, wo sie damit landet."

„Die Haare gefärbt?", wiederholt Thea, als ob sie die Worte nicht begreifen würde. „Mit – mit was?"

„Mit Wasserstoffperoxyd. Das ist eigentlich für Flecken, die nicht rausgehen."

„Aber – aber die Berta ist hellbraun. Meine Haare sind schwarz."

„Das ist egal. Frau Renger sagt, es ist so stark, dass man einen Neger damit blond färben kann. Man darf es auch nur ganz vorsichtig auf die Wäsche tupfen und muss es bald auswaschen, sonst beißt es Löcher in den Stoff."

Thea reibt sich mit beiden Händen über die Stirn, als ob sie dadurch das Durcheinander in ihrem Kopf in Ordnung bringen könnte. „Aber Marion! Das ist doch Unsinn! Selbst wenn ich aussehe wie dein Passbild und der Zollbeamte darauf reinfällt, alle im Haus erkennen mich sofort. Glaubst du, irgendjemand hier lässt zu, dass ich nach Amerika fahre und dass du hier bleibst?"

Marion kann einfach nicht mehr still sitzen. Sie rutscht vom Bett und hüpft herum wie Rumpelstilzchen. „Sie werden es nicht merken, verlass dich drauf. Ich weiß genau, wie wir es machen. Das Kränzchen kriegen wir zwar nie rum –" Sie macht eine Kunstpause.

„Na bitte. Ich wusste doch, dass es nicht geht."

„Aber das Kränzchen ist nicht da!", sagt Marion triumphierend. „Sie ist zu ihrer kranken Mutter gefahren, und wir haben uns schon gestern verabschiedet. Frau Renger und Berta sag ich jetzt gleich Auf Wiedersehen, denn Kränzchen hat ihnen freigegeben, bis sie zurückkommt. Nach dem Mittagessen machen sie die Küche fertig, und dann gehen sie."

„Aber Herr Schmitz? Der fährt euch doch zum Flugfeld."

„Von dem verabschiede ich mich auch vorher und sag ihm, er soll mich unterwegs bloß nicht ansprechen, weil ich dann losheule wie ein Schlosshund. Und das glauben garantiert alle, denn sie wissen, dass ich überhaupt keine Lust habe zu fahren. Wenn ich ins Internat zurückmuss, heule ich auch immer, weil ich die ersten Tage Heimweh kriege."

Marion hüpft immer noch. Sie begeistert sich richtig an dem Bild, das sie da entwirft. „Und ich setze eine Sonnenbrille auf, wegen meiner verheulten Augen und dann noch meinen neuen Reisehut, der absolut dämlich aussieht, wie ein umgestülpter Topf, aber er verdeckt fast das ganze Gesicht, bloß an der Seite und hinten sieht man blonde Haare. Und auf der Fahrt spreche ich kein Wort und schau bloß zum Fenster raus, weil ich meine Heimat jetzt für wer weiß wie lange nicht mehr sehe. Oder vielleicht halte ich mir auch ein Tuch vors Gesicht, weil ich plötzlich Zahnschmerzen gekriegt habe."

„Marion! Hör auf! Du hast einfach zu viel Fantasie. Selbst falls das alles klappen sollte – spätestens wenn wir durch die Passkontrolle gehen, muss ich das Tuch wegtun und die Sonnenbrille abnehmen. Und du glaubst doch nicht, dass Erika mit mir in die Hindenburg steigt und für über 1 000 Mark nach Amerika fährt."

„Genau 1125 Mark. Für ein einfaches Ticket."

„Na bitte. Für 1 000 Mark kriegt man bald einen Volkswagen, mach dir das mal bitte klar. Was glaubst du, was deine Mutter mit Erika macht, wenn sie mit dem falschen Mädchen kommt?"

„Die Tickets hat mein Vater bezahlt, nicht meine Mutter. Und der weiß nicht, wohin mit seinem Geld. Wenn er hört, was passiert ist, wird er froh und dankbar sein, dass ich die Sache so gedeichselt habe. Und meine Mutter auch. Außerdem erfahren sie es vorläufig ja gar nicht. Erika muss meiner Mutter von Lakehurst aus ein Telegramm schicken, und zwar – warte mal – hm – also: Zahnschmerzen erzwingen Verschiebung der Weiterfahrt – Eintreffen später."

Sie gerät wieder in Fahrt. „Das klingt doch sehr überzeugend, findest du nicht? Ihr habt dann genug Zeit, dass Erika dich zu deinem Vater bringen kann, und der soll dann meiner Mutter Bescheid sagen und ihr alles erklären."

„So weit wird es nie kommen. Ich glaube, du bist tatsächlich übergeschnappt. Wenn Erika merkt, wer ich bin, dann wird sie keinen Schritt weiter tun. Sie wird überhaupt nicht einsteigen, da bin ich völlig sicher."

Marion macht einen Satz und lässt sich neben Thea aufs Bett plumpsen. Die Bettfedern quietschen. „Und ich bin völlig sicher, dass sie doch einsteigt. Jetzt hör mir gut zu: Erika kann nämlich kein Aufsehen riskieren. Sobald sie dich erkennt, sagst du bloß: ‚Marion will, dass ich fahre. Ich soll dir helfen, die Mappe sicher nach drüben zu bringen.' Jetzt schau mich nicht so an. Ich bin nicht übergeschnappt. Ich kann dir alles erklären."

Während der nächsten fünf Minuten ist im Zimmer außer Marions eifrigem Flüstern nichts zu hören. Und dann ist es ganz still. Marion schaut Thea erwartungsvoll an. Und Thea denkt nach. Es ist eine riesige Verlockung, das muss sie zugeben. Doch dann sieht sie eine Schwachstelle in Marions Plan.

„Wenn ich wirklich fahre – was wird dann aus dir?"

„Ich rufe im Internat an – mit verstellter Stimme natürlich, als Frau Kranz, Hausdame von Konsul Meitner. Frau Konsul Meitner hat aus Amerika ein Telegramm geschickt, dass sie einen Unfall gehabt hat. Sie hat ... sie hat sich ... ja, das Bein gebrochen. Ein Besuch der Tochter ist leider im Moment nicht möglich und muss auf die Sommerferien verschoben werden. Marion wird deshalb morgen im Internat eintreffen und dort bis zum Sommer bleiben."

„Ja – aber – wo willst du denn heute übernachten?"

„Na, hier, in meinem Bett. Das Haus ist leer. Schmitz ist in seiner Wohnung über der Garage. Ich darf nur kein Licht machen und muss mich morgen zum Hinterausgang hinausschleichen und durchs Gartentörchen verschwinden, da kann er mich nicht sehen. Der erste Zug nach Basel geht um sieben, das weiß ich auswendig."

Thea verfällt wieder in Schweigen. Es hört sich alles so einfach an, wenn Marion spricht. Aber es gibt bestimmt noch viele Hindernisse, die ihnen jetzt nicht einfallen. Sie wühlt mit den Händen in ihren dicken schwarzen Haaren.

„Hm. Deine Schuhe passen mir nicht."

„Na, und wenn schon. Ich such dir meine kleinsten raus, die stopfen wir vorne mit Watte aus. Für die Reise langt das, und in Amerika kaufst du dir neue. Hör auf zu unken, Thea. Ich sage dir, es klappt."

Sie springt mit beiden Füßen vom Bett. „Ich geh jetzt telefonieren und hol die Flasche aus der Waschküche, solange Erika noch mit ihrem Franz beschäftigt ist. Du kannst schon mal den Koffer aufmachen und alle Schuhe rausschmeißen. Und die Tennissachen auch. Dann wird er wenigstens leichter, ich glaube, er hat Übergewicht."

Sie hüpft zur Tür hinaus, und Thea bückt sich zum Koffer.

„In Amerika kaufst du dir neue."

Das hat geklungen wie ein Zauberspruch. Auf einmal sieht die Welt nicht mehr grau und hoffnungslos aus. Thea lässt die Schlösser aufschnappen und tastet nach den Schuhen. Sie fühlt keine Trauer mehr und keine Wut und keine Hilflosigkeit. Sie fährt nach Amerika.

7 „Aber – aber – Uschi, bist du das?“ Richard sieht sie an, als ob er seinen Augen nicht traut. „Du hast ja kurze Haare! Wo sind denn deine Zöpfe?“

„Ab“, sagt Uschi kurz. Herrje, sie konnte doch nicht ahnen, dass er hinter ihr herfahren würde! Sie haben sich schon gestern verabschiedet, vor den Augen der gesamten Familie, und er hat natürlich nicht gewagt, ihr mehr als einen Kuss auf jede Wange zu geben. Verlobte dürfen sich zwar küssen, aber bitte in Ehren, und Richard hält sich natürlich an diese Regel.

„Aber Uschi! Wie konntest du nur? Deine herrlichen Zöpfe!“ Er kann sich immer noch nicht beruhigen. „Jetzt hast du eine richtige Allerweltsfrisur.“

„Ich bin ja auch ein Allerweltsmädchen.“

„Das bist du überhaupt nicht! Ich finde dich ziemlich ungewöhnlich. Obwohl, mit diesem Bubikopf – der hat dich entschieden zu deinem Nachteil verändert.“

„Findest du?“ Uschi bemüht sich, gelassen zu bleiben.

„Ja, ganz eindeutig. Du siehst nicht mehr so ernst aus. Hm. Und nicht mehr so mädchenhaft. Hm. Und so rührend.“

Uschi verdreht die Augen. „Hör auf. Ich muss gleich weinen.“

„Das ist kein Anlass für deine Scherze. Du weißt doch, das Haar ist der schönste Schmuck der Frau.“

„Na, ich finde, eine Perlenkette ist auch nicht zu verachten.“

Er presst die Lippen zusammen. Das hat ihn getroffen. Er grämt sich immer darüber, dass er ihr keine teuren Geschenke machen kann. Sofort tut er Uschi Leid.

„Na, komm, du kennst mich doch, ich meine das

nicht Ernst.“ Sie schiebt ihren Arm unter seinen. „Tut mir Leid, dass dir meine Haare nicht gefallen. Wenn ich das geahnt hätte, dann hätte ich sie nicht abgeschnitten.“

Uschi, du schwindelst schon wieder, denkt sie. Du wartest seit Wochen darauf, dass du zu einem Frisör kannst, ohne dass dir jemand dazwischen redet. Ist man denn mit 22 nicht alt genug, um selbst über seine Frisur zu entscheiden? Mutter würde sich auch aufregen, wenn sie mich jetzt sehen könnte. Aber sie gibt sowieso immer Richard Recht.

Er drückt ihren Arm. „Wenn ich ein strenger Bräutigam wäre, dann würde ich jetzt sagen: ‚Ich heirate dich erst, wenn deine Haare wieder so lang sind wie vorher.‘ “

Das soll ein Scherz sein, das weiß sie, aber sie ärgert sich trotzdem. Von mir aus gerne, würde sie am liebsten antworten. Je länger es dauert, desto besser. Ich bin ja nicht wild aufs Heiraten, sondern du. Und überhaupt ist Bräutigam ein komisches Wort. Klingt irgendwie altmodisch.

Halt den Mund, Uschi, denkt sie und versucht ein Lächeln. Fang jetzt in der letzten Stunde keinen Streit an. Warum denn eigentlich nicht, antwortet ihr zweites Ich rebellisch. Warum soll man immer schweigen und nachgeben? Wochenlang hab ich das Theater um meine Bewerbung ausgehalten. Mutter und Richard hätten mich fast so weit gehabt, dass ich einen Rückzieher mache. Aber Vater hat zu mir gehalten.

„Lass sie nur reden“, hat er immer gesagt. „Wenn du es tatsächlich schaffst und als Stewardess auf der Hindenburg fährst, dann werden sie schon stolz auf dich sein.“

Aber als ich es geschafft hab, als Einzige unter den vielen Bewerbern, da waren sie gar nicht stolz, im Gegenteil, da haben sie erst richtig angefangen zu lamentieren. Dass ich mich lieber um meine Aussteuer kümmern soll und dass eine Frau an den heimischen Herd gehört und dass sie wenigstens einen weiblichen Beruf haben muss, und überhaupt – was sich die Zeppelin-Reederei eigentlich dabei denkt, mich zu engagieren, Frauen in der Luft, das ist doch ein Witz.

„Aber wieso denn?“, hat Vater gefragt. „Vor 20 Jahren hat auch kein Mensch geglaubt, dass je Passagiere durch die Luft von Europa nach Amerika befördert werden. Und als Graf Zeppelin seine ersten Luftschiffe konstruiert hat, da ist er ausgelacht worden. Als Narr, als Verrückten hat man ihn bezeichnet, und die Leute haben mit dem Finger auf ihn gezeigt, wenn er durch Stuttgart ging. Aber er hat sich nicht irre machen lassen und hat bewiesen, dass seine Konstruktionen fliegen können. Wisst ihr, was ich glaube? In zehn Jahren wird es genauso viele Stewardessen wie Stewards geben, und dann kann unsere Uschi sagen, dass sie unter den Ersten gewesen ist.“

„Da siehst du, weshalb das Kind so verrückt ist“, hat die Mutter zu Richard gesagt. „Von klein auf hat der Vater ihr diese Zeppelin-Geschichten erzählt. Flugnärrisch sind sie, alle beide. Ich hoffe bloß, du treibst ihr diesen Unfug aus, wenn du erst mit ihr verheiratet bist.“

„Worauf du dich verlassen kannst!“ Aber nach einem Blick auf Uschis Gesicht hat Richard schnell weitergesprochen: „Obwohl ich glaube, dass sie schon von alleine vernünftig wird. Wenn der Reiz des Neuen erst einmal abgeklungen ist, dann wird sie froh sein, ein normales, häusliches Leben auf festem Boden führen zu dürfen.“

Diese Unterhaltung geht Uschi jetzt durch den Kopf. Warum muss Richard bloß so affig reden? Manchmal fällt er ihr wirklich auf die Nerven. Aber manchmal kann er auch richtig nett sein, dann freut sie sich wieder, dass er sie heiraten wird, wenn er mit dem Medizinstudium fertig ist und genug Geld verdient, um eine Familie zu ernähren. Denn darauf hat Vater bestanden, und Uschi ist sehr damit einverstanden, denn das dauert bestimmt noch lange.

Andererseits hat sie Richard indirekt ihr Engagement auf der *Hindenburg* zu verdanken. Denn ohne ihre Verlobung hätte sie nicht vom Hotelfach auf Krankenschwester umgesattelt, und bloß deshalb ist sie ausgesucht worden, und zwar von Direktor Lehmann höchstpersönlich, dem zweitwichtigsten Mann der Zeppelin-Reederei, der schon vor 25 Jahren auf den ersten Zeppelinen gefahren ist.

Sie hat ihre erste Probefahrt nach Rio und zurück gemacht. Alle waren wohl zufrieden mit ihr, denn sie hat für den Sommer eine feste Anstellung bekommen, das bedeutet 18 Fahrten nach Nordamerika und 15 nach Rio. Heute Abend um viertel nach acht Uhr startet die *Hindenburg* nach Lakehurst. Uschi ist viel zu früh dran, aber sie kann es einfach nicht mehr erwarten. Und ausgerechnet jetzt muss Richard auftauchen. Wo kommt er eigentlich her?

„Wieso bist du nicht in der Uni?“

Er macht eine wegwerfende Handbewegung. „Heute ist nicht viel los. Ich kann alles nachlernen. Ich werd doch wohl schwänzen dürfen, wenn mein Bräutchen nach Amerika fährt.“

Uschi verzieht den Mund. „Bräutchen! Das klingt so zuckrig. Nach Hochzeitskutsche und Kirchenglocken und allgemeiner Rührung."

Richard guckt beleidigt. „Davon träumen doch angeblich alle Mädchen, oder?"

Ich nicht, würde sie am liebsten antworten. Ich träume von – ach, ganz anderen Dingen. Dass ich gleich in den Himmel schwebe und Frankfurt unter mir sehe und den Rhein und die Nordsee und dann den Atlantik, darauf freue ich mich viel mehr als auf meine Hochzeit. Aber das kann sie ihm natürlich nicht sagen. Sie kriegt schon wieder ein schlechtes Gewissen.

„Es ist lieb von dir, dass du hier herausgefahren bist", lenkt sie ab.

Er nickt. Er findet sich auch sehr lieb. „Ich hatte so ein komisches Gefühl. So, als ob etwas passieren würde. Willst du wirklich fahren, Uschi?"

„Aber natürlich. Du brauchst kein komisches Gefühl zu haben. Die Hindenburg ist so sicher wie eine Eisenbahn oder ein Schiff. Sie war schon zigtausend Stunden in der Luft ohne einen einzigen Zwischenfall."

„Was heißt das schon? Denkst du denn gar nicht an die schrecklichen Unfälle vor ein paar Jahren? In dem englischen Luftschiff sind fast alle verbrannt, und das amerikanische ist ins Meer gestürzt."

Uschi winkt ab. „Ein Zeppelin ist noch nie verunglückt. Deshalb sind wir doch die Einzigen, die die Atlantikroute fahren. Und es werden immer mehr. Es ist schon ein neuer in Bau in Friedrichshafen."

„Ja, ich weiß." Man merkt Richards Stimme an, dass ihn das Thema nicht interessiert. „Dein Vater hat mir schon alles darüber erzählt. Er ist ja extra nach Friedrichshafen gefahren, um ihn dort zu sehen. Ihr seid wirklich ein bisschen närrisch, ihr zwei, da hat deine Mutter Recht. Jedenfalls – wenn ich bloß eine einzige Tochter hätte, ich würde sie nicht in die Luft lassen."

„Findest du, dass das eine Frage der Menge ist? Würdest du mit vier Töchtern eher ein Risiko eingehen?"

„Was für eine alberne Bemerkung. Du willst mich wohl nicht verstehen."

„Natürlich verstehe ich dich." Auf einmal geht der Ärger mit ihr durch. „Du hältst nichts von der Luftfahrt. Und du willst nicht, dass ich Stewardess werde. Wenn du könntest, würdest du's mir verbieten."

Richard sieht sie betroffen an. Noch nie hat sie in einem solchen Ton mit ihm gesprochen. Und sie hat ihn auch noch nie so angefunkelt mit ihren dunkelblauen Augen und dazu die schwarzen Brauen gekraust, dass die Stirne sich runzelt. Die dunklen Locken, vom Wind zerzaust, wehen um ihr Gesicht und stehen in alle Richtungen. Sie sieht richtig wild aus. Und störrisch. Ach, was war der Kranz aus Zöpfen glatt und ordentlich! Richard macht ein würdevolles Gesicht.

„Du klingst sehr unbotmäßig, meine liebe Uschi. Ich bin älter als du und erfahrener. Und auch gebildeter, wenn ich das sagen darf. Ich kann also wohl durchaus beurteilen, was gut für dich ist, besonders als dein zukünftiger Ehemann."

Herrje, jetzt spielt er den Überlegenen. Das hat ihr gerade noch gefehlt. Und seine Bildung noch zu betonen ist eine Gemeinheit. Muss sie sich das eigentlich anhören?

„Dann spar dir deine Bemerkungen, bis du mein Ehemann bist. Ich kann auf deinen Rat verzichten."

Er ist so überrascht, dass ihm zunächst keine Antwort einfällt. Er hatte auf einen innigen Abschied gehofft. Er würde natürlich nicht wagen, sie hier in aller Öffentlichkeit zu küssen, wo jeden Augenblick jemand kommen konnte. Aber sie hätten ja einen Spaziergang machen können, am Rand des Flugfeldes entlang, und – und dann? Es war eine dumme Idee, hierher zu kommen, das merkt er auf einmal. Die Erkenntnis macht ihn wütend, noch wütender als ihr Benehmen.

„Ich muss mir noch sehr überlegen, ob ich überhaupt dein Ehemann werden will!"

Sie mustert ihn schweigend. Jetzt muss sie einlenken. Ihre Augen verengen sich, ihre Nasenflügel beben. Dann aber zieht sie den dünnen Goldreif von der linken Hand.

„Am besten nehme ich dir die Entscheidung ab. Ich muss nämlich nicht mehr überlegen. Ich weiß schon längst, dass wir nicht zusammenpassen."

Sie drückt ihm den Ring in die Hand, schultert ihre Tasche und geht auf die große Halle zu. Ein paar Augenblicke steht Richard starr. Seine Wut verpufft. Er ist fassungslos. Soll er hinter ihr herlaufen und sie um Verzeihung bitten? Aber nein! Das tut kein echter Mann! Wo sollte das enden? Sie würde die Hosen anhaben. Sie würde sich nie mehr unterordnen, so wie sich das gehört. Nein, sie, und nur sie muss sich entschuldigen. Aber sie geht weiter.

Plötzlich bleibt sie stehen. Er macht schnell ein finsteres Gesicht. Sie soll sich nicht einbilden, dass er ihr entgegenkommt. Sie dreht sich um und lächelt ihn an. Aller Zorn ist aus ihrem Gesicht verschwunden. Sie wirkt gelöst und – ja, tatsächlich erleichtert.

„Mach's gut, Richard. Du wirst bestimmt jemanden finden, der besser zu dir passt."

Sie wartet keine Antwort ab, sondern geht weiter und verschwindet in der Halle. Richard rührt sich nicht von der Stelle. Er steht da und sieht auf die Tür, die sich hinter ihr geschlossen hat. Aber sie öffnet sich nicht mehr. Nach einiger Zeit senkt er den Blick auf den Goldreif in seiner Hand. Sie hat ihm den Ring zurückgegeben. Er kann einfach nicht begreifen, warum sie das getan hat. Sie hat die Verlobung gelöst. Innerhalb von Minuten. Und ohne einen triftigen Grund! Er ballt die Hände zu Fäusten und schüttelt sie gegen den riesigen Hangar.

„Verfluchte Hindenburg!", schreit er. „Verfluchte Hindenburg!"

„Sie sind wohl nicht recht bei Troste, Mann! Wat is Ihnen denn über die Leber jelaufen?"

Richard dreht sich um. Hinter ihm steht ein Mann in grauem Overall, eine Kappe mit Ohrenklappen auf dem Kopf, eine fleckige Ledertasche über der Schulter. Er hat ein hageres Gesicht mit tief eingekerbten Falten. Einen Augenblick lang ist Richard verlegen, dann kommt ihm seine Überheblichkeit zu Hilfe. Er ist schließlich niemandem Rechenschaft schuldig, schon gar nicht irgendeinem Mechaniker oder Luftwart oder wie immer die Leute heißen, die hier arbeiten. Jedenfalls sieht er nicht aus wie ein Offizier. Und wie ein Steward auch nicht. Richard dreht sich einfach um und geht davon.

60 Mann Besatzung gibt es auf dem Schiff, das weiß er von Uschi. Was sie wohl denken mögen, wenn sie sehen, dass ab heute eine Frau dazugehört? Am liebsten würde er wieder Verwünschungen ausstoßen. Sei-

ne Uschi allein unter 60 Männern! Sie hat ihn ausgelacht, als er davon gesprochen hat.

„Aber ich bin nicht allein! Es gibt jede Menge weibliche Passagiere. Deshalb braucht man doch eine Stewardess.“

Sie wollte ihn einfach nicht verstehen. Er hätte es längst merken müssen. Sie ist nicht mehr seine Uschi, und es kann ihm gleichgültig sein, was die Männer von ihr denken.

Der Maschinist sieht kopfschüttelnd hinter Richard her. Es gibt schon komische Leute. Besonders wenn es um Zeppeline geht. Er hat zwar noch nie einen solchen Wutausbruch erlebt, aber er erinnert sich gut an die Zeiten, als man von einer Auflehnung gegen Gottes Willen sprach, wenn der Mensch sich in die Luft erhob. Das ist inzwischen fast vorbei. Seit der triumphalen Weltumrundung der *Graf Zeppelin* 1929 und der regelmäßigen Verbindung nach Südamerika seit 1931 und nach Nordamerika im letzten Jahr begeistert sich fast jeder für die Luftschiffe. Aber es gibt wohl noch Ausnahmen.

Der Maschinist zuckt mit den Schultern und steuert auf den Hangar zu. Er will gleich seine Kollegen fragen, ob sie auch den aufgeregten Jüngling bemerkt haben. Doch während der Vorbereitungen zum Start vergisst er seinen Vorsatz.

Als er später an den Passagierkabinen vorbei zu den Mannschaftsquartieren geht, bleibt er stocksteif stehen. Das ist doch nicht möglich! Da steht ein Mädchen und überzieht Betten, als ob es das Normalste von der Welt wäre. Der Maschinist fährt sich mit der Hand über die Augen.

„Wach ick oder träum ick? Wat tun Sie denn hier?“

Das Mädchen blickt auf. Sie hat ein knappes, weißes Häubchen auf den dunklen Haaren und trägt zum weißen Rock eine weiße Bluse.

„Ich bin die neue Stewardess. Ursula Hoff."

„Weiber uff'm Schiff? Det bringt Unglück. Det weiß doch jeder."

„Keine Angst. Ich war schon mit der Graf Zeppelin in Rio, und es ist nichts passiert."

„Angst? Icke? Nee, mein Frollein! Ick weiß gar nicht, was Angst is!" Der Mechaniker wirft sich in die Brust.

Uschi lächelt ihn an, und er lächelt zurück – er kann einfach nicht anders. In den Türen der Nachbarkabinen tauchen ein paar Kollegen auf. Sie haben sich offensichtlich dort versteckt, um seine Reaktion auf die Frau an Bord zu beobachten. Jetzt stoßen sie sich an und grinsen.

„Wenn Sie ihn weiter so lieb angucken, Fräuleinchen, dann wächst er hier fest", sagt einer.

„He, Jungs, wo bleibt ihr denn?", ertönt da eine Stimme. „Nun mal rein mit euch in die gute Stube."

Die Männer setzen sich in Bewegung, gehen durch den schmalen Gang und durch die Tür, die zu den Mannschaftsunterkünften führt.

„Na, denn man Hals- und Beinbruch, Frollein Hoff." Der Berliner geht als Letzter. „Sie wissen ja, oben jeblieben is noch keiner."

Uschi lacht und nickt. Sie kennt den Fliegerspruch schon von ihrer ersten Fahrt. Er macht ihr keine Angst. Einen Augenblick lang wundert sie sich, dass sie lachen kann. Schließlich hat sie doch eben erst ihre Verlobung gelöst. Aber sie hat jetzt keine Lust, an Richard zu denken. Und außerdem keine Zeit. Die beiden Betten sind überzogen. Sie legt ein Stück Seife und Handtücher auf die Ablage über dem Waschbecken, Briefpapier und Stifte auf den Schreibtisch, hängt Kleiderbügel in eine schmale Wandnische mit Vorhang, die als Schrank dient. Dann wischt sie mit einem feuchten Leder über alle Möbel und poliert mit einem trockenen Tuch nach.

Sie überprüft die Kabine, ob alles in Ordnung ist, und betrachtet sich dann kritisch in dem runden Spiegel über dem Waschtisch. Ein Glück, dass die Zöpfe weg sind, die hätten gar nicht unter die knappe Kappe gepasst. Sehr kleidsam ist sie nicht, findet Uschi, sie liegt so eng an wie die Fliegermützen mit den Ohrenklappen. Sie zupft ein paar Haarsträhnen heraus. So gefällt sie sich schon besser. Zufrieden lächelt sie ihr Spiegelbild an. Hinter ihr ertönt ein Räuspern. Uschi fährt herum.

„Kann ich Ihnen irgendwie helfen?“

Der junge Mann in der Tür muss ein Steward sein, denn er trägt eine dunkle Uniform. Er ist groß und kräftig, hat ein gutmütiges Gesicht und dicke braune Haare, die er mit viel Pomade geglättet hat, aber sie krausen sich trotzdem.

„Nein, danke. Ich komme schon zurecht.“ Uschi spricht abweisender, als es sonst ihre Art ist. Wie peinlich, dass der Kollege sie vor dem Spiegel erwischt hat. Jetzt wird er den anderen erzählen, dass die Stewardess eine eitle Gans ist, die ihr Aussehen wichtiger nimmt als die Arbeit. Er starrt sie an und errötet ein bisschen, sagt aber nichts und geht auch nicht weiter.

„Finden Sie Bettenmachen so schwierig, dass man dabei Hilfe braucht?“, fragt sie patzig.

„Ich wollte nur – äh – ich dachte – “, stottert er nach

einer langen Pause, aber dann sagt er nicht, was er wollte oder dachte, sondern bloß: „Pardon!“, und geht schnell den Gang hinunter.

„Mensch, Karlchen, du bist auch hier? Das ist ja toll! Ich denke, du bist auf der Bremen?“

Das ist eindeutig eine andere Stimme, hell und jungenhaft. Uschi schaut aus der Tür, aber der Gang ist leer. Der Steward muss auf der Treppe hinunter zum B-Deck sein.

„Ich hab zurückgewechselt, Kleiner. Hatte Sehnsucht nach den Wolken. Sag bloß, du fährst mit? Seit wann heuern sie denn Säuglinge an?“

„Kann ja nicht jeder so ein Opa sein wie du.“ Jakob gibt Karlchen einen Stoß in die Seite. „Mensch, was bin ich froh, dass du da bist. Wie ich dieses Riesenschiff von nahem gesehen hab, da ist mir doch ziemlich mulmig geworden.“

„Kein Grund zur Aufregung. Groß ist die Hindenburg nur von außen. Hier drin musst du dich daran gewöhnen, dass es ganz schön eng ist. Hat aber auch Vorteile: Im Vergleich zum Excelsior rennt man sich nicht die Füße ab.“

Karlchen redet langsam und so, als ob er mit seinen Gedanken woanders wäre. Dann holt er tief Luft und macht „Puh!“ und noch einmal „Puh!“, als ob er eine große Anstrengung hinter sich hätte. „Die hat Augen, die hauen einen um. So was gibt’s gar nicht! Ich wusste überhaupt nicht, was ich sagen sollte. Wie ein Ochs vorm Scheunentor, so blöd hab ich mich angestellt.“

„Wovon redest du denn überhaupt?“ Jakob sieht ihn erstaunt an. Er kennt Karlchen nur gelassen und überlegen. Jetzt wirkt er ganz durcheinander.

„Geh mal die Treppe rauf, ob du jemand im Gang siehst.“

Jakob steigt die paar Stufen hoch und schaut um die Ecke. Er dreht sich um und will Karlchen etwas zurufen, aber der legt den Finger auf die Lippen und winkt ihn wieder herunter.

„Da ist bloß ein Mädchen. Ziemlich klein, und ’ne weiße Haube hat sie auf, wie unsere Stubenmädchen“, erklärt Jakob verwundert.

Karlchen nickte verklärt. „Die mein ich. Das ist die neue Stewardess. Die hat Augen – oh Mann!“

Jakobs Verwirrung wächst. Das ist doch ein ganz normales Mädchen, wie es bei jedem Hotelpersonal dutzende gibt. „Wie heißt sie denn?“

„Keine Ahnung. Ich hab ganz vergessen, mich vorzustellen. Selbst dazu bin ich zu blöd. Und da konnt ich sie doch nicht einfach nach ihrem Namen fragen. Sie hat mich angesehen mit diesen riesigen, blauen Augen – nein, eigentlich sind sie nicht blau, bloß auf den ersten Blick, aber wenn man genauer hinschaut, dann merkt man, dass sie violett sind. Dunkelviolett. Einfach Wahnsinn.“

Jakob weiß nicht, was an violetten Augen Wahnsinn sein soll, für ihn klingt das eher komisch, aber er hütet sich, etwas zu sagen, denn Karlchen sieht geradezu ... ja ... ergriffen aus.

# 8

Irene bleibt mit der Schuhspitze am Schienenstrang hängen und stolpert. Fast wäre sie gefallen. „Verdammt!“ Sie gibt der Eisenbahn einen Tritt. Die Waggons schleudern über den Boden und brechen auseinander. „Räumt das sofort weg! Hier kann man sich ja Arme und Beine brechen. Das fehlte gerade noch!“

Max schließt die Augen. Er sieht Irene vor sich, wie sie am Boden liegt und vor Schmerzen schreit. Das wünsche ich dir, du gemeines Biest, denkt er. Ich würde vor Freude um dich herumtanzen. Philipp blickt ihn ängstlich an. Noch nie hat es jemand gewagt, so grob mit der Eisenbahn umzugehen. Max behandelt sie immer wie ein rohes Ei. Was hat er sich vorhin aufgeregt, dass die Lok entgleist ist! Ob er jetzt ohnmächtig wird vor Schreck?

„Na los, ihr zwei! Wird’s bald? Bildet euch nicht ein, dass ich euren Koffer packe, das macht ihr gefälligst selbst.“

Sie gibt den Schienen noch einen Tritt. Philipp fängt wieder an zu weinen und zupft seinen Bruder am Ärmel.

„Max, was hast du? Warum machst du die Augen zu? Sie ist nicht kaputt, glaube ich. Die Waggons sind nur auseinander geflogen.“

Max bückt sich hastig. Philipp schiebt die Kartons neben ihn, und Max häuft die Schienen hinein. Er untersucht nicht mal, ob sie verbogen sind. Er untersucht auch die Waggons nicht. Die Eisenbahn ist jetzt unwichtig. Wichtig ist nur, dass Papa und Mama überfallen worden sind. Und dass es von ihm abhängt, ob sie alle am Leben bleiben. Philipp schnieft und schluckt. Die Tränen laufen ihm übers Gesicht.

„Herrje, was bist du für eine Heulsuse", sagt Irene angewidert. „Wie soll ich dich bloß aushalten?"

Sie öffnet die Schranktüren und stellt den kleinen Koffer davor. „Packt ein, was ihr braucht. So ungefähr für eine Woche. Wenn euch was fehlt, seid ihr selbst Schuld. Gekauft wird nichts."

Sie geht mit dem großen Koffer hinaus. Max sieht Philipp an. Eine ganze Woche! Papa hat doch von ein paar Tagen gesprochen. Ob Philipp das durchhält? Er ist ein richtiges Mamakind. Er war noch nie weg von zu Hause. Aber er hat wohl nicht begriffen, was Irene gesagt hat, denn er schaut nur stumm hinter ihr her und ist offensichtlich erleichtert, dass sie verschwindet.

„Sie geht in Papas und Mamas Zimmer", flüstert er. „Sie macht den Schrank auf."

„Lass sie doch. Mama ist das bestimmt egal. Weißt du was, Flippi? Leg dich hin, und schlaf ein bisschen. Das Packen mach ich schon."

Flippi ist Mamas Kosename für den Jüngeren, weil er Philipp nicht richtig aussprechen konnte, als er klein war. Sie ist die Einzige, die ihn so nennen darf. Bei allen anderen wird er wütend. Aber jetzt geht er widerspruchslos zum Bett und klettert hinein. Er drückt den Teddy an sich und macht die Augen zu. Max überlegt. Er hat noch nie einen Koffer gepackt. Er ist im letzten Sommer zwei Wochen lang bei seinen Großeltern am Bodensee gewesen, das war toll, und er hat nur ein ganz kleines bisschen Heimweh gehabt. Aber da hat erst Mama seinen Koffer gepackt und zum Schluss Oma.

Max stellt sich vor den Schrank und schaut in alle Fächer. Sobald er die Sachen sieht, fällt ihm ein, welche er braucht, es ist eigentlich ganz einfach. Wäsche und Strümpfe und einen Schlafanzug und Kleider zum Wechseln. Er geht zum Waschbecken und nimmt Zahnbürsten, Zahnpasta, Kamm und Bürste. Da stehen noch Philipps Pantoffeln vorm Bett, die hätte er bestimmt vergessen. Er zieht seine eigenen aus, legt alles in den Koffer und braucht sich dann gar nicht mehr zu fragen, ob sie nicht auch ein zweites Paar Schuhe mitnehmen sollen, denn mehr passt nicht hinein.

Er lässt die Schlösser einschnappen und dreht sich um. Philipp ist eingeschlafen. Sein Gesicht ist verschwollen vom Weinen. Mit der Linken hält er seinen Teddy umklammert, der rechte Daumen steckt im Mund. Eigentlich nuckelt er nur noch, wenn er übermüdet ist. Max spürt, wie seine Kehle eng wird. Vorhin beim Spielen war er noch richtig wütend auf seinen Bruder gewesen und hätte ihn am liebsten verprügelt. Philipp weiß schließlich genau, wie heikel Max mit seiner Eisenbahn ist. Doch jetzt ist alles anders. Nun schämt sich Max über seinen Zorn. Wäre er doch bloß bei Philipp geblieben! Wäre er doch nicht an die Tür gegangen! Dann hätte das Biest da gestanden mit ihrem Blumenstrauß und ihren Pralinen und hätte wieder abziehen müssen. Aber dann hätte der Pistolenmann vielleicht Mama und Papa erschossen. Sie hätten da gelegen – nein, er darf sich das gar nicht vorstellen! Krampfhaft versucht er, seinen Gedanken eine andere Richtung zu geben. Hat Papa nicht gesagt, dass er Spielzeug mitnehmen soll?

Er kippt Philipps Tornister aus und legt Bilderbücher, Buntstifte und einen Zeichenblock für ihn hinein. Für sich selbst nimmt er seine zwei Lieblingsbücher mit. *Emil und die Detektive* natürlich. Und *In 80 Tagen um die Welt*. Vielleicht noch *Gullivers Reisen*? Daraus kann er auch Philipp vorlesen. Dann packt er noch Schere, Klebe und einen großen Bastelbogen mit der *Hindenburg* ein. Den haben ihm seine Großeltern geschenkt, die wohnen ja am Bodensee, in der Nähe von Friedrichshafen, wo die Zeppeline gebaut werden und von wo aus sie um die ganze Welt fahren. Opa hat den alten Grafen Zeppelin noch mit eigenen Augen gesehen und Papa auch, als er ein Schuljunge war. Einen weißen Schnurrbart hat er gehabt und immer eine weiße Mütze auf dem Kopf. Opa ist mit Max zweimal nach Friedrichshafen gefahren, ganz nah an die Zeppelinwerft, und sie haben gesehen, wie die *Hindenburg* gestartet ist und das nächste Mal die Landung, und das war überhaupt das Tollste am ganzen Urlaub, und sogar Philipp hat zugegeben, dass er gerne dabei gewesen wäre.

Der Bastelbogen sieht ziemlich knifflig aus, und Max hat eigentlich warten wollen, bis Papa ihm hilft, aber jetzt steckt er ihn doch ein. Für die Zugfahrt ist er nicht ganz das Richtige, da ruckelt es zu sehr, und man kann nicht sauber schneiden, aber wenn sie ein paar Tage unterwegs sind, da werden sie bestimmt in einem Hotel bleiben. Oder vielleicht verstecken sie sich auch in einem einsamen Haus im Wald, damit sie niemand finden kann, falls Papa doch zur Polizei geht. Aber nein, das tut Papa nicht, da ist sich Max ganz sicher. Selbst wenn der Pistolenmann den ganzen Laden leer geräumt hat – Papa wird alles tun, was er ihm befohlen hat, damit er Max und Philipp zurückkriegt.

„Seid ihr fertig? Kommt mal her!"

Max fährt zusammen. Irene ist immer noch im

Schlafzimmer nebenan. Philipp schnauft einmal tief, wird aber nicht wach. Max legt den Ranzen auf den Tisch und geht hinüber. Irene hockt vor dem großen Koffer und fummelt an den Schlössern herum. Sie fährt in die Höhe, als sie sieht, dass Max alleine ist.

„Wo steckt dein Bruder?“

„Er ist eingeschlafen.“

„Umso besser. Dann muss ich das Geplärre nicht hören.“

Sie kniet sich wieder vor den Koffer, hebt den Deckel hoch, drückt ein paar Kleider in die Ecken und versucht noch einmal, ihn zu schließen. Max sieht, dass rechts und links Stoffzipfel heraushängen. Irene drückt wütend gegen die Schlösser, aber sie schnappen nicht ein.

„Das verdammte Ding geht nicht zu. Setz dich mal drauf, vielleicht klappt es dann.“

„Man muss die Sachen ordentlich falten und glatt streichen, sonst liegt der Deckel nicht richtig auf.“

„Ein kluges Kerlchen bist du, das hab ich gleich gemerkt.“ Irene sagt das genauso spöttisch wie eben. Sie steht auf und tritt vor den Deckel, bis er aufspringt. Im Koffer ist ein ziemliches Durcheinander. „Bring das mal in Ordnung, Mäxchen. In so was bin ich nicht gut.“

Sie steckt sich schon wieder eine Zigarette an. Max kniet sich vor den Koffer und nimmt erst einmal alles heraus. Dann faltet er jedes Teil sorgfältig, legt es hinein und streicht es glatt. Aber – das sind alles Mamas beste Sachen! Die zieht sie nur an, wenn ein Fest ist, oder wenn sie mit Papa ausgeht, in die Oper oder ins Theater oder zu Freunden. Und hier, den Umhang aus dunkelbraunem Fell, den hat Papa ihr gerade zum Geburtstag geschenkt. Das ist ein Cape aus Nerz, hat Mama gesagt, das ist so eine Art Wiesel, bloß viel seltener, und das Fell ist noch weicher und glänzender als Mamas Haare. Max würde am liebsten sein Gesicht hineindrücken und losheulen.

Er blickt auf und sieht im Spiegel am Kleiderschrank, dass Irene sich an die Frisierkommode gesetzt hat. Vor ihr steht Mamas offene Schmuckschatulle. Irene nimmt ein Stück nach dem anderen heraus und probiert es an: Ketten, Ringe, Armbänder, Ohrringe. Sie betrachtet sich prüfend in dem dreiteiligen Spiegel. Die Zigarette hat sie in den Mundwinkel geschoben, sie hängt schief herunter. Max atmet mühsam. Erst Mamas schönste Kleider. Und jetzt auch noch ihr Schmuck? Irene scheint seinen Blick zu spüren. Sie sieht hoch. Ihre Blicke begegnen sich im Spiegel. Sie nimmt die Zigarette aus dem Mund.

„Geschmack hat sie, die liebe Elfriede, das muss ihr der Neid lassen. Die Sachen sind arg schlicht, aber alles ist erste Qualität."

Einen Teil des Schmucks sortiert sie wieder in die Schatulle. Sie mustert die Stücke, die noch vor ihr liegen, und zieht heftig an ihrer Zigarette.

„Ihr setzt gleich eure karierten Mützen auf, ja!"

Das ist ein Befehl, keine Frage. Aber woher weiß sie, dass er und Philipp solche Mützen haben?

„Hol sie mir. Und einen Nähkasten."

Max steht auf.

„Übrigens, Mäxchen – lass dir bloß nicht einfallen, den Helden zu spielen! Falls du verschwindest, siehst du deinen Bruder nicht lebend wieder. Und deine Eltern auch nicht."

Die eisblauen Augen glitzern im Spiegel. Das Gesicht ist unbewegt. Max läuft eine Gänsehaut über den Rücken. Er kann nur nicken. Irene schaut wieder auf den Schmuck, nimmt noch zwei Ringe aus der Schatulle und schließt sie ab. Max beeilt sich. Irene soll sehen, dass er alles tun will, was sie sagt. Als er zurückkommt, hat sie die Schatulle in den Koffer gestellt. Sie nimmt eine Schere aus dem Nähkasten, öffnet eine Naht des Mützenfutters, schiebt eine Hälfte der Schmuckstücke hinein und näht sie wieder zu. Mit der anderen Mütze macht sie es genauso. Dann näht sie das Futter noch oben in der Wölbung fest, damit es durch das Gewicht des Schmuckes nicht heruntergedrückt werden kann.

„Setz deine Mütze auf. Merkst du einen Unterschied?“

„Hm. Sie ist ein bisschen schwerer als vorher. Aber nicht sehr.“

„Gut. Dann sprich mit niemandem darüber. Mit deinem Bruder nicht. Und vor allem nicht mit Egon. Der braucht nicht zu wissen, dass ich mir was auf die Seite geschafft habe.“

Max blickt sie an. Egon – das muss der Pistolenmann sein.

Irene verzieht den Mund. „Der Gute ist so misstrauisch, dass er bestimmt meine Sachen durchsucht, wenn ich nicht da bin. Aber auf eure Mützen kommt er nie.“

Die Klingel an der Haustür schellt. Einmal lang, zweimal kurz. Irene rührt sich nicht. Ein paar Herzschläge lang ist es ganz still. Max wagt kaum zu atmen. Ihm läuft ein Schauer über den Rücken. Das Ticken der Wanduhr dröhnt in seinen Ohren. Dann schellt es wieder – einmal lang, zweimal kurz.

„Das ist Egon.“ Irene steht auf. „Mach die Heulsuse wach, und dann bringt ihr eure Sachen nach unten. Ich hänge die Mützen an die Garderobe. Vergiss nicht, sie gleich aufzusetzen. Und kein Wort darüber, verstanden?“

„Ja.“

„Ich prügele dich windelweich, wenn du was verrätst, klar?“

„Ja!“

Max läuft ins Kinderzimmer und rüttelt seinen Bruder am Arm.

„Wach auf, Flippi. Wir müssen gehen.“

Aber Philipp ist einfach nicht wach zu kriegen. Er murmelt bloß etwas und dreht sich auf die andere Seite. Max geht zum Waschbecken, hält einen Waschlappen unter den kalten Wasserstrahl und klatscht ihn Philipp ins Gesicht. Das macht Mama auch manchmal, wenn er morgens nicht aus dem Bett kommt. Der Kleine fährt in die Höhe und sieht Max verwirrt an.

„He, was soll das? Bist du verrückt geworden?“

Er reibt sich die Augen.

„Los, Flippi, wach auf. Irenes Freund ist da. Er heißt Egon. Wir müssen jetzt gehen.“

In Philipps Gesicht arbeitet es. Langsam fällt ihm wieder ein, was passiert ist. Er schaut ängstlich zur Tür. Schritte kommen die Treppe herauf. Das ist der Pistolenmann. Philipp krabbelt schnell aus dem Bett und stellt sich dicht neben seinen großen Bruder. Max weiß, dass er bei ihm Schutz sucht. Er würde ihm am liebsten den Arm um die Schultern legen, aber er zittert vor Angst, und wenn Philipp das merkt, fürchtet er sich noch mehr. Die Tür geht auf.

Der Mann ist groß und dünn. Er hat ein mageres Gesicht, dunkle Haare, die so eng anliegen wie eine Kappe, und ein schwarze Bärtchen über der Oberlippe, schmal wie ein Strich. Die Augen sind riesig, richtige Eulenaugen, und liegen tief in den Höhlen. Ein Totenkopfgesicht, denkt Max. Und bei diesem Gedanken blitzt eine Erinnerung in seinem Kopf auf.

Er kennt den Mann. Vor ein paar Wochen, als sie aus der Schule gekommen sind, da hat er auf dem Kirchplatz gestanden, mit einer Kamera auf drei Beinen, und hat Aufnahmen gemacht. Max und Philipp sind natürlich hingegangen und haben zugeguckt, und da hat er sie gefragt, ob er auch ein Foto von ihnen machen soll. Sie haben sich sofort vor den Baum gestellt, den er gerade fotografierte, aber er wollte sie einzeln haben und ganz dicht vor der Kamera. Er hat sich ihre Namen und Adresse sagen lassen, aber er ist nie gekommen, um Mama die Fotos zu verkaufen.

„Na, seid ihr fertig?"

Die Jungen nicken.

„Das heißt: Ja, lieber Egon!"

„Ja, lieber Egon!", wiederholen die beiden folgsam.

„Wir sind nämlich ganz moderne Eltern. Unsere Kinder dürfen uns beim Vornamen nennen."

Eltern? Kinder? Was soll das denn heißen? Der Pistolenmann schaut sich im Zimmer um und mustert besonders gründlich das Regal mit den Spielsachen.

„Ich bin zu beschäftigt, um mich um meine Söhne zu kümmern. Aber eure Mutter kennt bestimmt eure Lieblingsspielzeuge."

Mutter? Aber Mama ist doch bei Papa im Geschäft.

„Der Kleine hat den Bären." Irene klingt amüsiert. „Der Große – keine Ahnung. Nimm einfach irgendwas Passendes. Vielleicht das Spielzeugauto da."

Der Mann greift nach einem großen bunten Möbelwagen aus Blech, den man mit einer Kurbel aufziehen kann. Er öffnet die beiden Hintertüren und nimmt die Blechkisten auf der Ladefläche heraus. Dann zieht er einen dunkelblauen Lederbeutel aus der Tasche und schiebt ihn in den Wagen.

„Saphire, Rubine, Smaragde“, sagt er zu Irene. „Ich hab nur die größten und schönsten genommen. Allein dafür hat sich die Sache schon gelohnt.“

Er bestreicht ein paar Blechkisten mit einer Flüssigkeit aus einer gelben Tube und setzt sie wie eine Wand vor den blauen Lederbeutel. Es riecht scharf nach Klebemittel. Der Beutel ist nicht mehr zu sehen.

„Das Zeug hält garantiert, das kriegt man nur mit einem Hammer auf.“ Er klebt auch die Türen zusammen. „So, Max, dieser Möbelwagen ist dein Lieblingsspielzeug. Und wieso lassen sich die Türen nicht öffnen?“

„Weil sie zugeklebt sind.“

„Falsch! Ganz falsch! Und dir passiert was, wenn du das sagst!“ Er sieht Max drohend an. „Dieses Modell kann man nicht beladen, damit es leicht bleibt und schneller fährt. Also, was sagst du, wenn dich jemand fragt?“

Max wiederholt die Erklärung.

„In Ordnung. Merk dir das gefälligst. Und du auch, klar?“

Philipp weicht einen Schritt zurück.

„Er darf gar nicht mit dem Möbelwagen spielen“, sagt Max schnell. „Ich habe Angst, dass er ihn kaputtmacht.“

„Umso besser.“ Der Mann nimmt Philipp den Teddybären aus der Hand. „Der ist ja ideal.“

„Hol den Nähkasten von nebenan“, befiehlt Irene. Max will den Möbelwagen auf den Boden setzen, aber der Mann reißt ihn an den Haaren zurück. Es tut weh. Sehr weh.

„Den gibst du nie aus der Hand! Gewöhn dich jetzt schon dran. Und außerdem heißt es: ‚Sofort, liebe Irene.‘“

Max schluckt die Tränen herunter. „Sofort, liebe Irene!“

Er nimmt den Möbelwagen mit, als er den Nähkasten holt. Philipp weint laut auf, als Egon anfängt, die Naht zwischen den Beinen des Bären mit einer Schere aufzutrennen.

„Mein Teddy! Du darfst meinem Teddy nicht weh tun!“

Er stürzt sich auf den Mann, aber Irene gibt ihm einen Stoß vor die Brust, dass er zu Boden fliegt.

„Aber, aber meine Liebe! Wo bleiben denn deine mütterlichen Gefühle? Wenn du die beiden weiter so behandelst, sind sie derart verschreckt, dass es auffällt. Sie haben doch inzwischen begriffen, dass sie parieren müssen. – Sei still, du Heulsuse, deinem Teddy passiert nichts. Ich spiel nur ein bisschen Onkel Doktor.“

Max zieht Philipp in die Höhe und stellt sich so, dass er ihm den Blick auf Egon verdeckt. Irene stößt einen Pfiff aus.

„Donnerwetter“, sagt sie bloß. „Donnerwetter!“

„Da staunst du, was?“ Egon klingt zufrieden. „Alle lupenrein und bester Schliff. Gibst du jetzt zu, dass es sich gelohnt hat, auf diese Sendung zu warten? Seit Monaten ist nichts Vergleichbares angekommen.“

Max steht mit dem Rücken zu den beiden und würde sich gerne umdrehen, aber er traut sich nicht.

„Donnerwetter!“ Ilse kann sich gar nicht beruhigen. „Das ist ja ein Vermögen. Jetzt haben wir ausgesorgt, Egonchen. Davon können wir leben wie Fürstens.“

„Worauf du dich verlassen kannst. Und wir fangen schon heute damit an. Ich hab alles Geld aus der Kasse eingesackt.“

„Und ich alles, was im Haus war. Und alle Scheckhefte.“

„Gut. Hast du die Unterschriften verglichen?“

Irene kichert. „Du kennst doch meine Begabung. Nicht mal Paul Köcherts selbst würde merken, dass sie von mir stammen. Au, jetzt habe ich mich gestochen! Dieses Fell ist verdammt schwer zu nähen. Was hast du denn mit dem Paket von Massimo gemacht? Hast du es versteckt? Hat es in den doppelten Boden der Tasche gepasst? Es war verdammt sperrig.“

„Gewöhn dir gefälligst das Verdammt ab! Man soll dir die Dame glauben, verdammt noch mal.“

„Aber dir auch den Herrn, Egonchen.“ Sie kichert wieder.

„Ach was. Ein Herr kann sich schon mal einen Ausrutscher leisten, jedenfalls eher als eine Dame.“

„Schon gut. Ich werd aufpassen. So ihr zwei, jetzt könnt ihr euch umdrehen. Hier ist der Bär.“

Max kann gerade noch den Teddy fangen, den Irene ihm zuwirft. Philipps Unterlippe zittert wieder, als er die Naht sieht. Max will ihn ablenken.

„Zieh deinem Teddy was an“, schlägt er vor. „Er hat bestimmt lieber Kleider an, wenn er verreist.“

Philipps Gesicht hellt sich auf. Er geht zur Spielzeugkiste, wühlt darin herum und zieht dem Teddy eine Lederhose, einen Janker und einen Sepplhut an.

„Menschenskinder, Egon! Wir sind Millionäre!

Mehr als ein einziges Abendkleid hätten wir uns schon leisten können."

„Ich schmeiße doch das Geld nicht für Klamotten raus. Die Pässe waren teuer genug. Wie oft soll ich dir das noch erklären? Und eine Dame sagt nicht Menschenskinder! Willst du eigentlich Krach mit mir kriegen?"

„Aber Egon, mein Süßer, mit dir doch nicht! Ich kann für mich selbst sorgen. Ich habe einen ganzen Koffer voll Luxusgarderobe. Und eine volle Schmuckschatulle. Bitte sehr!"

Irene öffnet die Tür zum Schlafzimmer und zeigt auf den gelben Koffer. Egon grinst.

„Du bist doch wirklich ein Luder! Aber du hast ein Spatzenhirn. Das ist ja ein halber Schrankkoffer. Bildest du dir ein, dass der in die Kabine passt?"

„Verdammt, äh, wollte sagen, verflixt!" Sie verbessert sich hastig, als sie sein wütendes Gesicht sieht. „Schnell, Max, bring mir einen kleineren Koffer."

Max läuft in die Kofferkammer. Kabine? Fahren sie etwa mit einem Schiff? Er findet keinen kleinen Koffer und nimmt eine Reisetasche. Irene wiegt unschlüssig den Kopf.

„Da wird ja alles voller Knitterfalten."

„Hör auf zu meckern!" Egon trommelt mit den Fingerspitzen auf der Tür herum. „In genau zehn Minuten stehst du fix und fertig in der Diele, klar? Ich geh schon mal runter und telefoniere nach einem Taxi."

Irene schneidet eine Grimasse hinter ihm her, aber sie gehorcht und beeilt sich. Max muss ihr helfen, das Nerzcape, das Abendkleid aus blauer Seide, ein Kostüm und eine Seidenbluse aus dem Koffer in die Tasche zu legen. Dann drückt sie ihm die Reisetasche und den Tornister in die Hand. Philipp nimmt den Möbelwagen und seinen Teddy. Irene versucht erst gar nicht, den Koffer mit Max' und Philipps Sachen zu tragen, sondern zerrt ihn über den Boden und lässt ihn auf der Treppe von Stufe zu Stufe plumpsen. Die Beschläge reissen tiefe Kratzer ins Holz.

„Guck mal, sie macht die Treppe kaputt.“ Philipp flüstert, aber sie hört es trotzdem.

„Ja und? Eure Treppe ist mir völlig egal! Egonchen, wenn du wie ein Herr wirken willst, musst du einer Dame beim Gepäck helfen!“

Er greift tatsächlich nach dem Koffer und schiebt ihn hinter die Haustür. Dort stehen schon zwei Reisetaschen. Max stellt sein Gepäck daneben und nimmt Philipp schnell den Möbelwagen aus der Hand. Er will nicht noch einmal an den Haaren gerissen werden. Irene holt die Mützen vom Haken und drückt sie den Jungen auf die Köpfe. Dann hilft sie Philipp in den Mantel.

„Sehr gut. Du übst dich in der Mutterrolle, wie ich sehe.“ Egon tut so, als ob er Beifall klatschen würde. „Kinder stehen dir gar nicht schlecht.“

„Warte, bis du den Kleinen wieder plärren hörst, dann denkst du anders darüber.“ Sie öffnet die Haustür einen Spalt und blickt die Straße hinauf und hinunter. „Wo bleibt denn nur das Taxi? Ich möchte hier endlich verschwinden. Wenn die Köcherts sich klarmachen, dass wir sie um ein Vermögen bringen, gehen sie vielleicht doch noch zur Polizei.“ Sie wirft die Tür zu.

„Keine Angst, Süße. Sie wissen genau: Wenn sie nur einen einzigen Mucks tun, sehen sie ihre Herzblättchen nie wieder. Und sie brauchen auch gar nicht nach ihnen zu suchen, denn die zwei liegen dann schon bei den Fischen."

Bei den Fischen? Das passt zur Kabine. Sie scheinen tatsächlich mit einem Schiff zu fahren. Und Egon will sie über Bord schmeißen. Max sieht Philipp an. Der hat nicht begriffen, was die Herzblättchen und die Fische bedeuten, das merkt Max an dem Ausdruck auf seinem Gesicht. Ob er ihm das später erklären soll, damit er nur ja alles tut, was die zwei von ihm wollen? Oder wird er dann so viel Angst haben, dass er nur noch heult und die anderen Leute misstrauisch werden? Denn es gibt doch bestimmt viele Leute auf einem Schiff. Und einen Kapitän. Und Matrosen. Max spürt auf einmal ein Kribbeln im Bauch. Er könnte – er könnte doch einfach Philipp an die Hand nehmen und zu irgendjemandem laufen und um Hilfe bitten. Egon zieht einen Handschuh an und greift in seine Manteltasche.

„Was ist das?", fragt er barsch.

Max fährt sich mit der Zunge über die trockenen Lippen. Die Mündung einer Pistole ist auf ihn gerichtet.

„Ein... eine Pistole."

Egon öffnet die Haustür und schiebt die Pistole in die Röhre für die Zeitung. Er sieht Max an.

„Sie gehört einem Kumpel. Der kommt gleich und holt sie sich wieder. Und wir vier, also Irene und ich und ihr beiden Hübschen, machen zusammen eine kleine Reise. Dann fahren Irene und ich alleine weiter, und ihr könnt zurück zu euren Eltern. Aber vorher ruf ich meinen Kumpel an und sag ihm, dass alles in Ordnung ist. Und wenn ich das nicht tue, dann nimmt er diese Pistole und erschießt eure Eltern."

Egon streicht sich mit der Linken über den schmalen Bart und streift dann den anderen Handschuh über. Die Eulenaugen starren Max unentwegt an. Er kann Gedanken lesen, denkt der Junge schaudernd.

„Hast du mich verstanden?“

Max nickt. Egon schnappt nach seiner Hand und quetscht sie zusammen. Der Schmerz schießt wie ein Messer den Arm hoch.

„Wie heißt das?“

„Ja, lieber Egon.“ Max kann kaum sprechen

„Na, also. Du wirst es schon noch lernen.“ Egon lässt ihn los. „Und erklär meinem lieben kleinen Philipp, was ich dir von der Pistole gesagt habe. Und von den Fischen.“

Sogar Philipp merkt, dass der freundliche Ton nicht echt ist, und versteckt sich hinter Max. Der würde gerne seine Hand abtasten, ob kein Knochen gebrochen ist.

Alle zucken zusammen, als es klingelt, selbst Egon. Er ist also auch nervös. Er räuspert sich.

„Ja, bitte?“, ruft er durch die geschlossene Tür.

„Taxi ist da!“, tönt es von draußen.

„Na, dann woll’n wir mal, ihr Lieben.“

Egon spielt den Fröhlichen. Der Chauffeur greift nach dem Gepäck. Irene zieht die Tür ins Schloss.

„Hallo, Max! Hallo, Philipp! Wollt ihr etwa verreisen? Wo sind denn eure Eltern?“ Frau Jägers steht im Vorgarten des Nachbarhauses und schaut über die Hecke. Ein paar Sekunden lang sind alle starr.

„Wer ist das?“, zischt Egon.

„Unsere Nachbarin, Frau Jägers. Was – was soll ich denn jetzt sagen?“

„Nichts! Wink nur, und halt den Mund.“ Egon lüftet

schwungvoll den Hut und macht ein paar Schritte auf die Hecke zu. „Einen wunderschönen Tag, verehrte Gnädige. Sie müssen Frau Jägers sein, die beiden Jungen haben uns schon von Ihnen vorgeschwärmt. Wie schade, dass keine Zeit ist, Ihre nähere Bekanntschaft zu machen. Wir sind leider schon arg verspätet. Wir fahren jetzt zu unseren lieben Freunden Köcherts, und dann werden wir das Café Stössel unsicher machen, das haben wir diesen hoffnungsvollen jungen Herren versprochen. Wie ich die beiden kenne, wird das einige Zeit dauern. Und dann bringt uns die gesamte Familie zum Bahnhof, wir sind nämlich auf der Durchreise nach Paris. Meine Empfehlung."

Frau Jägers steht wie betäubt unter diesem Redefluss und lächelt hinter Egon her, der eine tiefe Verbeugung macht, mit übertriebenem Schwung seinen Hut wieder aufsetzt und zur Straße geht.

Irene hat mittlerweile die Kinder ins Taxi geschoben, der Chauffeur hat das Gepäck verstaut. Egon springt auf den Vordersitz.

„Zum Hauptbahnhof, bitte."

Frau Jägers winkt heftig. Max winkt zurück und versucht, sein Gesicht zu einem Lächeln zu verziehen, obwohl ihm die Tränen in die Augen steigen. Das Haus, der Vorgarten, die ganze Straße verschwimmen und verfließen. Er fährt weg und weiß nicht, wann er zurückkommen wird. Das Auto biegt um die Ecke. Er spürt Philipps Hand in seiner. Er blinzelt die Tränen weg und drückt Philipps Hand. Weinen hat keinen Zweck. Das macht bloß den Kopf leer, und er muss jetzt seine Gedanken zusammenhalten. Er hat Papa versprochen, dass er auf Philipp aufpassen wird, und was man verspricht, das muss man halten.

Sie steigen am Hauptbahnhof aus. Ein Träger kommt und lädt das Gepäck auf seinen Karren.
„Zu welchem Bahnsteig, der Herr?“
„Zum Hintereingang.“
Da ist auch ein Taxistand. Die Autos fädeln sich hintereinander. Egon winkt eines heran.
„Zum Rhein-Main-Flughafen“, sagt er.

# 9

„Marion! Was ist los?“
„Ich hab verheulte Augen“, sagt Thea undeutlich. „Ich muss immer weinen, wenn ich von zu Hause wegmuss. Und außerdem tut mir mein Weisheitszahn weh.“
Erika betrachtet ihren Schützling beunruhigt. Das Auto steht schon vor der Tür, um sie zum Rhein-Main-Flughafen zu fahren. Marion hat eine große Sonnenbrille auf und hält einen Wollschal gegen die Backe gepresst. Ein breitkrempiger Hut verdeckt die Stirn, unterm Rand schauen die blonden Haare hervor.
„Warum hast du das nicht eher gesagt? Wir hätten noch zum Zahnarzt gehen können.“
„Um Gottes willen! Ich hab Angst vorm Zahnarzt. Ich hab mir in der Küche ein paar Nelken geholt, die helfen immer. Es darf nur keine Luft an den Zahn.“
Sie setzt sich im Auto so, dass sie Erika die Seite mit dem Schal zuwendet. Ein paar Mal macht Erika eine Bemerkung, aber Thea nickt nur oder schüttelt den Kopf und zeigt mit der Hand auf die Backe, um ihr Schweigen zu erklären. Erika ist froh, dass sie sich nicht unterhalten muss, und blickt aus dem Fenster, aber sie achtet nicht auf die vorbeiziehenden Häuser. Sie denkt an die Mappe in ihrem Koffer.
Franz hat sie tatsächlich überredet. Es hat alles so überzeugend geklungen, was er gesagt hat. Und er war ganz sicher, dass die Bilder unersetzlich sind und gerettet werden müssen. Erika spürt einen unangenehmen Druck in der Magengegend. Sie ist ja nur eine kleine Kunstgewerbestudentin, aber sie hat auf den ersten Blick gesehen, welche Bilder von Klee sind und welche von Franz. So etwas wie die Mühle am rauschenden Bach würde Klee nie malen.

„Natürlich würde er das nicht", hat Franz zugegeben. „Aber darum geht es jetzt nicht. Je unterschiedlicher die Bilder sind, desto besser, dann glaubt jeder, dass es deine Examensarbeiten sind. Wahrscheinlich wird sich sowieso niemand dafür interessieren. Du siehst so absolut ehrlich aus, dass jeder Zöllner deine Erklärung glaubt."

Das ist ja gerade das Schlimme, denkt Erika und lehnt die Stirn gegen die Scheibe. Das Auto hat die Innenstadt gerade hinter sich gelassen. Ich kann einfach nicht lügen. Jeder Zöllner wird es mir an der Nasenspitze ansehen. Der Druck in ihrem Magen verstärkt sich. Jetzt mach dich nicht verrückt, Mädchen, ermahnt sie sich. Sie werden vielleicht glauben, dass ich irgendetwas schmuggeln will. Sie werden vielleicht den ganzen Koffer durchsuchen. Aber sie werden nichts finden. Außerdem weiß kein Zöllner, wer Klee ist oder dass es ihn überhaupt gibt.

Sie halten vor der Halle. Herr Schmitz hebt die beiden Koffer heraus und trägt sie hinein. Dort stehen schon viele Passagiere mit ihrem Gepäck und warten darauf, dass sie an der Reihe sind. Thea überlegt nervös, dass Herr Schmitz bestimmt so lange dableibt, bis er ihre Koffer auf eine der langen flachen Theken heben kann. Aber er muss samt Auto verschwunden sein, ehe sie sich Erika zu erkennen gibt. Sie dreht sich um und streckt ihm die Hand hin.

„Tschüss, Schmitz. Wir kommen jetzt allein zurecht. Es gibt hier ja viele Gepäckträger. Ich schick dir jede Woche eine Karte, ja?"

Herr Schmitz sammelt Briefmarken. Es kommt ihr komisch vor, ihn zu duzen, aber das hat Marion ihr eingeschärft. Er ist seit über zehn Jahren in der Familie, und Marion hat ihn immer geduzt. Er zögert ein bisschen, dann schüttelt er ihr kräftig die Hand und hält dabei „im Namen aller Mitglieder des Haushaltes“ eine kleine Rede, die er offensichtlich auswendig gelernt hat. Aber Thea ist zu nervös, um zuzuhören. Von der Sonnenbrille geschützt lässt sie ihre Blicke durch die Halle wandern. Gott sei Dank, da hinten steht eine Telefonzelle. Endlich ist Herr Schmitz fertig, lässt ihre Hand los und geht.

„Ich geh mal schnell telefonieren, ich muss Thea noch was sagen“, nuschelt sie hinter ihrem Schal. Erika nickt, denn die Warteschlange vor ihnen ist noch kein Stückchen weitergerutscht. Thea wählt die Nummer von Zuhause. Während der Sprechstunden klingelt das Telefon in der Praxis. Hoffentlich ist Alois nicht gerade mit einem Patienten beschäftigt. Sie weiß einfach nicht, was sie der Sprechstundenhilfe sagen soll.

„Camphausen.“

„Alois! Ich bin’s.“

„Thea! Wo steckst du? Wir machen uns schon Sorgen.“

„Aber warum denn? Marion hat Mama doch angerufen und gesagt, dass ich mich noch von ihr verabschieden wollte.“

„Aber das war heute Mittag. Sie ist doch bestimmt längst aus dem Haus.“

„Ja, längst. Ich bin noch zu einer Freundin gegangen. Aber deshalb rufe ich nicht an. Ich muss dir und Mama etwas sagen. Etwas sehr Wichtiges.“

Sie späht nach draußen. Ist auch niemand in der Nähe der Telefonzelle?

„Ja. Ich höre.“

„Ilse hat mich heute eine dreckige Judensau genannt."

Sie hört, wie Alois Atem holt, aber es kommt keine Antwort.

„Sie sagt, ich gehöre nicht auf die Schule und muss weg."

Alois sagt immer noch nichts.

„Ich kann hier nicht bleiben, Alois. Ich will fort. Es ist besser so, auch für dich und Mama. Ich bringe euch nur in Schwierigkeiten. Marion hat mir Geld gegeben. Ich fahre morgen früh zu Tante Ruth."

„Thea! Wo bist du jetzt?"

„Bitte, Alois, frag mich nicht. Ich werd's dir nicht sagen. Ich will nicht, dass Mama mich holt."

„Aber Thea – "

Pause.

„Ich verstehe dich ja, Kind. Aber du musst jetzt nach Hause kommen, damit wir gemeinsam eine Lösung finden. Du stellst dir das alles zu einfach vor. Wo wirst du übernachten? Willst du etwa auf einer Parkbank schlafen?"

„Aber nein. Wo denkst du hin? Dörtes Tante hat eine Freundin, und bei der bin ich jetzt."

Es fällt ihr schwer, ihn anzulügen, aber sie will auf keinen Fall sagen, wo sie ist. Ihre Mutter ist im Stande, zum Flughafen zu rasen und sie mitzunehmen.

„Bitte, Alois, lass mich nicht im Stich. Red Mama zu, dass sie mich weglässt. Sie soll meinen Pass zu Tante Ruth schicken, dann kann die mich zu Oma und Opa Baum bringen. In Holland geht es mir auf alle Fälle besser als hier."

Alois seufzt. „Vielleicht hast du Recht. Vielleicht ist es wirklich besser so. Aber trotzdem meine ich ..."

Thea unterbricht ihn schnell „Alois, danke! Alles Gute für dich. Und umarme Mama ganz fest."

Thea legt den Hörer auf, ehe Alois noch etwas erwidern kann. Bei den letzten Sätze hat ihre Stimme gezittert. Sie schaut durch die Scheibe der Zelle. Sie darf jetzt nicht weinen! Gerade kommen neue Passagiere in die Halle. Hinter einer auffallend hübschen, auffallend blonden Frau und einem mageren, dunkelhaarigen Mann trotten zwei Jungen in blauen Mänteln und mit karierten Schirmmützen. Der Kleine hat einen Teddy im Arm, der Größere hält ein Spielzeugauto. Dahinter kommt eine große Familie ganz in Schwarz.

Thea öffnet die Tür. Einige Passagiere sind schon abgefertigt worden und haben sich auf die kleinen Sitzgruppen verteilt, die längs der holzgetäfelten Wände stehen. Männer in den blauen Uniformen der Zeppelin-Reederei rufen sich Anweisungen zu, ein paar Braunhemden mit Hakenkreuzbinden gehen durch die Halle. Die werde ich bald nie mehr sehen, denkt Thea. Gleich schwebe ich durch die Luft und lasse Deutschland und alle Hakenkreuze hinter mir. Sie geht hinüber zu der Schlange, in der Erika wartet. Hinter Erika steht ein einzelner Herr. Die beiden Familien schließen sich an. Erika lächelt Thea entgegen.

„Da bist du ja. Hast du Thea erreicht? Wir sind immer noch nicht dran. Ich hätte nicht gedacht, dass das so lange dauern würde. Unser Gepäck ist schon gewogen worden, jetzt kommen noch die anderen Kontrollen."

Thea gibt sich einen Ruck. Sie darf jetzt nicht länger warten. „Kannst du mir mal helfen, bitte? Mein Reißverschluss klemmt. Ich kriege meine Jacke nicht auf."

Sie treten ein paar Schritte zur Seite. Thea stellt sich

so, dass Erika allen Leuten den Rücken zukehren muss.

„Ich habe eine Überraschung für dich." Sie macht eine Pause. „Aber es ist besser – für uns alle – dass niemand etwas davon merkt. Vielleicht erschrecke ich dich jetzt, aber schrei bitte nicht."

„Du lieber Himmel, Marion, was soll denn das heißen?"

Thea nimmt langsam die Sonnenbrille ab und zieht den Hut vom Kopf. Das Bleichmittel hat gewirkt. Ihr Haar ist hell wie Stroh. Und genauso trocken.

„Ich bin nicht Marion."

Erika starrt sie an. Thea ist froh, dass niemand ihr Gesicht sehen kann. Jeder würde merken, dass Erika gerade einen Schock bekommen hat. Sie wird ganz blass und sieht Thea sprachlos an. Dann schießt ihr das Blut ins Gesicht, und sie öffnet den Mund.

„Nein! Warte! Sag noch nichts! Lass mich erst alles erklären."

Aber Erika scheint sie gar nicht zu hören.

„Das ist doch nicht zu fassen! Thea!"

„Psst! Nicht so laut! Es ging nicht anders. Ich habe mit Marion getauscht."

Erika reibt sich mit den Händen die Lider, als ob sie ihren eigenen Augen nicht trauen würde.

„Ich kann das einfach nicht glauben. Ihr müsst wahnsinnig geworden sein. Was habt ihr euch bloß dabei gedacht?"

Thea räuspert sich. „Heute Morgen in der Schule hat mich jemand eine Judensau genannt." Erika zuckt zusammen. „Und das stimmt. Ich bin eine. Mein Vater ist Jude."

„Das – das tut mir Leid, Thea. Wirklich!"

Thea zuckt mit den Schultern. „Dein Mitleid nützt mir nichts. Erika, ich will weg von hier. Ich muss weg. Marion findet das auch. Sie möchte, dass ich an ihrer Stelle fahre.“

Erika reibt sich wieder über die Augen. Sie schweigt mehrere Minuten lang.

„Aber Marions Vater will das nicht“, erwidert sie schließlich langsam. „Ich bin engagiert worden, damit ich sie nach Amerika begleite. Und nicht dich. Es tut mir Leid, Thea, aber das kann ich nicht machen. Das – das grenzt an Betrug. Ich würde meinen Arbeitgeber betrügen.“

Thea wundert sich, wie gelassen sie bleibt. Jetzt kommt der Augenblick, vor dem sie sich gefürchtet hat. Und sie ist überhaupt nicht aufgeregt.

„Was wirst du jetzt machen?“, fragt sie ruhig.

„Marion kann ich nicht mehr holen, dazu ist es zu spät. Ich werde die Fahrkarten zurückgeben. Dann werde ich ein Taxi rufen und dich nach Hause bringen. Am besten schicke ich ein Telegramm an Marions Vater. Und eins an ihre Mutter. Sie sollen entscheiden, wann ich mit deiner Kusine fahren soll.“

Sie sieht bekümmert in Theas starres Gesicht. „Es tut mir wirklich schrecklich Leid. Aber ich kann nicht anders.“

„Oh doch, das kannst du!“ Thea packt Erika bei den Armen und hält sie fest. „Du wirst jetzt mit mir zu unseren Koffern gehen. Wir sind gleich an der Reihe. Und du wirst mich mitnehmen. Willst du wissen, warum?“

Sie schiebt ihr Gesicht ganz nah an Erikas und flüstert: „Weil ich dir helfen werde, deine Mappe sicher nach Amerika zu bringen. Weil ich dich nicht als

Verbrecherin entlarven werde. Denn du beteiligst dich an der Zersetzung der deutschen Kultur. Du verhinderst die Zerstörung entarteter Bilder."

Erika hat erst eine Bewegung gemacht, als ob sie Theas Griff abschütteln wollte. Dann steht sie reglos da. Ihr Gesicht ist weiß wie Papier. Sie schließt die Augen. Sie schwankt ein bisschen. Thea will sie eigentlich loslassen, aber jetzt traut sie sich nicht. Erika sieht aus, als ob sie gleich umfallen würde. Thea rüttelt sie vorsichtig.

„Erika! Du wirst doch nicht etwa ohnmächtig? Komm, reiß dich zusammen. Wir dürfen jetzt nicht auffallen!"

Erika macht die Augen wieder auf. Sie ist immer noch sehr bleich. Sie bewegt die Lippen, aber es kommt kein Ton heraus. Thea hat auf einmal ein schlechtes Gewissen. Wie konnte sie Erika nur so drohen?

„Entschuldige bitte! Ich wollte dich nicht so erschrecken! Marion meint, du verstehst mich sofort. Weil du doch die Bilder rettest." Sie spricht stockend, mit langen Pausen zwischen den Sätzen. „Ich – ich weiß einfach keinen anderen Ausweg."

Sie lässt Erika los. Stumm stehen die beiden voreinander und sehen sich an. Ihre Augen sind auf einer Höhe. Sie sind fast gleich groß. Während der letzten Minuten haben sie wie unter einer Glocke gestanden und außer ihren eigenen Worten nichts gehört. Jetzt lässt die Anspannung nach. Sie merken, dass um sie herum ein Summen von vielen Stimmen herrscht, übertönt von einer weiblichen.

„Isch 'abe Sie doch gesagt, dass Sie sollen passen auf, mon dieu! Dies ist eine Koffer und keine Sack de pommes de terre. Meine ’errschaft wird sisch beschweren. Meine ’errschaft ...“

Eine kleine, zierliche Person schimpft auf drei Gepäckträger ein, die einen wahren Berg von Koffern von einem Karren wuchten. Ihr fehlen offensichtlich die deutschen Vokabeln, denn sie redet auf Französisch weiter, wobei sie mit den Händen fuchtelt. Sie spricht so schnell, dass Erika nur Bruchstücke versteht. Ein schwaches Lächeln erscheint auf ihrem Gesicht.

„Was hat sie gesagt?“ Thea ist erleichtert, dass Erika wieder einigermaßen normal aussieht.

„Sie schimpft auf die deutschen Tölpel und Dummköpfe, die nicht wissen, wie man mit dem Gepäck von vornehmen Leuten umgeht.“

„Heiliges Kanonenrohr, was hat die ein Mundwerk“, sagt ein Gepäckträger lachend. „Das wär ’ne Frau für dich, Willi, da könntest du den ganzen Tag die Pfeife zwischen den Zähnen lassen.“

„Du hast ja keine Ahnung! Die bringt den friedlichsten Mann auf die Palme.“

„Die ist auch zu vornehm für unsereins. Schau dir das Gepäck von ihrer Herrschaft an. Das nimmt ja gar kein Ende.“ Der dritte fingert an den Namensschildchen an den Koffern. „Familie Johnson aus Philadelphia. Na, die werden ganz nett Übergewicht zahlen müssen.“

Erika blickt zu der Schlange hinüber. Sie nimmt Theas Arm.

„Komm, Marion. Wir sind gleich dran.“

„Danke“, flüstert Thea.

Die beiden Mädchen gehen an den Wartenden vorbei zu ihren Koffern und schieben sie vor den Zollbeamten. Als Thea in das strenge Gesicht unter dem Mützenschirm sieht, werden ihre Knie weich. Nun wird sich zeigen, ob sie Begabung zur Schauspielerin hat. Sie muss jetzt die Rolle der Marion Meitner spielen, die sich auf die Reise freut, sonst kommt sie nie nach Amerika. Sie reicht dem Zöllner Marions Pass und lächelt.

„Bitte sehr!"

„Name?" Er lächelt nicht zurück.

„Marion Meitner."

„Alter?"

„Ich werde bald 15."

„Alter?", wiederholt er ungeduldig.

„14."

„Geburtsdatum?"

„20.8.1922."

„Größe: 162 Zentimeter. Haarfarbe: blond. Augen: blau", liest er vor und vergleicht Theas Gesicht mit dem Passfoto. Seine Augen sind durchdringend. „Was willst du in Amerika?"

„Meine Mutter hat mich eingeladen", sagt Thea vergnügt. „Sie ist schon seit einem halben Jahr in Amerika, bei Freunden in Philadelphia. Ich hab schulfrei gekriegt, und bis ich zurückkomme, sind hier schon Sommerferien. Ich soll nämlich mindestens acht Wochen bleiben. Ist das nicht toll?"

Jetzt lächelt er doch. „Viel Spaß."

Er gibt ihr den Pass zurück und nimmt Erikas.

„Name?"

„Erika Aberle."

In Theas Ohren rauscht das Blut. Ihr ist fast schwindelig vor Erleichterung. Sie schiebt den Pass zurück in die Tasche. Er hat dunkle Flecken von ihren schweißnassen Fingern. Die schwierigste Hürde ist genommen. Behalt dein Gesicht unter Kontrolle, ermahnt sie sich. Tu ganz gelassen. Sie schiebt den Koffer weiter. Hier stehen gleich mehrere Zöllner. Einer winkt sie zu sich. Erika stellt sich neben sie. Eine männliche Stimme erhebt sich über dem Stimmengewirr und dem Lärm, der die Halle erfüllt.

„Das ist doch wohl nicht Ihr Ernst! Ich bin auf Einladung des Propagandaministeriums auf der Hindenburg!"

Es ist der einzelne Herr in der Warteschlange, der gerade seinen Koffer an Thea und Erika vorbeitragen will und von einem Zöllner zurückgehalten wird.

„Jedes Gepäckstück muss geöffnet werden. Diese Regel gilt ohne Ausnahme für alle Passagiere."

„Aber ich bin kein normaler Passagier! Ich bin Schriftleiter des Völkischen Beobachters, und ich erwarte eine Sonderbehandlung."

„Es gibt keine Sonderbehandlung auf Zeppelinen." Auch der Beamte spricht jetzt mit mehr Nachdruck. „Die Sicherheitsbestimmungen schreiben vor, dass jedes Gepäckstück durchsucht wird."

„Wollen Sie etwa behaupten, dass Sie auch den Herrn Minister Goebbels kontrollieren würden? Das kann doch wohl nicht Ihr Ernst sein!"

Der Beamte lässt sich auf keine weitere Diskussion ein. „Öffnen Sie jetzt bitte Ihren Koffer!", sagt er streng.

„Ich verbitte mir diesen Ton! Ich werde ..."

„Abbärrr mein Härrr! Machen Sie wie alle anderen: Gutte Miene zu dummes Spiel."

Der Journalist fährt herum und betrachtet Monsieur Dova wütend. Dann schließt er seinen Koffer auf und macht demonstrativ ein paar Schritte nach vorn, sodass er unmittelbar hinter Erika steht.

„Also gut“, sagt er über die Schulter. „Tun Sie, was Sie nicht lassen können.“

Er will wohl allen Umstehenden zeigen, dass er von der Durchsuchung seines Koffers überhaupt keine Notiz nimmt, denn er wendet dem Beamten den Rücken zu und schaut geradeaus. Der Zöllner zuckt mit den Schultern und fängt an, den Kofferinhalt vom Boden in den Deckel zu räumen. Sein Kollege ist gerade mit Theas Koffer fertig und wendet sich Erika zu.

„Würden Sie bitte auch Ihre Handtasche öffnen.“

Erika lässt den Riemen von der Schulter gleiten und klappt den Deckel zurück. Der Beamte greift hinein und zieht die Mappe heraus.

„Was ist das?“

„Meine Examensarbeiten.“

Er wiegt sie in der Hand. „Ziemlich schwer.“

Erika räuspert sich. Bitte, lieber Gott, mach, dass meine Stimme nicht zittert. Mach, dass meine Hände nicht zittern.

„Das sind Bilder. Ich studiere an der Kunstgewerbeschule. Fürs Examen müssen wir Entwürfe für Kinderbücher und für Tapeten und Stoffe und für verschiedene Arten Wandschmuck machen.“

Der Beamte hat die Mappe auf den Tisch gelegt und geöffnet. Das oberste Bild ist die Mühle am rauschenden Bach. Erika räuspert sich wieder.

„Ich habe ziemlich viele Entwürfe gemacht. Ich will sie alle noch mal überarbeiten und dann die aussuchen, die ich einreichen werde.“

Meine Stimme klingt mindestens eine Terz höher als sonst, denkt Erika. Wenn nicht eine Quinte. Aber vielleicht merkt man das nur, wenn man mich kennt. Sie würde gerne zu Thea schielen, die neben ihr steht und die Sachen in ihrem Koffer wieder glatt streicht. Aber sie bringt es nicht fertig, ihren Blick von den Händen des Beamten zu lösen, der langsam die Bilder in der Mappe umblättert.

„Das hier ist sicher für die Geschichte vom Hasen und Igel."

„Ja", quiekt Erika.

Thea verschiebt ihren Koffer ein bisschen und schaut unauffällig zur Seite. Der Herr hinter Erika blickt ihr über die Schulter, er kann gar nicht anders, denn er steht dicht hinter ihr und ist sehr groß. Beiläufig schaut er auf die Mappe, dann wechselt sein Ausdruck. Er stutzt und kraust die Brauen. Er merkt gar nicht, dass Thea ihn beobachtet, er hat nur Augen für die Bilder.

„Sehr hübsch." Der Zöllner klappt die Mappe zu, aber er gibt sie Erika nicht zurück, sondern kippt vorsichtig ihre Tasche aus. Erika ist fast froh darüber, denn ihre Finger zittern. Er befingert den Inhalt und schiebt dann alles wieder zurück, auch die Mappe.

„In Ordnung. Und jetzt wollen wir uns mal Ihren Koffer ansehen. Warum sind Sie eigentlich so aufgeregt?"

Die Frage kommt unvermittelt. Noch vor fünf Minuten hätte Erika vielleicht die Nerven verloren. Aber jetzt ist die Gefahr vorbei. Ihr kann nichts mehr passieren. Sie hängt sich die Tasche um und bringt ein zittriges Lächeln zustande.

„Ich habe solche Angst vorm Fliegen."

„Aber das müssen Sie nicht." Der Zöllner klingt geradezu väterlich. „Es gibt nichts Sicheres als einen

Zeppelin. Da hätten Sie mehr Grund, sich vor einer Schiffsreise zu fürchten, denn da kann man immerhin seekrank werden. Aber auch das ist auf einem Zeppelin ausgeschlossen, er fährt so ruhig wie ein Auto."

Während er spricht, tastet er mit routinierten Griffen Stück für Stück den Inhalt ihres Koffers und dann ihrer Reisetasche ab. Es dauert ziemlich lange.

„In Ordnung. Der Nächste bitte."

Erika schließt den Koffer ab. Ihre Hände sind wieder ruhig. Ein Angestellter der Zeppelin-Reederei hebt ihn auf den Gepäckwagen neben Theas. Auf dem klebt schon ein buntes Papierschild mit einem Zeppelin und einem großen M darunter. Der Angestellte schaut auf Erikas Gepäckanhänger und klebt das gleiche Schild mit einem A auf ihren Koffer.

„Wir sortieren das Gepäck nach dem Alphabet und stellen es nach dem Ausladen in Lakehurst auch so auf", erklärt er auf Erikas fragenden Blick. „Dann finden die Passagiere ihre Sachen sofort."

„Ich höre wohl nicht recht! Für das bisschen Übergewicht wollen Sie so viel Geld haben? Bei Ihren saftigen Fahrpreisen kann man doch wohl etwas mehr Entgegenkommen erwarten."

Es ist die auffallend hübsche, auffallend blonde Dame, die sich da beschwert. Sie steht mit ihrer Familie hinter dem Journalisten in der Warteschlange.

„Aber die Reisebestimmungen wurden Ihnen beim Kauf der Fahrkarte ausgehändigt, gnädige Frau." Man merkt dem Zeppelin-Angestellten an der Kofferwaage an, dass er an derartige Einwände gewöhnt ist. „Was das Gewicht von 30 Kilo überschreitet, wird als Fracht gewertet und nach Frachttarifen berechnet."

„Aber das ist doch ungerecht. Ich wiege schließlich

nur 50 Kilo. Schauen Sie sich diesen Herrn an!“ Sie zeigt auf den Journalisten, der gerade wieder seinen Koffer zuklappt. „Der ist mindestens 30 Kilo schwerer. Das muss man doch einkalkulieren. Sie müssten den Tarifen ein Durchschnittsgewicht zu Grunde legen, und wer weniger wiegt, darf mehr Gepäck haben.“

„Das ist eine sehr interessante Überlegung, gnädige Frau, wenn sie auch mit einem unzarten Hinweis auf mein Gewicht verbunden ist.“ Der Journalist dreht sich um, lüftet seinen Hut und macht eine leichte Verbeugung. „Ich an Ihrer Stelle würde der Zeppelin-Reederei einen Brief mit entsprechenden Vorschlägen schicken. Eigentlich müsste man daraufhin die Bestimmungen ändern und Ihnen eine Belobigung wegen konstruktiven Mitdenkens zukommen lassen.“

Er spricht überaus höflich, aber Erika hat den Verdacht, dass er sich über die Blonde lustig macht. Die scheint das nicht zu finden, denn sie lächelt geschmeichelt.

„Na bitte! Da hören Sie's!“, sagt sie zu dem Angestellten der Zeppelin-Reederei.

„Ich bin leider gezwungen, mich nach den Vorschriften zu richten, gnädige Frau.“

„Nun komm schon, Schatz. Mach doch kein Theater wegen der paar Mark“, sagt der hagere Mann neben ihr ungeduldig.

„Paar Mark? Na hör mal! Ich meine – ich wollte sagen – es geht mir ja nicht ums Geld, wie du weißt, sondern ums Prinzip. Geld ist mir völlig gleichgültig.“

„Das weiß ich, mein Schatz, das weiß ich. Du bist die Großzügigkeit in Person. Also komm, und halt nicht den ganzen Betrieb auf. Die Leute hinter uns wollen schließlich auch noch mitfahren."

Irene dreht sich um. Neben der schwarz gekleideten Familie türmt sich ein Kofferberg.

„Du lieber Himmel! Was das wohl kostet?"

„Das interessiert mich nicht. Aber wenn sie auch so gründlich durchsucht werden wie alle vor uns, dauert das noch mindestens eine Stunde. Wie sollen wir dann pünktlich starten?"

Das scheint der Zeppelin-Angestellte auch zu überlegen, denn er ruft einen Kollegen zu Hilfe und dann noch einen, und schließlich erscheint ein Vorgesetzter.

„Wie Sie vielleicht wissen, ist dies die erste Amerika-Fahrt der Hindenburg in diesem Jahr." Er verbeugt sich höflich vor dem Ehepaar Johnson. „Es wurde leider übersehen, die Passagiere darauf hinzuweisen, dass sie sich spätestens zwei Stunden vor dem Start hier einfinden müssen. Leider ist Ihr Gepäck so umfangreich, dass wir die vorgeschriebenen Kontrollen in der verbliebenen Zeit nicht mehr durchführen können. Ich möchte Sie deshalb bitten, nur Ihr Handgepäck kontrollieren zu lassen."

„Und unsere Koffer?" Mrs Johnson schlägt ihren schwarzen Schleier zurück.

„Wir werden Ihnen das restliche Gepäck auf der Bremen nachschicken. Das ist der schnellste deutsche Ozeandampfer. Sie werden selbstverständlich nicht mehr zahlen müssen."

Dennis sieht, wie seine Eltern sich kurz beraten, dabei bleibt ihnen wohl gar keine Wahl, denn auf ein paar Anweisungen des Vorgesetzten hin fangen die Gepäckträger schon an, die Koffer wieder aufzuladen.

„Na, wenn das nicht erfunden war", sagt der eine aus

dem Mundwinkel. „Von der Regelung hab ich noch nie was gehört. Zwei Stunden vorher? Zu was soll das gut sein? Bisher sind sie immer rechtzeitig mit der Kontrolle fertig geworden. Und da waren es 50 Passagiere und nicht bloß 36 so wie heute."

„Aber heute haben sie kontrolliert wie noch nie. Jedes Taschentuch haben sie umgedreht. Möchte wissen, was dahinter steckt."

Dennis hört sie tuscheln, aber er achtet nicht weiter darauf. Auch nicht auf die Unterhaltung zwischen seinen Eltern und dem Ehepaar, das neben ihnen steht. Der Herr hat sich zu ihnen gedreht und erzählt, dass auch ihr Gepäck mit der *Bremen* nachkommt, aber warum, das interessiert Dennis nicht. Er hat die letzten Stunden in einem Nebel von Teilnahmslosigkeit verbracht. Nicht einmal die Aussicht, dass er in einem Zeppelin nach Hause fliegen wird, kann ihn begeistern. Er ist schuld an Edwards Tod. Er kann einfach an nichts anderes denken.

Ein schrilles Bellen und Heulen lässt alle Köpfe herumfahren. Ein Gepäckträger schiebt auf einem Karren zwei Käfige vorbei. In dem einen springt ein Foxterrier auf und ab. Seine Stimme schnappt fast über vor lauter Kläffen und Winseln. Im anderen sitzt ein Schäferhund, der mit gespitzten Ohren um sich blickt, aber keinen Laut von sich gibt.

„Guck mal, die sind auch gefangen", flüstert ein Stimmchen neben Dennis.

„Psst! Sag so was nicht!" Auch die zweite Stimme flüstert.

Dennis wendet seine Augen nicht von den Hunden. Er überlegt, was Patsy wohl machen würde, wenn ein Fremder sie im Käfig transportieren würde. Die

Worte dringen nur langsam in sein Bewusstsein, und erst allmählich wird ihm ihre Bedeutung klar. Gefangen?

„Aber wir sind nicht so dumm wie der Kleine und regen uns auf und machen Theater, denn das nützt alles nichts", flüstert die zweite Stimme nach einer Pause. „Wir halten so still wie der Große. Wir tun so, als ob alles in Ordnung ist, dann kommt es uns sicher gar nicht so schlimm vor. Und eigentlich ist es doch richtig spannend, nicht? Stell dir vor, wir fahren mit der Hindenburg!"

„Wenn Opa das hört, dann fällt er um." Die erste Stimme klingt jetzt ein bisschen munterer. „Und wir sind bestimmt die Einzigen auf der ganzen Schule."

„Na los ihr zwei, schlaft nicht ein! Seid ihr etwa schon bettreif? Euer Koffer ist an der Reihe."

Dennis blickt den Hunden nach, als ob ihn nichts anderes interessieren würde. Er spürt, dass ihn jemand von der Seite anschaut, aber er wendet sich zu Victorine und fragt sehr ausführlich – und natürlich auf Englisch –, was in den Koffern ist, die jetzt nicht in den Zeppelin verladen werden, sondern auf die *Bremen*. Victorine antwortet noch ausführlicher. Sie ist erleichtert, dass Dennis endlich aus seiner Erstarrung auftaucht und redet. Erst nach einiger Zeit schaut er zur anderen Seite. Neben ihm stehen zwei Jungen in blauen Mänteln und mit karierten Mützen.

„Das ist aber ein schönes Auto." Der Zöllner hält den Spielzeugwagen in der Hand, öffnet die Türen zur Fahrerkabine und fährt mit dem Zeigefinger hinein. Dann rüttelt er an den Hintertüren. „Kann man die nicht aufmachen?"

Der Ältere der beiden Jungen räuspert sich. „Nein,

das ist das geschlossene Modell. Dafür fährt es am schnellsten. Weil es leichter ist.“

Dennis findet das seltsam. Zu Hause gibt es den gleichen Wagen, aber da lassen sich die Türen öffnen. Und Dennis kennt auch den Katalog der Firma, denn Edward war früher ganz vernarrt in technisches Spielzeug. Dennis ist sich sicher, dass es kein Modell mit geschlossenen Türen gibt. Einen Möbelwagen, den man nicht beladen kann, das ist doch unsinnig!

Der Zöllner untersucht schon den Tornister, den der Kleinere vom Rücken genommen hat. Dann streckt er die Hand aus. „Du hast ja einen bayerischen Bären.“

Der Kleine reicht ihm zögernd seinen Teddy. Dennis bemerkt, dass die ganze Familie wie gebannt auf die Hände des Zöllners starrt, die den Sepplhut abnehmen und die Lederhose abtasten, aber nur einen Augenblick lang, dann fangen alle fast gleichzeitig an zu reden. Die Frau beugt sich weit über die Theke.

„Schieb deinen Koffer zu mir, Mäxchen, ich nehme ihn, dann kannst du den Tornister tragen.“

Der Ältere drückt den Koffer mit einer Hand weiter. Sie zittert so, dass der Koffer umfällt.

„Reg dich nicht auf, mein Sohn, dein Teddy kriegt seinen Hut schon wieder.“

Sprechen sie nicht irgendwie zu laut und zu munter, fragt sich Dennis. Und warum sind die Kinder so nervös? Der Mann schaut ihn wieder durchdringend an, aber jetzt blickt Dennis nicht zur Seite, sondern ihm direkt in die Augen.

„That’s a funny Teddy.“

Der Mann nickt. Das Misstrauen in seinem Gesicht verschwindet.

Er beugt sich zu dem Kleinen.

„Na, dann komm, mein Sohn. Jetzt dauert es bestimmt nicht mehr lange.“

Der Junge nimmt seinen Teddy und lässt sich von seinem Vater an die Hand nehmen.

„Ja, lieber Egon“, sagt er auf einmal.

Während der Zöllner das Handgepäck durchsucht, kaut Dennis nachdenklich an seiner Unterlippe und ruft sich jede Einzelheit der letzten Minuten in Erinnerung. Einiges war schon sehr sonderbar! Oder ist sein Zustand daran schuld, dass er überempfindlich reagiert? Bei dieser Frage fallen ihm wieder sein Gebet und Edwards Tod ein, und er denkt nicht mehr an die eigenartige Familie.

## 10

Bald darauf werden die hinteren Türen der Halle geöffnet. Die Passagiere nehmen ihre Taschen und treten auf das Flugfeld hinaus. Thea bleibt nach wenigen Schritten stehen und starrt den gewaltigen Hangar an, der bis unters Dach und bis dicht an die Wände von einer grauen Masse gefüllt ist.

„Der ist ja riesig! So groß hab ich mir einen Zeppelin nicht vorgestellt."

„Er ist so hoch wie ein dreizehnstöckiges Hochhaus und fast 250 Meter lang, also länger als zwei Fußballfelder. Marions Vater hat den neuesten Brockhaus, darin gibt es mehrere Seiten über die Zeppeline, sogar mit Konstruktionsplänen. Marion ..."

Erika unterbricht sich und blickt sich um, aber es ist niemand in ihrer Nähe. Thea ist auf der Passagierliste als Marion Meitner verzeichnet, und sie dürfen nicht vergessen, diesen Namen zu verwenden.

„Hm – deine Kusine hat von fast von nichts anderem geredet. Die Hindenburg ist eins der größten Bauwerke, die Menschen je fertig gestellt haben. Na ja, ich weiß nicht, ob man ihn überhaupt ein Bauwerk nennen kann und ob man ihn mit dem Kölner Dom oder der Cheops-Pyramide vergleichen darf, aber er ist jedenfalls größer. Bloß die Titanic schlägt ihn, die war ungefähr 20 Meter länger. Und die Queen Mary. Aber die konnten ja schließlich nicht fliegen."

„Wenn ich ihn nicht schon in der Luft gesehen hätte, würde ich das von diesem Mammut auch nicht glauben. Wir sind immer auf die Straße gerannt und haben gewinkt und geschrien, wenn er aufgetaucht ist. Selbst beim zehnten Mal war es noch – irgendwie zum Gänsehautkriegen."

Erika lacht. Sie ist auf einmal ganz übermütig. Am

liebsten würde sie hüpfen und dazu laut singen. Sie hat die Bilder durch den deutschen Zoll geschmuggelt! Was soll ihr jetzt noch passieren? Ein amerikanischer Zöllner hat bestimmt noch nie etwas von Paul Klee und von Entarteter Kunst gehört, der wird sich überhaupt nicht für ihre Mappe interessieren. Und Marions Eltern werden sich auch besänftigen lassen. Wenn sie hören, was geschehen ist, werden sie dem Tausch der beiden Mädchen sicher zustimmen. Sie schiebt ihren Arm unter Theas.

„Ja, ich weiß, was du meinst. Mir ist es auch so gegangen. Wie er das erste Mal am Himmel aufgetaucht ist, ganz silbern vor dem Blau und ganz ruhig und lautlos – da hat er ausgesehen wie ein riesiger Fisch, nur dass er durch Luft geschwommen ist statt durch Wasser. Er hat gewirkt wie ein Wesen aus einer anderen Welt, irgendwie träge und geheimnisvoll, und dann ist er langsam verschwunden und mit den Wolken verschmolzen, aber man hat immer noch das silberne Funkeln gesehen."

„Na, von einem silbernen Funkeln ist jetzt nichts zu merken. Er sieht so stumpf und rissig aus wie ein alter Elefant. Und guck dir mal diese dünnen Treppen an. Sollen wir die etwa raufsteigen? Die hängen ja wie zwei Fädchen unter seinem Bauch."

Sie gehen in den Hangar. Hinter Absperrungsseilen drängen sich die Zuschauer. Auf dem Flugfeld wimmelt es von Männern in Uniformen und in Overalls. Sie rollen die langen Leinen auseinander, die von der Nase des Zeppelins herabhängen.

„Wieso haben die denn alle kein Gepäck?", fragt Philipp. „Wollen die nicht mitfliegen?"

„Natürlich nicht. So viele passen doch gar nicht rein.

Das ist bloß die Bodenmannschaft. Das sind über 100 Mann!“ Vor lauter Begeisterung über den Zeppelin vergisst Max seine Angst.

„Die gab’s in Friedrichshafen auch. Die Hindenburg wird gleich an den Leinen aus der Halle gezogen. Und dann stemmen sie sich alle von unten dagegen und drücken sie in die Höhe. Und wenn sie abgehoben hat, dann schmeißt sie ganz viel Wasser ab, damit sie leichter wird. Wir sind zu nah rangegangen, da sind wir pitschnass geworden.“

Egon dreht sich um. Dicht hinter ihnen geht der junge Amerikaner mit der Französin. Guckt der nicht irgendwie neugierig? Und hat sie nicht eben auf Deutsch geradebrecht? Man kann nicht vorsichtig genug sein.

„Wer ist wir?“, fragt er leise.

„Ich und Opa.“

„Und wann war das?“

„Letzten Sommer. Da war ich bei Oma und Opa Köcherts, und Opa ist mit mir nach Friedrichshafen gefahren.“

„Richtig. Wie konnte ich das nur vergessen!“ Egon tut so, als ob er sich erinnern würde. „Du warst ja bei meinen Eltern.“

„Und Philipp musste zu Hause blieben. Er hat sich mächtig geärgert, dass er nicht auch den Zeppelin gesehen hat“, sagt Irene.

Dennis hört sie reden. Das klang jetzt eigentlich ganz normal. Daddy ist auch so beschäftigt, dass er immer nur die Hälfte der Familienereignisse mitbekommt. Victorine legt den Kopf in den Nacken und mustert den Zeppelin.

„Parbleu! Isch ’abe gesehn die Tickets. Isch weiß,

dass Start ist in Viertelstunde. Aber isch kann nischt glauben, dass dieser monstre kann fliegen. Der ist ja groß wie Queen Mary! Wie kann der sisch 'alten in Luft?"

„Keine Ahnung."

Dennis hebt die Schultern. Victorine hat Recht. Der Zeppelin ist ein Koloss. Wie kommt der überhaupt vom Boden hoch? Er versucht, sich die *Queen Mary* vorzustellen, mit der sie nach Europa gefahren sind. Die hatte immerhin den ganzen Atlantik unterm Kiel und wurde vom Wasser getragen.

Als sie näher kommen, sehen sie, dass unter dem gigantischen Bauch der *Hindenburg* eine kleine Gondel hängt. Sie wirkt winzig im Vergleich zu dem riesigen Körper des Zeppelins. Hinter der Fensterreihe sind mehrere Männer in Uniform zu sehen.

„Das ist die Führergondel", ruft Max. „Die ist für den Kapitän und die Offiziere. Und für die Funker und die Ingenieure."

Ein Stück hinter der Führergondel wölbt sich ein Wulst aus dem Rumpf mit einer Doppelreihe von schrägstehenden Fenstern darüber. Aus dem Wulst ragt eine Treppe mit einem dünnen Geländer. Erika und Thea bleiben am Fuß der Treppe stehen und schauen sich unschlüssig um. Direkt gegenüber führt eine zweite Treppe nach oben.

„Sie können auf jeder Seite hinaufgehen, meine Damen. Die Decks gehen quer durch das Schiff." Der Steward hinter ihnen ist bepackt mit Reisetaschen und Handkoffern. „Die Kabinen und die Gesellschaftsräume sind auf dem A-Deck, gleich nach der zweiten Treppe."

Am Ende der zweiten Treppe steht ein Steward, der

sie an Bord willkommen heißt und ihnen den Weg zu ihrer Kabine zeigt. Die ist nicht viel größer als ein Zugabteil. An der einen Wand steht ein Doppelstockbett mit blassroten Decken, an der gegenüberliegenden ist ein Waschbecken, daneben eine Schranknische.

„Lass uns später auspacken“, schlägt Erika vor. „Ich möchte auf keinen Fall den Aufstieg verpassen. Wenn wir wirklich pünktlich starten, haben wir nicht mehr viel Zeit.“

Sie stellen ihre Taschen in die Schranknische und gehen über den langen Flur zwischen den Kabinen zurück zu den Treppen. Durch eine seitliche Schiebetür betreten sie den Speisesaal, einen schmalen, lang gestreckten Raum. Auf den Tischen blitzt Glas und Silber, sie sind schon fürs Abendessen gedeckt. Eine weiße, niedrige Balustrade teilt einen seitlichen Gang ab. Der wirkt fast wie ein Balkon, denn die Längswand ist nicht einmal hüfthoch und geht in eine Fensterreihe über.

Diese Fenster stehen nicht senkrecht zwischen Längswand und Decke, sondern sind weit nach vorne geklappt bis fast in die Waagerechte, sodass man mühelos nach unten schauen kann. Viele Passagiere stehen schon dort, stützen sich auf die breite Fensterbank oder sitzen auf den rostroten Polsterbänken. Die beiden Mädchen treten an ein freies Fenster.

„Toll! Ich hab mir vorgestellt, dass man bloß Himmel und Wolken sieht, wenn man einmal oben ist, aber so kann man ja auch auf die Erde sehen. Guck mal, Erika, unsere Treppen werden eingeklappt.“

„Man kann die Fenster sogar öffnen.“ Ein schmaler, kleiner Herr hat sich neben sie gestellt und stemmt eine Scheibe in die Höhe. „So können Sie die Kommandos des Kapitäns hören."

Erika und Thea strecken die Köpfe zum Fenster hinaus. Von unten ertönt ein Befehl.

„Zeppelin marsch!"

Die Bodenmannschaft wirft sich in die Seile. Die Männer ziehen mit aller Kraft. Die Seile straffen sich. Langsam gleitet der Zeppelin aus dem Hangar. Auf einmal wird es hell im Speisesaal. Thea und Erika kneifen die Augen zusammen. Die Strahlen der tief stehenden Sonne treffen direkt in ihre Gesichter. Thea dreht den Kopf zur Seite. Sie kann nur ein kleines Stückchen vom gewölbten Bauch des Zeppelins sehen. Die graue Haut leuchtet silbern auf.

„Schiff hoch!"

Das Kommando dröhnt über den Platz. Die Männer lassen die Seile los, laufen zum Zeppelin und verschwinden unter seinem Bauch. Die Seile fallen zu Boden. Thea wartet darauf, dass ein Ruck durch das Schiff geht, dass der Fußboden bebt und das Geschirr auf den Tischen klirrt. Aber nichts rührt sich.

„Er schafft es nischt! Ich 'abe gewusst, dass er nischt kommt 'och!"

Das ist die kleine Französin, die eben so mit den Gepäckträgern geschimpft hat. Sie wendet sich an einen Jungen, der einen schwarzen Anzug und sogar eine schwarze Krawatte trägt. Der gehört zu der schwarz gekleideten Familie mit dem vielen Gepäck, das nicht mehr mitgekommen ist. Thea schätzt, dass er ungefähr in ihrem Alter ist. Sie sieht sich um, aber von den anderen Familienmitgliedern ist nichts zu sehen. Wahrscheinlich ist man nicht in der Stimmung, sich unter Leute zu mischen, wenn man in Trauer ist. Der

Junge sieht auch nicht gerade interessiert aus. Er gibt der Französin keine Antwort und starrt ziemlich teilnahmslos nach draußen. Ein heißes Gefühl von Dankbarkeit durchfährt Thea. Ich bin nicht in Trauer! Ich bin froh und glücklich! Niemand kann mich mehr beschimpfen. Niemand kann mich wegjagen. Ich fahre nach Amerika!

Immer noch kein Ruck. Thea sieht wieder durch das Fenster. Aber – was ist das? Die Bodenmannschaft ist wieder zu sehen. Die Männer wirken kleiner als eben. Sie sind tief unter ihr. Das ist ja nicht zu fassen: Der Zeppelin ist schon in der Luft! Die Männer laufen auseinander. Eine weiße Wand aus Wasser stürzt herunter und klatscht auf den Boden. Es spritzt nach allen Seiten. Einige Männer ziehen die Jacken aus und schütteln sie, dass die Tropfen stieben.

Das Dach des Hangars schiebt sich ins Blickfeld und scheint nach unten wegzugleiten. Lautlos und weich wie eine Pusteblume schwebt der Zeppelin in die Höhe.

„Ihr braucht nicht zu rennen, es ist noch Zeit genug. Ihr merkt doch, dass wir noch auf dem Boden sind. Also geht gefälligst langsam."

Der Herr neben den Mädchen dreht sich um. „Schnell, Jungs! Lauft! Ihr verpasst ja das Beste. Wir sind schon oben."

Max und Philipp blicken unsicher zu Irene hoch.

„Der Herr macht sich lustig über euch. Lasst euch nicht auf den Arm nehmen."

„Aber ich bitte Sie! Das würde ich nie tun! Ich bin selbst Vater von drei Kindern." Der Herr geht ein paar Schritte zur Seite und macht den Jungen Platz, die jetzt langsam näher kommen. „Kindern muss man immer die Wahrheit sagen. Na, ihr seid aber artig, ihr zwei! Meine wären bestimmt gerannt."

Max und Philipp sehen aus dem Fenster. Die Menschen sind klein wie Puppen. Die Zuschauer schwenken Hüte und Tücher. Man hört Hurrarufe und Klatschen.

„Wir sind in der Luft!", schreit Max. „Wir fliegen! Philipp, wir ..."

Ein dröhnendes Rattern ertönt und verschluckt seine Worte. Der Herr greift nach oben und klappt das Fenster zu. Das Rattern erstirbt zu einem sanften Brummen.

„Die Maschinisten haben die Motoren angeworfen. Seht ihr die Gondel dort, schräg hinter uns, die aussieht wie ein winziges Einpropellerflugzeug, das neben dem Zeppelin herfliegt?"

Die Jungen nicken.

„Es gibt vier davon. Da drin sind die Motoren, die die Propeller antreiben. Wir werden allmählich schneller, merkt ihr das?"

Wieder nicken die Jungen. Der ältere macht den Mund schon auf, klappt ihn aber nach einem Blick auf seine Mutter wieder zu. Die ist hinter die kleine Gruppe getreten und schaut auch nach unten.

„Oh, das ist nichts für mich. Mir wird ganz schwindelig."

Sie geht zur Seite und setzt sich auf eins der Ledersofas.

„Sie werden sich bald an den Blick gewöhnt haben, gnädige Frau", versichert der kleine Herr. „Ich fahre schon das dritte Mal mit der Hindenburg, – oh, pardon, Späh ist mein Name – und ich habe noch nie erlebt, dass jemand auch nur einen Anflug von Seekrankheit gehabt hat – wobei man ja wohl eher von Luftkrankheit sprechen müsste. Und alle sind begeistert von der Aussicht. Sie werden sehen, bald werden Sie Ihren Stammplatz am Fenster haben."

„Ich würde an Ihrer Stelle dieses Sofa vorziehen, gnädige Frau. Das rote Leder ist ein wunderbarer Kontrast zu Ihren Farben. Sie erlauben doch, dass ich mich vorstelle? Dr. Schneider. Völkischer Beobachter."

Thea dreht sich ein bisschen, als sie die Stimme hört, sodass sie das Sofa im Blick hat. Das ist der Herr, der vorhin am Zoll hinter Erika gestanden und die Bilder angestarrt hat. Er ist sehr groß und breit und trägt einen eleganten grauen Anzug mit Weste und eine Perlennadel in der Krawatte. Sein schütteres Haar liegt eng am Kopf an, das Gesicht ist groß und fleischig, der Mund sehr voll und geschwungen, fast wie bei einer Frau. Die Augen quellen etwas vor. Er spricht laut und selbstbewusst, die Stimme schnarrt ein bisschen.

Irene muss sich zurückbeugen, um ihm ins Gesicht sehen zu können. Die untergehende Sonne wirft einen rosigen Schimmer auf ihre weiße Haut. Ihre blauen Augen funkeln. Sie blickt den Herrn nachdenklich an, ein bisschen spöttisch, ein bisschen überlegen, aber auch geschmeichelt. Thea denkt an ihre Übungsstunden vor dem Spiegel. So einen Blick hat sie noch nie fertig gebracht. Zum Gretchen würde er allerdings auch nicht passen.

„Irene Köcherts." Die Blonde nennt nur ihren Namen und deutet mit einer lässigen Handbewegung auf den Sitz neben sich.

„Sehr erfreut. Überaus erfreut." Der Herr verneigt

sich und nimmt neben Irene Platz. „Sie brauchen mir gar nicht zu verraten, was Sie in Amerika wollen, gnädige Frau. Ich wette, dass Sie auf dem Weg nach Hollywood sind, um Marlene Dietrich Konkurrenz zu machen."

Irene lacht. „Und ich wette, dass Sie im Völkischen Beobachter zuständig sind für Schmeicheleien, Herr Dr. Schneider."

Er lacht auch. „Ganz im Gegenteil. Meine Verrisse sind gefürchtet. Ich bin Kunstkritiker. Zuständig für Malerei und Theater. Da hat man natürlich ein besonders gutes Auge für alles Schöne."

Kunstkritiker! Ausgerechnet! Thea kriegt ein flaues Gefühl im Magen. Ob sie das Erika erzählen soll? Wenn sie daran denkt, wie die Arme vor dem Zöllner gezittert hat, dann würde sie am liebsten gar nicht darüber reden.

„Ich will hoch, Max, bitte!" Philipp zupft seinen Bruder am Ärmel. „Ich möchte unser Haus sehen. Wo ist denn unser Haus?"

Max zieht ihn auf die Fensterbank. Die beiden sehen angestrengt auf die Stadt tief unten. Es sieht alles so fremd aus. Das glitzernde Band muss der Main sein, und da, wo die beiden Kirchtürme dicht nebeneinander stehen, das ist bestimmt die Altstadt, und wenn man über die Deutschherrnbrücke und dann erst nach rechts und dann nach links geht, dann kommt man nach Sachsenhausen. Aber welche Brücke ist die Deutschherrnbrücke? Und wo ist der kleine Park am Ende ihrer Straße? Und die Kirche?

„Wo wohnt ihr denn?", fragt eine freundliche Stimme.

Die beiden schauen aufgeschreckt zur Seite. Neben

ihnen steht eine junge Frau und lächelt sie an. Sie sieht ein bisschen aus wie Philipps Lehrerin, die ist auch so klein und mollig und hat so krause hellbraune Haare und riesengroße dunkle Augen. Und auch so ein liebes Lächeln.

Erika wundert sich, dass die Kinder nicht gleich antworten. „Ihr geht bestimmt schon zur Schule. Dann kennt ihr doch eure Adresse."

Die beiden sehen sich ängstlich an. Egon hat ihnen verboten, mit Passagieren zu sprechen. Und wenn es sich gar nicht umgehen lässt, dann sollen sie möglichst wenig sagen. Max sieht sich vorsichtig um. Irene spricht und lacht mit einem Herrn, der neben ihr auf dem Sofa sitzt, und achtet nicht auf die Jungen. Und Egon ist nirgendwo zu sehen, der ist wohl immer noch in der Kabine. Ob er jetzt tatsächlich Irenes Gepäck nach verstecktem Schmuck durchsucht?

„Am Altebergs-Weg", sagt Max leise.

„Das ist in der Nähe vom Seehofpark, nicht? Den müssten wir doch eigentlich finden. Da, seht ihr, wo der Main breiter wird, da erkennt man die beiden Hafenbecken. Und da ist die Deutschherrnbrücke. Und die breite Straße auf der anderen Seite, das ist die Offenbacher Landstraße. Da, die findet man leicht."

Max fährt mit dem Finger über die Fensterscheibe, immer dem Lauf der Straße nach. „Ein Stück weiter ist der Park. Ich hab ihn, Flippi."

„Ich auch", sagt Philipp. „Und gleich um die Ecke ist unser Haus. Aber ich kann es nicht erkennen. Sie sehen alle gleich aus."

„Ihr hättet eine Fahne hissen müssen vor eurer Abreise."

Die beiden geben wieder keine Antwort und starren

nach unten. Auch Erika sieht hinaus und lässt den Blick über die Stadt wandern und über die Hügel und Kuppen des Taunus, die sich jetzt nähern. Sie kommt sich vor wie in einem Traum. Sie sitzt in einem Zeppelin und sieht die Welt von oben. So wunderschön hat sie sich das nicht vorgestellt! Da! Über eine Lichtung jagen mit langen Sprüngen Hirsche und Rehe. Und da! Hasen rennen über ein hellgrünes Feld und schlagen Haken. Der Himmel färbt sich rosa vom beginnenden Sonnenuntergang, die Wolken bekommen goldene Ränder, die Farben auf der Erde werden stumpfer. Erika legt den Arm um Thea und drückt sie an sich. Sie muss jetzt einfach jemanden umarmen.

„Ist das nicht überwältigend?"

Thea nickt nur und lächelt. Sie kann nicht sprechen. Sie schaut nach unten und hat den Kunstkritiker völlig vergessen. Nie hätte sie sich vorstellen können, dass sie so etwas erleben würde. Heute Morgen noch hat sie geweint vor Verzweiflung. Und jetzt schwebt sie über den Wolken einem rot glühenden Sonnenball entgegen.

Nach einiger Zeit fällt ihr Blick auf die beiden Jungen, die stumm nebeneinander stehen. Sie sehen eigentlich nicht so aus, als ob sie aus dem Häuschen wären vor Freude über ihre Zeppelin-Fahrt.

„Irene hat mir gerade erzählt, dass man sogar die Fenster öffnen kann. Das habe ich gar nicht gewusst." Die beiden zucken zusammen, als sie die Männerstimme hören und fahren herum. „Ist das nicht ein bisschen leichtsinnig, dass du Philipp auf der Fensterbank sitzen lässt, Max? Du sollst doch auf deinen Bruder aufpassen. Stell dir vor, jemand öffnet plötzlich das Fenster, und Philipp fällt heraus. Was machst du dann?"

Egon greift an den Fenstergriff. Mit einem Satz ist Max auf dem Boden und zerrt seinen Bruder von der Fensterbank.

„Nun mal nicht so hastig, ihr zwei. Ich mache das Fenster ja nicht auf. Aber stellt euch vor, wie einfach das ist. Das ist doch unheimlich, nicht?"

Die Jungen drängen sich aneinander. Sie starren Egon an und geben keine Antwort. Er legt ihnen die Hände auf die Schultern.

„Ja, lieber Egon."

Dem Kleinen laufen auf einmal die Tränen aus den Augen.

„Na, nun reg dich nicht auf, mein Sohn. Ich werde schon dafür sorgen, dass dir nichts passiert. Irene, ich glaube, Philipp muss ins Bett. Er wirkt ziemlich übermüdet. Ein akuter Anfall von Reisefieber, würde ich sagen."

Irene rührt sich nicht von ihrem Sofa und blickt nur kurz zu den Fenstern hinüber. „Frag einen Steward, ob ihr vorab essen könnt, Mäxchen. Er braucht ja nicht das ganze Menü zu servieren, irgendeine Kleinigkeit genügt. Weißt du, was ich gerade erfahren habe, Egon?"

Er geht zu ihr hinüber. Sie stellt ihm Dr. Schneider vom *Völkischen Beobachter* vor und plaudert angeregt weiter. Die Jungen stehen einen Moment unschlüssig, dann gehen sie zu dem Steward, der die Speisekarten auf den Tischen auslegt. Thea sieht nachdenklich hinter ihnen her und dreht sich langsam wieder um. Erika hat nichts bemerkt, sie schaut immer noch ganz versunken aus dem Fenster. Aber der junge Amerikaner hat die Szene beobachtet und sieht nun zu Thea hinüber. Ihre Blicke kreuzen sich. Einen Augenblick lang überlegt Dennis, ob er das blonde Mädchen ansprechen soll, dann wendet er sich wieder zum Fenster. Auf seinem Gesicht spiegeln sich Unsicherheit und Verwunderung.

Der Steward schlägt einen Gong und verkündet, dass es ein frühes und ein spätes Abendessen gibt, weil der Speisesaal nur 35 Plätze hat. Thea wird auf einmal klar, dass sie seit ihrem Pausenbrot heute Morgen nichts mehr gegessen hat. Auch Erika hat nichts gegen ein frühes Abendessen. Sie hat ein paar Passagiere über Abendkleidung reden hören, und so etwas besitzt sie überhaupt nicht. Aber wer jetzt in den Speisesaal geht, hat keine Zeit mehr, sich umzuziehen. Sie nehmen einen Zweiertisch neben den beiden kleinen Jungen. Denen bringt eine Stewardess gerade eine große Silberschüssel und stellt sie zwischen die Teller.

„Der Koch meint, das ist eher etwas für euch." Sie hebt den Deckel von Kartoffelpüree mit Würstchen und Gemüse. „Ich bringe euch gerne noch etwas, wenn ihr davon nicht satt werdet. Und zum Nachtisch gibt es Schokoladencreme."

Thea studiert schon die Speisekarte. „Hm. Gebeizter Lachs auf Toast. Frühlingssuppe nach Gärtnerin Art. Bayerische Mastente mit Blaukraut und Knödeln. Schokoladencreme mit Baiser. Das hört sich ja toll an. So viele gute Sachen auf einmal hab ich noch nie gegessen."

„Ich auch nicht. Es ist überhaupt verflixt vornehm hier, findest du nicht? Frische Blumen auf jedem Tisch, Damastdecken, hauchdünne Weingläser. Und das Besteck ist so schwer, das ist bestimmt echtes Silber. Ich komm mir ein bisschen fehl am Platz vor.“

„Ich auch. Noch mehr als du.“ Sie senkt die Stimme. „Du hast schließlich eine Fahrkarte auf deinen Namen.“

„Sei bitte still!“, flüstert Erika. „Das musst du mir versprechen, The... äh – Marion: Bis wir in Philadelphia sind, reden wir kein einziges Wort mehr über ein bestimmtes Thema. Abgemacht?“

Thea nickt. Erika greift nach der Weinkarte. Auf dem Deckblatt ist ein Foto von der *Hindenburg*, wie sie über den Hangars des Flughafens schwebt. „Das wäre was für meinen Vater! Der würde sich vorkommen wie im Paradies, wenn er so viel Burgunder und Mosel trinken könnte, wie er wollte. Aber wahrscheinlich finden die Leute hier das ganz normal. Ich glaube, wer mit der Hindenburg fährt, für den ist Luxus selbstverständlich. Guck mal, die Familie da drüben, die essen kaum etwas. Ob die wohl jeden Tag so etwas Gutes kriegen?“

Thea blickt zur Seite. Dort sitzt die Familie in Schwarz. Der Junge, der eben neben ihr gestanden hat, stochert in seinem Lachs herum und legt nach ein, zwei Bissen das Besteck hin. Auch die anderen lassen die Vorspeise fast unberührt und die nächsten Gänge ebenso.

„Meinst du, das geht jetzt alles in den Abfall?“ Thea denkt an ihre Mutter. Bei vier Kindern muss man sparsam sein. Nie hätte sie erlaubt, dass jemand seinen Teller nicht leer isst. „Vielleicht kriegt die Mannschaft die Reste. Eben hat einer gesagt, dass sie 60 Mann Besatzung an Bord haben. Ich kann ja den Steward mal fragen!“

„Nein, tu das lieber nicht. Ich glaube, das gehört sich nicht in einer so feinen Umgebung."

Wenig später wird die Umgebung noch feiner, denn die Passagiere, die zum zweiten Dinner erscheinen, haben tatsächlich Abendkleidung angelegt. Erika und Thea gehen in den Aufenthaltsraum auf der anderen Seite des A-Decks. Der sieht fast genauso aus wie der Speisesaal. Er hat auch eine Balustrade und eine ausgeklappten Fensterfront mit quer gestellten Sofas davor. Auf einem kniet der amerikanische Junge, hat einen Ellbogen auf die Fensterbank gestützt und sieht in den Himmel. Der hat sich zu einem durchsichtigen Grau verfärbt, mit lila und dunkelroten Wolkenschleiern. Die Sonne ist untergegangen, aber ihr Widerschein lässt die Luft leuchten.

„Mon petit macht misch Sorgen." Victorine und Albert schauen besorgt zu Dennis herüber. Sie sitzen zusammen an einem der kleinen runden Tische. „Ich glaub, er 'at Angst vorm Fliegen. Kannst du nischt ein bisschen reden mit ihm und ihn lenken ab?"

„Was soll ich mit ihm reden? Ich verstehe nichts von Jungen in diesem Alter. Er interessiert sich ja doch nur für Tiere, und davon verstehe ich noch weniger."

„Aber du bist so klug, Albär. Du wirst das schon machen rischtisch. Bitte!"

Albert erhebt sich seufzend. Victorine kann ihn um den Finger wickeln, wenn sie Albär sagt. Er setzt sich neben Dennis.

„Ich habe dir noch gar nicht gesagt, wie Leid mir das tut mit deinem Bruder."

Dennis schaut weiter in den Himmel. „Ja. Hm. Danke."

Seine Lippen zucken, und er dreht den Kopf schnell

zur Seite, damit Albert es nicht sieht. Herrjeh, das war wohl der falsche Anfang, denkt der.

„War ein feiner Kerl, dein Bruder“, sagt er unbeholfen.

Was rede ich da für einen Unsinn? Edward war ein richtiges Ekel, bloß an seiner Person und an seinen Autos und an den Weibern interessiert. Aber das kann er Dennis ja nicht sagen, wo der gerade mit den Tränen kämpft in Gedanken an ihn.

„Und ein rasanter Autofahrer. Fast ein bisschen zu rasant.“

Dennis dreht den Kopf. „Zu rasant?“

„Na ja, ich würd’s leichtsinnig nennen.“

„Leichtsinnig? War er das?“

„Und wie! Sah aus, als ob er den Verstand verlieren würde, sobald er am Steuer saß.“

Dennis nimmt den Ellbogen vom Fensterbrett und dreht sich zu Albert herum.

„Tatsächlich? Das wusste ich nicht.“

„Er hat allen, die es wussten, verboten, darüber zu reden. Und er hat sich zusammengenommen, wenn jemand aus der Familie dabei war. Er wollte wohl nicht, dass eure Eltern sich Sorgen machten.“

Albert verschweigt taktvoll, dass die Sorgen der Eltern Edward völlig egal waren. „Mein alter Herr nimmt mir die Autoschlüssel ab, wenn er mitbekommt, wie ich fahre. Der weiß dann, dass er bald keinen Haupterben mehr hat für seine Millionen.“ Wie oft hat Albert diese Sätze gehört! Aber das kann er dem Kleinen auch nicht erzählen.

„Du meinst, er fuhr gefährlich?“

„Das kann man wohl sagen. Ist eigentlich ein Wunder, dass ihm nicht schon längst was passiert ist.

Zweimal hat er einen Wagen zu Schrott gefahren und zweimal ziemlich demoliert. Aber er ist immer mit einem blauen Auge davongekommen. Deinem Vater hat er jedes Mal eine andere Geschichte erzählt."

„Ja, ich weiß." Dennis wirkt auf einmal richtig lebhaft. „Beim ersten Mal ist er auf den Parkplatz gekommen, da hatte jemand sein Auto kaputtgefahren und ist abgehauen, und beim zweiten Mal hat er die Handbremse vergessen, und es ist einen Abhang runtergerollt. Und die beiden anderen Male hatte er es Freunden geliehen, und die haben einen Unfall gebaut. Aber sie haben die Reparatur bezahlt."

„Ach was! Bezahlt hat dein Onkel Harry." Und es waren Freundinnen, setzt Albert für sich hinzu, und zwar welche, die auch mit Onkel Harry befreundet waren.

Dennis sieht jetzt nicht mehr so aus, als ob er mit den Tränen kämpfen würde. „Willst du damit sagen, dass er auf alle Fälle – hm – ich meine, dass er eines Tages sowieso – hm – "

„Du meinst, ob er verunglückt wäre? Ganz bestimmt! Wenn nicht heute, dann morgen."

Dennis atmet hörbar aus und lässt sich gegen die Rückenlehne sinken.

„Na ja, vielleicht wäre er eines Tages vernünftig geworden und wäre vorsichtiger gefahren", schränkt Albert ein. „Aber ich kann es mir eigentlich nicht vorstellen. Weißt du, das ist so eine Art Rausch, glaube ich. Manche Menschen haben das einfach. Dein Onkel Harry zum Beispiel auch. Sobald er am Steuer sitzt, rastet er irgendwie aus, sagt dein Vater. Und das nicht nur im Auto sondern auch, wenn er mit der Yacht rausfährt. Überhaupt – Harry Johnson und seine

Yacht. Wenn er nicht an Bord gewesen wäre, dann hätte er das Telegramm viel eher schicken können, und wir brauchten nicht mit dem Zeppelin zu fahren, um rechtzeitig zur Beerdigung zu kommen."

„Was – was sagst du da? Eher schicken?"

„Ja, hat dir das denn niemand gesagt? Der Unfall war doch schon in der Nacht von Freitag auf Samstag. Und dein Onkel Harry war nicht zu erreichen, denn er ..."

Albert beginnt eine langatmige Schilderung der Fahrt mit der Yacht, aber Dennis ist Onkel Harry völlig egal. Er legt den Kopf in die Hände. Im Winter hat er eine Lungenentzündung gehabt mit hohem Fieber, da war er ganz wackelig auf den Beinen, als er das ersten Mal wieder aufstehen durfte. Genauso schwach fühlt er sich jetzt. Er reibt sich die Augen und lächelt Albert an.

„Ich bin auf einmal hundemüde. Ich glaube, ich gehe ins Bett. Wir haben heute Morgen fast 20 Sehenswürdigkeiten besichtigt. Meinst du, ich kann den Steward beschwatzen, dass er mir noch was zu essen besorgt? Ich hatte eben irgendwie keinen Appetit, aber jetzt könnte ich einen ganzen Ochsen essen."

„Hier, das wirkt besser als beschwatzen."

Albert schiebt ihm einen Geldschein in die Finger. Dennis bedankt sich überschwänglich und verschwindet Richtung Speisesaal. Victorine strahlt.

„Was isch 'abe gesagt, Albär! Du bist so klug, du kannst ihn lenken ab."

Thea und Erika bleiben am Fenster sitzen. Ein mächtiger schwarzer Klotz in einem See von Lichtern taucht auf. Die beiden spitzen Türme stehen wie ein Scherenschnitt gegen den stumpfgrauen Himmel.

„Der Kölner Dom“, ruft jemand, und alle laufen an die Fenster. Allmählich verblasst das letzte Licht, Himmel und Erde werden schwarz. Die beiden Mädchen wollen eigentlich warten, bis sie über dem Meer sind. Als die Lichter von Holland unter ihnen funkeln, kann Thea ihr Gähnen kaum noch unterdrücken.

„Komm, wir gehen in unsere Kabine. Das Meer sehen wir ja noch zwei Tage lang.“

Aber als sie in ihren schmalen Kojen liegen, hört Erika an dem Knarren des Bettes über sich, dass Thea noch nicht schläft. Und ist da nicht auch ein leises Schluchzen? Sie stellt sich neben das Doppelstockbett und streichelt Theas Arm.

„Du musst nicht weinen, Thea.“ Sie bringt es nicht übers Herz, das schluchzende Mädchen als Marion anzureden. „Es wird alles gut.“

„Ich muss immerzu an Mama denken. Ich hab ihr nicht mal Auf Wiedersehen gesagt. Sie weiß gar nicht, wo ich bin. Sie glaubt ja, dass ich zu Tante Ruth fahre. Ich bin noch nie von Mama weg gewesen.“

Erika streichelt schweigend weiter. Vor ein paar Stunden auf dem Flughafen, da hat Thea wie eine Gleichaltrige gewirkt. Aber sie wird schließlich erst 15, im Grunde ist sie noch ein Kind.

„Und wenn Mama zu Tante Ruth fährt und mich zurückholen will, und dann bin ich da gar nicht angekommen, und Tante Ruth weiß von nichts, da wird sie vor Sorge fast umkommen.“

„Dann schreibst du ihr morgen einen langen Brief und erzählst ihr die ganze Geschichte. Die Hindenburg ist schon Freitag früh in Lakehurst und fährt gleich am nächsten Tag wieder zurück nach Frankfurt. Schneller kann ein Brief gar nicht befördert werden.“

„Ja, das ist gut.“ Thea bemüht sich, das Schluchzen zu unterdrücken, aber es gelingt ihr nicht. „Das Schlimme ist, ich weiß ja gar nicht, wann ich Mama wieder sehe.“

Erika sucht vergeblich nach tröstenden Worten.

„Aber du freust dich doch sicher auf deinen Vater, nicht?“, sagt sie schließlich. „Und denk daran, wie erleichtert deine Mutter sein wird, dass sie sich um dich keine Sorgen mehr machen muss.“

Allmählich wird das Schluchzen leiser.

„Du bist richtig lieb.“ Thea schnieft. „Ich bin froh, dass ich nicht alleine bin. Ohne dich wäre ich ganz verzweifelt.“

„Ich bin auch froh. Jetzt schlaf schön.“

Erika steigt wieder in ihr Bett. Nach einiger Zeit hört sie tiefe, gleichmäßige Atemzüge. Aber sie kann nicht schlafen. Sie grübelt darüber nach, was das für ein Land ist, aus dem Kinder und Bilder fliehen müssen.

II Jakob ist so müde, dass er kaum die Augen aufkriegt. Eigentlich beginnt der Dienst erst um sechs, aber er muss noch eine halbe Stunde früher aufstehen, um die Schuhe einzusammeln und zu putzen, die vor den Türen der Kabinen stehen. Als Jüngster bekommt man natürlich die niedrigsten Arbeiten zugeteilt, das kennt er schon vom *Excelsior*.

Er hat Karlchens Wecker unter sein Kopfkissen gelegt, damit das Geräusch die anderen nicht stört, denn die winzigen Zweierkojen sind nur durch Leinenplanen voneinander getrennt. Hinter den Kopfenden der Betten ist ein schmales Sichtband in die Außenhaut des Zeppelins eingelassen. Er dreht sich auf den Bauch und schaut nach unten, kann aber nichts erkennen. Nur ein milchiger Schimmer dringt herein.

Jakob greift nach seinen Kleidern, die auf einem Hocker neben seinem Bett liegen. Der dient gleichzeitig als Kommode, denn den Sitz kann man abnehmen und seine Sachen in dem Fach darunter verstauen. Sonst gibt es nur noch ein paar Haken an der Wand für die zweite Uniform und den Mantel. Alle Stewards tragen Uniform an Bord, und für den Landgang gibt es einen dunkelblauen Mantel. Jakob ist in der Nacht aufgestanden und hat ihn über sein Bett gebreitet, denn die Mannschaftsunterkünfte sind nicht geheizt.

Er zieht sich unter seiner Decke an, da ist es wenigstens warm, und schlüpft in seine Schuhe. Heute wird er nur eine Katzenwäsche machen. Der Waschraum für die Mannschaft befindet sich neben dem Laufgang und ist wahrscheinlich genauso kalt wie die Kojen. Er sieht, dass Karlchen den Kopf hebt und auf die Geräusche in der Nachbarkoje horcht. Dann schwingt er seine langen Beine auf den Boden.

„Ich geh mit und helfe dir, damit du alles findest, dann geht's schneller."

„Prima!" Jakob ist erleichtert. Karlchen hat ihm zwar gestern alles gezeigt, auch die Schuhputzsachen, aber es war einfach zu viel auf einmal.

Als sie auf den Laufgang treten, öffnet sich die Tür neben ihnen. Aha. Deshalb also ist Karlchen so hastig aus dem Bett gesprungen. Jetzt tut er ganz überrascht.

„Nanu! Sie sind aber früh auf den Beinen."

Uschi lächelt. „Nicht früher als Sie."

„Na ja, ich habe sozusagen eine Freundespflicht zu erfüllen. Ich will diesem kleinen Greenhorn beim Schuheputzen helfen."

„Sie spielen wohl gerne Samariter?" Aber es klingt nicht spöttisch, sondern anerkennend.

„Ja. Sehr gerne. Und womit kann ich Ihnen dienen?"

„Sie können mir eine Frage beantworten." Uschi zieht den Gürtel ihres Mantels energisch zu. „Brr! Was ist es hier kalt! Ich glaube, ich werde mich gleich freiwillig fürs Brötchenbacken melden."

„Das ist eine ausgezeichnete Idee. Dann können Sie mir helfen, ich bin nämlich für die Küche eingeteilt."

„Aber vorher habe ich noch etwas anderes vor. Ganz vorn im Bug, wo die Halteseile runtergelassen werden, da ist der Platz mit der schönsten Aussicht. Ich weiß bloß nicht, ob ich dorthin gehen darf, wo Kapitän Lehmann jetzt an Bord ist. Auf dem Rio-Flug haben die anderen erzählt, dass dort sein Lieblingsplatz ist und dass er oft da sitzt und Schifferklavier spielt. Ich möchte ihn auf keinen Fall stören."

Karlchen denkt nach.

„Ich glaub kaum, dass er jetzt spielen will. Es ist wirklich noch sehr früh. Ich weiß, was wir machen.

Wir fangen mit dem Einsammeln der Schuhe nicht bei den Passagieren an, sondern bei den Offizieren. Die haben ihre Kajüten vor der Führergondel, da kann ich in den Bug gucken. Wenn er leer ist, sage ich Ihnen Bescheid."

Die Beiden binden sich bodenlange grüne Schürzen um, gehen durch den Korridor zwischen den Kojen und dann durch den Laufgang zwischen den runden Treibstoff- und Wassertanks, vorbei am Funkraum bis zu den Offiziersquartieren. Jakob sammelt die Schuhe in seine Schürze, nachdem er die Kabinennummer mit Kreide auf die Schuhsohlen geschrieben hat. Karlchen geht weiter über den leise schwankenden Steg in den Bug. Nach ungefähr 30 Metern kommt der Aussichtsplatz, den Uschi meint. Karlchen schaut hinaus, aber es ist nichts zu sehen außer dichtem Weiß. Er geht zurück. Die Stewardess kommt ihm schon entgegen, und er winkt ihr zu.

„Die Luft ist rein. Wahrscheinlich schlafen alle noch, außer der jetzigen Schicht. Aber ich glaube, Sie werden nichts sehen, wir fahren durch dichten Nebel."

„Vielleicht habe ich Glück, und er hebt sich noch."

Sie geht nach vorne und schaut durch die Sichtscheiben. Der Nebel steht wie eine Wand um das Schiff. Kein Oben und Unten ist zu erkennen. Wenn nicht das leise Rauschen des Fahrtwindes wäre und das Beben der Außenhaut, so könnte man glauben, der Zeppelin hinge reglos, ja – worin? Tatsächlich in der Luft? Es könnte auch trübes Wasser sein und die *Hindenburg* ein gewaltiges Unterseeboot.

Uschi blickt hoch zu den silbernen Schächten und gebogenen Rahmen mit den spinnwebartigen Drahtverspannungen dazwischen und den vielen Masten, die vom Boden bis zur Decke und quer durch das Schiff laufen. Auf ihrer ersten Fahrt nach Rio ist sie in jeder freien Minute zu diesem Platz gegangen, aber sie ist jetzt wieder wie beim ersten Mal überwältigt von der ungeheuren Größe der schimmernden Konstruktion um sie herum.

Ein Blitzen lässt sie zur Seite schauen. Durch einen Riss im Nebel dringt ein Sonnenstrahl. Dann schließt sich die weiße Wand wieder, wird aber durchsichtiger. Erst dunkelrot, dann goldrot, dann orange schimmert der Sonnenball hindurch. Auf einmal wird er fast weiß und so blendend, dass Uschi die Augen abwenden muss. Der Nebel hat sich aufgelöst.

Sie blickt auf das schaumbekränzte Wasser tief unter dem Luftschiff und auf die weiße Straße aus Licht, die bis zum Horizont zu reichen scheint. Die kleinen Wellen zeigen gleich neben dem Weiß ein kräftiges Blau und Grün und glitzern in der Sonne, während sie in der Weite des Wassers zu einem schillernden Türkis verschmelzen.

„Das ist schön, nicht?"

Uschi fährt herum. Sie ist so versunken in ihre Betrachtung gewesen, dass sie keine Schritte gehört hat.

„Wieso sind Sie nicht bei den Brötchen?"

„Ich hab das erste Blech schon fertig und das nächste im Ofen. Hier, ich habe Ihnen eine Kostprobe mitgebracht." Karlchen faltet eine Serviette auseinander. „Noch ganz warm."

Einträchtig kauend und schweigend stehen sie nebeneinander und sehen auf das Wasser.

„Wir müssen die Richtung geändert haben, sonst könnten wir die Sonne nicht so gut sehen. Wahrscheinlich haben wir Gegenwind, und der Käpten weicht nach Norden aus. Der Kurs ist bei jeder Fahrt anders."

„Sind Sie schon lange auf der Hindenburg?" Uschi betrachtet ihn von der Seite. Er hat jetzt keine grüne Schürze mehr an, sondern eine ebenso große weiße. Seine braunen Locken haben heute wohl noch keine Pomade gesehen, sie krausen sich um seinen Kopf wie ein Fell. Er ist zwar mindestens zwei Köpfe größer, aber er kann nicht viel älter sein als sie.

„Ich hab auf der Graf Zeppelin angefangen, auf der ersten Fahrt nach Amerika vor sechs Jahren, da war ich fast noch so ein Greenhorn wie Jakob. Zwischendurch hab ich mal auf der Bremen angeheuert, aber wenn man einmal in der Luft war, dann kommt man nicht mehr los davon."

„Das verstehe ich gut." Uschi nickt. „Ich bin zwar erst ein einziges Mal mitgefahren, die erste Fahrt in diesem Jahr nach Rio, aber ich habe sofort gewusst, dass Fliegen einfach das Schönste ist, was es gibt. Es ist so friedlich und so ... so abgeschieden von allem, und man fühlt sich ... also einfach ganz anders als sonst."

„Ja, so geht es mir auch. Wenn wir in die Luft steigen, kommt es mir noch immer so vor, als ob das eigentlich nicht möglich ist – fast eine Art Wunder. Aber wenn wir einmal oben sind und fahren, dann fühle ich mich so sicher wie auf der Bremen. Oder wie im Excelsior in Frankfurt, da hab ich gelernt."

„Und hat Ihnen der Koch da nicht die Ohren lang gezogen, wenn Sie Ihre Brötchen im Stich gelassen haben?"

„Doch. Hat er. Und wie." Karlchen lacht. „Sie glauben doch nicht etwa, dass ich meinen Dienst vernachlässige? Der Eugen hat mich abgelöst. Wenn Jakob mit den Schuhen fertig ist, macht er auch mit, und ich hab gesagt, dass ich bald mit Verstärkung zurückkomme."

Aber Jakob macht nicht mit. Er ist auch nicht in der Küche, sondern kommt den Kielgang herunter, auf die beiden zu, und sieht ziemlich aufgeregt aus.

„Der Eugen ist sauer, dass du noch nicht da bist."

„Ja, warum hilfst du ihm denn nicht?"

„Ich bin mit den Schuhen noch nicht ganz fertig. Und der Chefsteward hat gesagt, danach soll ich die Klos putzen."

„Na schön! Ich komme sofort."

„Ich auch." Uschi geht schon den Gang hinunter. Jakob zupft Karlchen am Ärmel.

„Komm mit zu den Schuhen, ich muss dir was sagen. Etwas ganz Ungeheuerliches!"

Auf dem Rückweg an den Kabinen vorbei sammelt er die letzten schmutzigen Schuhe ein.

„Ich bring nur schnell meinen Mantel weg und hol mir eine Schürze", ruft Uschi und verschwindet in der Mannschaftsunterkunft. Jakob zieht Karlchen in eine Ecke hinter dem Laufgang.

„Mach schnell, ich muss in die Küche."

„Ach was, das hab ich doch nur erfunden, damit du endlich kommst. Niemand vermisst dich."

Karlchen sieht Jakob verwundert an und schüttelt den Kopf. „Ideen hast du! Also schieß los. Was ist passiert?"

„Na ja, passiert ist nichts. Noch nichts. Aber vielleicht bald."

„Drück dich gefälligst deutlicher aus! Und putz dabei die Schuhe weiter, sonst wirst du nie fertig."

„Ich kann nicht, ich bin zu aufgeregt." Jakob senkt seine Stimme zu einem Flüstern. „Also, ich steh hier und putze, und wie ich die Schuhe von den Offizieren fertig hab, bring ich sie zurück. Ich denk natürlich, alle schlafen noch, also bin ich ganz leise und setz sie auch ganz lautlos auf den Boden. Und wie ich vor einer Tür stehe, da höre ich eine Stimme: ‚Du kannst sagen, was du willst. Eine Bombendrohung ist eine Bombendrohung.'"

Karlchen bleibt der Mund offen stehen. Jakob flüstert weiter.

„Und dann sagt ein anderer: ‚Ach was, das ist doch nicht die erste. Bis jetzt waren die Bombendrohungen doch immer falscher Alarm. Außerdem ist das gesamte Gepäck durchsucht worden wie noch nie. Und der Frachtraum auch. Selbst die Post haben sie sich vorgenommen. Sie haben sogar einen Teil des Gepäcks zurückgelassen, weil wir nicht pünktlich gestartet wären, wenn sie den auch noch durchsucht hätten.'

‚Aber da siehst du ja, wie ernst sie die Drohung nehmen', sagt der Erste. Es klang richtig besorgt."

Jakob klingt auch besorgt. „Ich hab ganz wackelige Knie gekriegt. Eigentlich hätte ich die anderen Schuhe holen müssen. Aber ich konnte einfach nicht weg. Dann hat der Zweite wieder gesprochen. ‚Die Drohung ernst nehmen müssen sie auch, das ist wohl klar. Aber es ist nichts gefunden worden, rein gar nichts. Deshalb sag ich ja, dass überhaupt kein Grund zur Sorge ist. Du glaubst doch wohl nicht, dass wir sonst gestartet wären! Und jetzt hör endlich auf mit dem Thema, denn wenn etwas durchsickert, kommt uns der Käpten aufs Dach. Kann ich mich jetzt rasieren?' Dann haben sie darüber geredet, wer zuerst mit dem

Rasieren dran ist, und ich bin gleich in die Küche gerannt, um dir alles zu erzählen, aber da warst du nicht und in der Koje auch nicht und –"

„Schon gut, schon gut, jetzt bin ich hier. Was für eine tolle Geschichte!" Karlchen fährt sich mit allen Fingern durch die Haare und bringt sie noch mehr in Unordnung. „Welche Kabine war es eigentlich?"

„Die letzte links."

„Hm. Da sind der Funker und der Navigator untergebracht, glaube ich. Ich werd versuchen, dass ich gleich in der Offiziersmesse das Frühstück serviere. Wenn da die Richtigen zusammensitzen, dann reden sie bestimmt darüber. Bloß der Käpten und der Erste dürfen nicht dabei sein, die mögen kein Tratschen. Aber irgendwann schnapp ich schon was auf. Und du sagst keiner Seele was, klar? Solche Sachen bringen nur Unruhe in die Mannschaft, und das führt zu nichts. Wahrscheinlich ist ja tatsächlich nichts dran. Aber man kann nie wissen."

Jakob nickt und greift nach der Dose mit Schuhcreme. Er ist froh, dass er Karlchen alles erzählt hat. Er fährt mit der linken Hand in einen Schuh und fühlt erstaunt nach. Was ist denn das? Watte? Die ganze Spitze des Schuhs ist mit Watte ausgefüllt, so als ob er mindestens eine Nummer, eher noch zwei Nummern zu groß wäre. Jakob wundert sich. Man sollte doch meinen, dass Leute, die sich eine Fahrkarte für die *Hindenburg* leisten können, Geld genug haben für passende Schuhe.

Er schaut unter die Sohle. Größe 36. Kabine Nr. 10. Der Schuh ist flach, aber nicht sportlich genug für einen Jungen. Könnte einem Mädchen gehören oder einer Frau. Der andere Schuh ist genauso ausgestopft.

Jakob nimmt die Bürste und bringt das Leder zum Glänzen. Die Leute in Kabine 10 wird er sich einmal aus der Nähe angucken.

Er putzt die restlichen Schuhe und trägt sie zurück. Im Korridor ist es still, alle Passagiere scheinen noch zu schlafen. Aber nein. Aus der Viererkabine dringt leises Schluchzen. Und dann eine Männerstimme:

„Halt's Maul, verdammt. Man kann ja kein Auge zutun bei dem Gewinsel."

Donnerwetter, denkt Jakob, das ist aber ein rabiater Ton. Früher hat er immer geglaubt, dass feine Leute auch fein reden. Seit er im *Excelsior* arbeitet, glaubt er das nicht mehr. Feine Leute können sich ziemlich danebenbenehmen, besonders, wenn sie getrunken haben. Aber dass jemand am frühen Morgen so ausfallend wird, das ist schon sonderbar. Wahrscheinlich weiß der Mann nicht, dass die Wände bloß Aluminiumrahmen sind, mit Stoff bespannt, und dass man ihn in den Nachbarkabinen und auf dem Korridor hören kann. Jakob merkt sich die Nummer. Er braucht bloß in der Passagierliste nachzuschauen, wie die Leute heißen. Die wird er sich auch einmal angucken.

Als Karlchen in die Küche kommt, steht Uschi schon am Backbrett. Er hat sich darauf gefreut, mit ihr zu reden, aber er muss immer daran denken, was Jakob ihm erzählt hat. Eine Bombendrohung! Wem zum Teufel würde so etwas einfallen? Der Mannschaft bestimmt nicht, da ist sich Karlchen sicher. Alle lieben die *Hindenburg* und sind stolz, dass sie auf ihr arbeiten dürfen, von den Offizieren bis hinunter zu den Zellenpflegern und Stewards. Viele kennen sich seit Jahren, die meisten sind seit Beginn der Südamerika-Fahrten 1931 dabei. Karlchen würde für jeden die

Hand ins Feuer legen. Nur eine ist zum ersten Mal an Bord: Fräulein Ursula Hoff.

Bei diesem Gedanken lässt Karlchen fast das Messer fallen, mit dem er gerade Kerben in die Brötchen schneidet. In der Mannschaftsmesse war die Neue gestern das beliebteste Thema. Niemand weiß Genaueres über sie. Der Chefsteward hat nur ein paar kurze Sätze gesagt, dass die Geschäftsleitung der Ansicht ist, dass weibliche Passagiere auf eine Stewardess Wert legen und dass deshalb Fräulein Hoff engagiert wurde, die sowohl im Hotel als auch im Krankenhaus gelernt hat. Beim gemeinsamen Abendessen hat er ihr die Kollegen vorgestellt, mit denen sie zusammenarbeitet, also die sieben Stewards und fünf Köche, aber sie ist bald in ihrer Koje verschwunden, denn es war schon sehr spät. Die Mannschaft isst erst, wenn das zweite Dinner der Passagiere vorbei ist.

Wieso ist Fräulein Hoff wohl heute Morgen in den Bug gegangen? Ob sie auskundschaften will, wo man eine Bombe verstecken kann? Aber wie soll sie die an Bord gebracht haben? Sie hat doch ebenso wenig Gepäck wie die anderen. Einen Augenblick lang denkt er daran, dass auch Jakob das erste Mal auf der *Hindenburg* ist, aber ihn mit einer Bombe in Zusammenhang zu bringen ist einfach lächerlich. Aber Fräulein Hoff nicht ebenso?

Er merkt, dass sie ihn anschaut und blickt verwirrt zur Seite. Ihre Augen sind wirklich violett. Sie lächelt und kriegt dabei Grübchen in den Backen. Sie sieht so hübsch und harmlos aus, dass Karlchen sich einen Moment lang wie ein Idiot vorkommt, weil er sie verdächtigt. Aber sind nicht gerade diejenigen Verbrecher die gefährlichsten, denen man keine Missetat zutraut?

„Sie sind offensichtlich mit Ihren Gedanken nicht bei der Arbeit. Ich habe Sie etwas gefragt."

„Entschuldigung. Ich habe nicht zugehört. Was wollten Sie wissen?"

„Warum Sie das arme Brötchen zerhacken."

Karlchen blickt auf das Brötchen unter seinen Fingern, dem er schon mehrere tiefe Schnitte beigebracht hat. Verlegen knetet er den Teig noch einmal durch und formt ihn neu.

„Aber das habe ich gerade erst gemerkt. Davor habe ich etwas anderes gefragt. Sie sind doch schon lange auf der Hindenburg, nicht? Sind Sie irgendwann einmal in den Steigschächten gewesen?"

„Nein. Natürlich nicht. Was soll ich da?"

„Schauen, wie sie aussehen. Und einfach – ja, feststellen, was das für ein Gefühl ist, wenn man immer weiter nach oben kommt. Ich glaube, man würde sich vorkommen wie in einem Felskamin. Ich bin nämlich begeisterte Bergsteigerin, müssen Sie wissen. Ich war sogar schon in den Sella-Türmen."

„Aha." Karlchen nickt, aber er hat keine Ahnung, wovon sie spricht. Sie merkt es und lacht.

„Das sind Felsen in den Dolomiten. Ziemlich schwierig. Ich hab sie auch nicht ganz geschafft, das Wetter ist umgeschlagen, und wir mussten umkehren."

Wer ist *wir*, fragt sich Karlchen. Noch vor einer halben Stunde hätte ihn diese Frage ungeheuer beschäftigt, aber jetzt ist ihm anderes wichtiger.

„Sie hätten also keine Angst, in die Kletterschächte zu steigen?"

„Angst? Nein, wovor? Was soll mir da passieren?“

„Aber – aber irgendwie kommt mir diese Idee richtig verrückt vor. Die Kletterschächte sind für die Zellenpfleger da. Sie sind Stewardess! Was wollen Sie da?“

Uschi lacht wieder. „Sie erinnern mich an meine Mutter. Die hat immer gesagt: ‚Du bist ein Mädchen. Was willst du auf einem Luftschiff? Das ist Männersache.‘ Ich bin halt neugierig. Und es reizt mich, ungewöhnliche Sachen zu tun.“

Karlchen deckt langsam ein Tuch über die Brötchen. Macht sie sich über ihn lustig? Ein Kompliment ist der Vergleich mit ihrer Mutter bestimmt nicht.

„Ich an Ihrer Stelle würde mich auf A- und B-Deck beschränken“, sagt er. „Dem Maschinenpersonal sollte man nicht ins Revier kommen.“

„Vielen Dank für die Warnung.“ Das klingt ziemlich herablassend. „Ich habe nicht die Absicht, den Leuten vor der Nase herumzuturnen. Es wird ja wohl Zeiten geben, wo ich niemanden störe.“

„Nein, die gibt es nicht.“ Karlchen holt sich ein neues Blech. „Das Maschinenpersonal arbeitet rund um die Uhr. Tagsüber wird alle zwei Stunden gewechselt, nachts haben sie Dreistundenschicht.“

Darauf gibt sie keine Antwort, sondern widmet sich wieder dem Teig. Karlchens euphorische Stimmung vom frühen Morgen ist wie weggeblasen. Er arbeitet schweigend weiter und denkt über jeden einzelnen ihrer Sätze nach. Sie können harmlos sein, aber er hat auf einmal das deutliche Gefühl, dass mehr hinter ihren Worten steckt. Er betrachtet Uschi aus den Augenwinkeln. Sie rollt mit schnellen, geschickten Bewegungen die Brötchen in Form. Der Chefsteward steckt seinen Kopf durch die Tür.

„Frühstück für die Offiziersmesse ..."

„Übernehme ich", sagt Karlchen hastig, ehe er einen anderen bestimmen kann.

„Wir haben zwei Kinder und fünf Halbwüchsige an Bord, Fräulein Hoff, wie ich schon gestern gesagt habe. Sie reisen alle mit ihren Familien, außer Marion Meitner, dürften also keine Mühe machen. Außerdem gibt es zwei allein reisende Damen und vier in Begleitung ihrer Ehemänner. Sie haben ein Auge auf alle, nicht wahr! Besonders bei den Mahlzeiten."

Das ist eine Aufforderung, keine Frage.

„Selbstverständlich."

Uschi klopft schon das Mehl von den Händen und zieht die Schürze aus. Das Frühstück wird ab acht Uhr serviert, wenn sie vorher noch alle Tische kontrollieren will, muss sie jetzt in den Speisesaal gehen. Karlchen macht ein großes Tablett für die Offiziere fertig. Die Messe ist gleich neben der Küche, und er lädt so viel Geschirr auf, wie er tragen kann. Falls die richtigen Leute zusammensitzen, möchte er möglichst lang mit dem Abräumen des Tabletts und dem Verteilen des Frühstücks beschäftigt sein.

Aber zu seiner Enttäuschung ist der erste Offizier schon im Raum, und wenig später kommt auch der Kapitän, sodass eine Unterhaltung über eine Bombendrohung ausgeschlossen ist. Die Offiziere reden fast nur über das Wetter. Der Gegenwind ist stärker geworden und zwingt die *Hindenburg* zu einer Kursänderung. Außerdem hat sich der Nebel wieder geschlossen, was alle Passagiere enttäuschen wird, denn das Bewundern der Aussicht gehört zum beliebtesten Zeitvertreib an Bord.

„Wir werden eine Führung durchs Schiff anbieten.

Am besten in zwei Etappen." Der Kapitän ist schon fertig und steht auf. „Damit haben wir sie den Vormittag über beschäftigt."

Er geht hinaus, gefolgt vom Ersten. Und da kommt der Funker herein. Jetzt wird es spannend. Karlchen geht sicherheitshalber auf den Gang, aber er lässt die Tür angelehnt.

„Du hast Neuigkeiten, das seh ich dir an der Nasenspitze an."

„Du siehst richtig. Es ist kein falscher Alarm. Zumindest die Bombendrohung ist echt."

„Bombendrohung? Wovon redet ihr?"

„Du kriegst auch gar nichts mit! Sie wollen es geheim halten, aber auf die Dauer geht das nicht. Der Funker, der nicht die Flöhe husten hört, muss erst geboren werden."

„Also los, welchen Floh hast du gehört?"

„Die deutsche Botschaft in Washington hat einen Brief gekriegt, und zwar auf Englisch und mit einer amerikanischen Briefmarke." Der Funker macht eine Kunstpause. „Die Hindenburg soll während der Fahrt in ein anderes Land von einer Zeitbombe zerstört werden."

Karlchen hört ein paar leise Pfiffe.

„Ach, das ist irgend so ein Typ, der sich wichtig machen will. Behaupten kann man viel."

„Die Botschaft hat den Brief jedenfalls ernst genommen. Sie hat ihn nach Berlin weitergeleitet, und das Außenministerium hat angeordnet, dass die Sicherheitsmaßnahmen verschärft werden."

„Wie wir ja alle gemerkt haben. Aber wir sind pünktlich gestartet, und das wären wir nicht, wenn eine Gefahr bestehen würde."

„Ja, ja, das ist schon klar. Aber du weißt ja noch nicht alles! Die Botschaft hat sich dazu durchgerungen, die Amis um Hilfe zu bitten. Hätte ich gleich getan."

„Es kann ja nicht jeder so schlau sein wie du. Und weiter?"

„Das FBI ist eingeschaltet worden. Das soll rauskriegen, wer den Brief geschickt hat."

„Das FBI?"

Wieder ertönen leise Pfiffe.

„Eigentlich komisch, dass der Brief aus Amerika ist. Wer soll da was gegen einen deutschen Zeppelin haben? Ich würde eher einen Nazigegner dahinter vermuten. Dass die Hindenburg und die Graf Zeppelin im vorigen März Propagandaflüge unternommen haben, das ist vielen gegen den Strich gegangen. Alle wissen, dass der alte Eckener einen Wutanfall gekriegt hat. Aber Direktor Lehmann hat sich dem Befehl von Goebbels nicht widersetzt."

„Der Dr. Eckener ist gegen die Nazis. Das weiß jeder bei den Zeppelinern. Viele haben Angst gehabt, dass sie den Alten rausschmeißen oder sogar ins KZ stecken, aber bis jetzt ist ihm nichts passiert. Seit er die erste Erdumrundung mit der Graf Zeppelin gemacht hat, ist er berühmt auf der ganzen Welt. Vielleicht trauen sie sich deshalb nicht an ihn ran. Er ist ein Luftfahrtpionier. Und außerdem ist er der Mann, der die Hindenburg gebaut hat."

„Aber trotzdem ist er nicht mehr der oberste Mann der Zeppelin-Reederei."

„Das stimmt. Als Direktor haben sie ihn abgesetzt und stattdessen Kapitän Lehmann genommen."

Karlchen hört Schritte im Gang, zieht geräuschlos

die Tür ins Schloss und tut so, als ob er gerade aus der Offiziersmesse käme und auf dem Weg zurück in die Küche wäre. Die Schritte gehören zu Jakob, aber Karlchen kann nicht mit ihm reden, denn ein Koch steckt seinen Kopf aus der Küchentür und macht ihm ein Zeichen, dass er sich beeilen soll.

„Wann versorgst du die Hunde?“, flüstert Karlchen, als sie aneinander vorbeigehen.

„Nach dem Bettenmachen.“

„Dann komm ich zu dir.“ Und ganz leise: „Es stimmt.“

# 12

„Sag mal, kennen wir uns nicht?“
Jakob bleibt stehen und mustert den Jungen. Er ist fast einen Kopf größer als er und auch ein Stück breiter. Um das runde Gesicht stehen rotblonde Haare wie Igelstacheln, seine Nase ist voller Sommersprossen. Er spricht mit einem starken amerikanischen Akzent.

„Oh ja, mein Herr. Ich war Liftboy im Excelsior, und ich habe Sie gefahren, bevor ich auf die Hindenburg gewechselt bin.“

„Stimmt. Und ich wollte dir Trinkgeld holen, und da ...“ Dennis’ Gesicht verdüstert sich. „Da mussten wir abreisen.“

Eine Dame mit einer Nerzstola bleibt neben ihnen stehen und mustert Jakob ungnädig. Dennis erkennt sie sofort. Das ist die Blonde mit den beiden Jungen.

„Was ist denn das für ein Service? Ich hatte dich doch beauftragt, meine Stola zu holen. Jetzt musste ich selbst gehen.“

„Bitte sehr um Verzeihung, gnädige Frau!“, murmelt Jakob. „Ich bin leider aufgehalten worden. Ich bin beauftragt, mich um die Hunde zu kümmern, die im Gepäckraum sind, und sie hätten schon längst ihr Futter haben müssen.“

„Was soll denn das heißen? Soll das etwa eine Entschuldigung sein.“ Die Blonde ist empört. „Sind denn Hunde wichtiger als die Wünsche der Passagiere? Außerdem stehst du doch hier und unterhältst dich.“

„Nein, gewiss nicht, äh – ich meine – ich hätte natürlich einen Kollegen beauftragen müssen, Ihren Wunsch – äh – “

Die Dame unterbricht sein Gestotter mit einer herrischen Handbewegung.

„Ich glaube, das ist ein Vorgang, der den Chefsteward interessieren wird.“

Jakob errötet und beißt sich auf die Lippen. Warum bloß ist er auf die Idee gekommen, schnell in der Anrichte nachzuschauen, ob dort noch Reste vom Frühstück stehen? Er verwünscht seinen ewigen Hunger, aber er hat den ganzen Morgen pausenlos gearbeitet, und die Zeit bis nach dem Servieren des Mittagessens, wenn das Personal essen kann, kommt ihm endlos vor. Jetzt würde er am liebsten verschwinden, aber das wird die Dame wahrscheinlich noch ärgerlicher machen. Er tut Dennis Leid.

„Ich hab's nicht vergessen. Ich bring's dir noch. Das Trinkgeld, meine ich.“

„Was fällt dir ein, mich zu unterbrechen?“ Jetzt hat die Blonde ein neues Ziel für ihren Zorn. „Ein wohlerzogener Junge wartet, bis er zum Reden aufgefordert wird. Und außerdem hält er das Personal nicht von der Arbeit ab. Und macht sich auch nicht gemein mit ihm. Man muss Abstand halten zu den unteren Klassen.“

Sie spricht in diesem näselnden, hochmütigen Ton, der Dennis schon an dem Wappentier in Frankfurt auf die Nerven gegangen ist, auch wenn sein Vater ihn als typisch für die deutsche Oberschicht bezeichnet hat. Er würde ihr gerne etwas Passendes erwidern. Aber ihm fällt nichts ein, und er weiß, dass er sowieso nicht wagen wird, etwas Unhöfliches zu sagen.

Die Frau lässt ihm gar keine Zeit zu einer Erwiderung, sondern schreitet hoheitsvoll davon, wobei sie die Stola über den Boden schleifen lässt, wie um jedem zu zeigen, dass sie es nicht nötig hat, auf kostbare Felle Rücksicht zu nehmen. Als sie an einen Tisch tritt, springen die beiden Herren auf, die dort sitzen. Einer bietet ihr seinen Stuhl an, der andere schnippst mit den Fingern in Jakobs Richtung.

„Eine Flasche Champagner. Aber mit Kelchgläsern, die Flöten verderben das Aroma. Und ein bisschen dalli!"

„Gewiss, gnädiger Herr. Sofort, gnädiger Herr."

„Wer ist denn das?" Dennis geht hinter Jakob her.

„Der große Breite heißt Dr. Schneider und ist Ehrengast auf der Hindenburg. Er ist von der Zeitung, und wir sollen ihn behandeln wie ein rohes Ei."

„Ich meine die beiden anderen. Die haben doch zwei kleine Jungen, nicht?"

Jakob nickt. „Sie heißen Köcherts und sind aus Frankfurt. Sie will zum Film, glaube ich. Jemand hat gesagt, dass sie nach Hollywood geht als Double für Marlene Dietrich."

„Eingebildete Typen! Macht dir das nichts aus, dass du zu so welchen freundlich sein musst?"

Jakob schüttelt den Kopf. „Überhaupt nicht. Das läuft an mir ab wie Wasser an der Ente."

„Hm. Und wenn jemand höflich ist?"

„Das ist natürlich angenehmer. Aber es kommt eigentlich ziemlich selten vor." Er hebt die Schultern. „Mir ist das schnuppe. Ich bin ja noch in der Lehre, da wird man sowieso dauernd rumgescheucht und angeschnauzt."

„Wie alt bist du eigentlich?"

„15."

„Ich auch. Und wie heißt du?"

„Jakob."

„Bei uns ist das Jack, nicht? Ich heiße Dennis."

Die beiden Jungen grinsen sich an. Dennis wartet auf

der Treppe, bis Jakob den Champagner serviert hat und zurückkommt.

„Du hast doch eben gesagt, dass du dich um die Hunde kümmerst, oder? Wo sind sie denn? Ich hab gestern gesehen, wie sie an Bord gebracht wurden. Der eine hat sich schrecklich aufgeregt."

„In den zwei Frachträumen war kein Platz mehr. Wir haben sie hinter den Mannschaftsunterkünften untergebracht, damit ich zwischendurch mal nach ihnen sehen kann. Aber bis jetzt war so viel zu tun."

„Wann gehst du denn zu ihnen?"

Noch bevor Jakob antworten kann, kommt ein anderer Steward die Treppe hoch, räuspert sich mehrfach und blickt ihn mit gerunzelten Brauen an.

„Wie Sie wünschen, mein Herr." Jakob macht eine Verbeugung vor Dennis. „Ich werde es sofort besorgen. Soll ich es in Ihre Kabine bringen?"

„In meine Kabine?", wiederholt Dennis erstaunt.

„Oder wünschen Sie es im Aufenthaltsraum?"

Der Steward verschwindet im A-Deck.

„Ich musste nur irgendwas sagen", flüstert Jakob. „Wir sollen uns nicht mit den Passagieren unterhalten."

„Du unterhältst dich ja nicht mit mir, sondern ich mich mit dir."

„Das ist auch nicht erlaubt."

„Aber wieso nicht? Die Blonde eben hat doch gesagt, dass die Wünsche der Passagiere wichtig sind. Ich wünsche eine Unterhaltung mit dir."

„Ich eigentlich auch", sagt Jakob ehrlich. „Aber ich habe keine Zeit. Ich muss jetzt unbedingt zu den Hunden."

„Hey, warte, ich könnte doch ..."

Aber da erscheint der Steward wieder an der Treppe. Es bleibt Dennis nichts anderes übrig, als in den Aufenthaltsraum auf dem A-Deck zu gehen. Er sieht sich nach seiner Familie um, aber sie ist nicht da, nur Victorine und Albert sitzen an einem Tisch und spielen Karten.

„Der Chefsteward macht eine Führung durch den Zeppelin. Deine Eltern und Schwestern sind mitgegangen."

„Wie schade! Das hätte ich auch gerne gemacht! Warum haben sie nicht auf mich gewartet?"

„Komm doch mit uns! Es gibt später noch eine zweite Führung."

Dennis setzt sich zu ihnen und schaut beim Kartenspielen zu, dann blättert er durch eine Zeitschrift, aber da nichts von Tieren darin steht, verliert er bald das Interesse. Schräg gegenüber sitzt das hellblonde Mädchen und schreibt einen Brief, die Braune mit den krausen Haaren neben ihr hat einen Zeichenblock vor sich und eine Schachtel mit farbigen Kreiden. Sie skizziert den Raum, in dem sie sitzen.

„Sieh mal, das ist richtig raffiniert. Es gibt nur einen Zweiklang von Farben – Rost und Creme – und bloß einen Kontrast." Sie zeigt Thea ihren Block. Dennis kann ihn auch sehen. „Der Teppichboden, die Stuhlpolster, sogar die Tischplatten sind rostbraun, die Wände cremefarben. Die große Weltkarte an der Längsseite nimmt diese Farben auf. Dann gibt es noch die Säulen, die Leisten an den Wänden, die Stuhlgestelle, das Geländer auf der Balustrade und die Fensterrahmen, die sind alle silbern, aber das betont und erhellt das Braun und Creme nur. Der stärkste Akzent ist das Lackweiß der Balustrade."

„Huh, was klingst du gelehrt. Man merkt, dass du Kunst studierst.“

„Sag bloß, du siehst das nicht!“

Thea betrachtet mit schief gelegtem Kopf die Skizze und dann den Raum.

„Jetzt seh ich es schon. Aber mir wär’s nicht aufgefallen. Es ist angenehm, hier zu sitzen. Aber ein bisschen karg und nüchtern ist es auch. Es fehlen dicke Sofas und Sessel, wo man sich reinkuscheln kann. Es ist überhaupt nicht gemütlich, würde ich sagen.“

„Aber The... meine liebe Marion! Gemütlichkeit ist altmodisch. Das ist bester Bauhaus-Stil.“

„Hab ich noch nie gehört. Erklärst du’s mir gleich? Aber lass mich erst den Brief fertig schreiben.“

Erika nickt. „Ich setz mich solange da drüben hin, ich möchte die ganze Weltkarte aufs Bild kriegen.“

Sie geht zu einer Polsterbank im Wandelgang an den Fenstern. Thea liest, was sie geschrieben hat. Sie ist schon auf der dritten Seite. Klingt auch nirgendwo ihre Traurigkeit durch? Ihre Fahrt soll sich anhören wie ein wunderbares Abenteuer, und ihre Mutter soll auf keinen Fall merken, dass Thea jetzt schon Heimweh hat. Sie will aufgeregt und glücklich wirken. Sie saugt an ihrem Füller.

„Tut mir Leid, mein Junge, aber das geht auf keinen Fall.“

Die Stimme klingt so energisch, dass Thea aufschaut. Auf dem Fußboden sitzen die beiden kleinen Jungen, die sich so ähnlich sehen. Der kleinere hält seinen Teddy im Arm, der größere lässt sein Spielzeugauto unter den Tischen und Stühlen herumkurven. Ein Steward ist zu ihnen getreten.

„Gib mir bitte sofort dein Auto! Ich habe gerade gesehen, wie du es aufgezogen hast. Das ist viel zu gefährlich! Der Motor könnte Funken sprühen."

Der Junge bleibt hocken und rührt sich nicht, sondern starrt den Steward an. Der streckt die Hand aus.

„Sofort, bitte!"

Der Junge gehorcht nicht, sondern blickt seine Mutter an. Die hat ein paar Augenblicke lang genauso fassungslos ausgesehen wie ihr Sohn, aber jetzt fängt sie sich.

„Nun seien Sie doch nicht so kleinlich! Sie können dem Kind doch nicht sein liebstes Spielzeug wegnehmen! Was sollen denn schon diese paar lächerlichen Funken? Das ist doch kein Feuer, das ist bloß ein – eine Art Lichtschein. Es ist schon schlimm genug, dass man kein Feuerzeug und kein Streichholz haben kann und nur unten rauchen darf, aber das sehe ich ja noch ein und halte mich auch daran, obwohl es mir schwer fällt. Aber dieses harmlose Auto als Gefahr zu bezeichnen, das ist doch einfach absurd!"

Ihre Stimme wird immer lauter und schriller und schneller. Alle Leute im Raum schauen hinüber.

„Tut mir Leid, gnädige Frau, wir haben unsere Vorschriften. Auch das kleinste Risiko muss ausgeschaltet werden. Das ist doch in Ihrem eigenen Interesse."

„Es ist viel mehr in meinem Interesse, dass mein Junge sein Spielzeug behalten kann. Was glauben Sie wohl ..."

„Aber mein Liebe, was regst du dich denn so auf? Der Mann tut doch nur seine Pflicht." Ihr Mann hat sein Champagnerglas auf den Tisch gestellt und tritt neben sie. „Und er hat völlig Recht. Wenn das Auto Funken sprüht, dann bedeutet es eine Gefahr für alle, also auch für dich, Mäxchen!"

Er macht nur eine Bewegung mit der Hand, und der Junge krabbelt unter den Tischen hinter seinem Auto her und reicht es dem Steward.

„Aber ...“, protestiert die Blonde, doch ihr Mann schneidet ihr das Wort ab.

„Ich finde diese Regelung sehr vernünftig.“ Er spricht langsam und nachdrücklich, als ob er ihr etwas erklären müsste, und schaut nur sie an, nicht den Jungen. „Der Steward wird das Auto einschließen, Max kann sich damit beruhigen, dass niemand es anrühren wird, und nach der Landung wird er es wieder bekommen.“

„Du hast Recht“, sagt sie nach einer Pause und zeigt ihre Zähne in einem breiten Lächeln. „Das ist überaus vernünftig.“

„Das findest du doch auch, mein Kleiner?“

Max nickt. Er macht unwillkürlich einen Schritt zurück, als sein Vater näher kommt, und sagt hastig: „Ja, lieber Egon.“

„Hol dir etwas anderes zum Spielen, Mäxchen.“ Irene setzt sich wieder und nimmt ihr Champagnerglas.

„Ja, liebe Irene.“

„Also, ich muss schon sagen, wie Sie als deutsche Mutter darauf verfallen können, den Kindern zu erlauben, Sie beim Vornamen zu nennen, das ist mir ein Rätsel!“ Herr Dr. Schneider blickt Irene streng an. „Der schönste Nam’ im Erdenrund ist Mutter. Alles andere sind amerikanische Unsitten.“

„Da will ich Ihnen nicht widersprechen.“ Irene nimmt einen kräftigen Schluck Champagner. „Aber diese Ansicht wird erst seit einigen Jahren so nachdrücklich vertreten. Als Max geboren wurde, galt es als modern und fortschrittlich, sich beim Vornamen rufen zu lassen. Inzwischen hat sich meine Meinung geändert, auch weil den Müttern ja Gott sei Dank endlich die Wertschätzung entgegengebracht wird, die sie verdienen. Aber ich war eben sehr jung damals. Zu jung vielleicht."

Sie lächelt kokett. Dr. Schneider reagiert prompt.

„In der Tat, gnädige Frau, niemand würde Ihnen diese beiden großen Jungen zutrauen. Sie sehen eher aus wie die ältere Schwester."

Irene prostet ihm zu. „Ich kann einfach nicht glauben, dass Sie wirklich Verrisse schreiben, lieber Doktor. Obwohl, wie Sie eben so streng mit mir gesprochen haben – dafür sind Sie mir eigentlich eine Wiedergutmachung schuldig."

„Sie haben Recht. Ich bin zerknirscht. Womit lässt sich Ihre schöne Frau denn besänftigen, Herr Köcherts?"

„Tja, wenn ich Ihnen das verraten würde, Sie kämen aus dem Staunen nicht heraus." Egon verzieht die Mundwinkel zu einem unangenehmen Lächeln. „Nicht wahr, meine Liebe?"

Sie beachtet ihn nicht. „Jedenfalls, wenn man jung ist, macht man Fehler. Ich habe diese dumme Entscheidung schon oft bedauert, aber die Kinder sind einfach daran gewöhnt. Oder möchtest du lieber Mama zu mir sagen, Philipp!"

„Mama? Zu dir?" Philipp guckt ganz entsetzt. „Nein!"

Irene lacht die halbe Tonleiter rauf und runter. Es klingt gekonnt, aber einstudiert, denkt Thea. Sie hat es zu Hause schon oft probiert, aber so gut kann sie es nicht. Sie seufzt unhörbar. Sie kann sich einfach nicht konzentrieren, denn die drei geben sich keine Mühe, leise zu sprechen, und Thea muss zugeben, dass einiges sie neugierig gemacht hat. Und anscheinend nicht nur sie! Der amerikanische Junge hat sich so gesetzt, dass er die Szene beobachten kann.

„Sie sind zu nachgiebig, gnädige Frau! Bei dieser Frage kommt es doch wohl nicht auf die Meinung der Kinder an. Kinder haben zu gehorchen. Sie müssen sich durchsetzen!“

„Das Recht, ohn’ Ende zu verzeihn,
das Recht, ein gutes Weib zu sein,
voll wahrer Güte, fromm und echt,
das ist das schönste Frauenrecht!“, zitiert Irene salbungsvoll.

„Eines der Lieblingsgedichte unseres Führers! Das kennen Sie auswendig? Darauf müssen wir anstoßen! Die nächste Flasche geht auf mich!“ Er gibt dem Steward ein Zeichen.“

„Blendende Idee!“ Egon scheucht Max und Philipp zur Seite. „Setzt euch dahinten an den Tisch und stört uns nicht.“

Max hat seinen Zeppelin-Bastelbogen aus der Kajüte geholt.

„Wenn du willst, darfst du mitmachen, Flippi.“

Zu Hause wäre ihm überhaupt nicht eingefallen, dem Bruder das anzubieten. Er hat nicht mal eine zweite Schere mitgenommen. Aber sie sind nicht zu Hause. „Die Stewardess ist nett, die besorgt dir bestimmt eine Schere.“

Philipp weiß, welch ein Theater Max sonst immer mit seinen Bastelbögen macht.

„Schneid du lieber, das kann ich nicht so gut“, sagt er großzügig. Er schiebt seinen Stuhl neben Max und bewundert den Zeppelin. „Guck mal, das ist die

Führergondel. Und da sitzen wir jetzt. Ist das wirklich so klein? Darf ich die Falze kniffen?"

„Klar darfst du."

Wenn Mama uns jetzt hören könnte, wäre sie bestimmt sehr überrascht, denkt Max. Gestern Vormittag hat er mit Philipp auf Papa und Mama gewartet und mit der Eisenbahn gespielt. Einen Tag und eine Nacht ist das erst her! Ob sie wirklich nicht die Polizei gerufen haben? Aber er will jetzt nicht darüber nachdenken. Flippi merkt das sehr schnell und wird dann aufgeregt und ängstlich. Sie werden jetzt die *Hindenburg* basteln.

„Prösterchen, mein Schatz! Prösterchen, lieber Doktor!"

Die Stimme tut einem fast weh in den Ohren. Thea geht mit ihrem Briefblock in den Schreib- und Leseraum nebenan, dort ist es ruhiger. Dennis langweilt sich. An den Fenstern ziehen dicke, graue Nebelschwaden vorbei, die Sicht ist gleich null. Er guckt in den Speisesaal, dort werden schon die Tische fürs erste Mittagessen gedeckt, aber Jakob ist nicht zu sehen. Ob er noch bei den Hunden ist?

Kurz entschlossen geht Dennis die Treppe zum B-Deck hinunter, vorbei an der Bar, dann öffnet er die letzte Tür. Das sieht ja fast aus wie ein Pfadfinderlager! Rechts und links vom Gang sind Zeltplanen gespannt, dahinter sind, ebenfalls mit Zeltplanen, kleine Kojen abgeteilt, in denen gerade zwei flache Feldbetten und zwei Hocker Platz haben. Es gibt keinen Teppichboden, keine Lampen, kein Waschbecken, keine Seidendecken. Man kann nicht einmal aufrecht stehen. Und kalt ist es auch noch!

Dennis geht zwischen den Kojen hindurch. Am Ende

des Ganges ist wieder eine Tür. Dennis tritt hindurch – und bleibt stehen. Der Anblick ist einfach überwältigend. Er kommt sich auf einmal vor wie Alice im Wunderland. Durch einen einzigen Schritt ist er in eine fremde Welt versetzt worden. Oder eher in das Innere eines Riesenfisches. Es ist dämmrig in seinem Bauch. Das Dämmern ist erfüllt von einem lauten Dröhnen, die Innereien beben, die Außenhaut beult sich ein und wölbt sich vor, als ob der Fisch rhythmisch atmen würde.

Dennis' Augen gewöhnen sich an das matte Licht. Eine riesige Blase neben ihm bläht sich wie ein Lungenflügel. Was mag das sein? Er schaut sich um und kommt sich vor wie ein Zwerg in einem gewaltigen Metallbaukasten. Der gesamte Raum ist begrenzt und durchzogen und unterteilt und durchschnitten von Stangen, Drähten, Seilen, Leitern, Säulen ... Gestern Morgen hat er im Frankfurter Dom gesessen und hat den Kopf in den Nacken gelegt, um das Gewölbe zu betrachten und die Strebebögen. Aber der Zeppelin ist größer. Dennis kennt die Maße nicht, aber er ist sicher, dass er sich gestern nicht so winzig gefühlt hat wie jetzt.

„Nun komm schon, Arco, halt still! Du magst das doch, wenn du gebürstet wirst, oder?"

Direkt zu Dennis' Füßen liegt eine endlos wirkende Planke in einem dreieckigen Metallgerippe, das durch das ganze Schiff zu laufen scheint. Er macht ein paar Schritte, die Planke schwankt unter seinen Füßen.

„Nimm dir mal ein Beispiel an Bella, die hat sich nicht gerührt."

Dennis geht weiter, der Stimme nach. Jakob kniet neben zwei Käfigen und versucht, den Foxterrier zu bürsten, aber dem scheint das nicht zu gefallen, denn er zappelt in Jakobs festem Griff, maunzt wie eine Katze und wälzt sich auf dem Boden.

„Nun sei friedlich, Arco, gleich sind wir fertig. Und dann geh ich ein bisschen Gassi mit euch."

Beim Wort Gassi spitzt Bella die Ohren und erhebt sich, aber Arco zieht sich in die Ecke seines Käfigs zurück, sobald Jakob ihn loslässt, und ist nicht dazu zu bewegen, herauszukommen.

„Das ist aber sonderbar." Dennis muss laut sprechen, um das Dröhnen der Motoren zu übertönen. „Warum freut er sich nicht, wenn er sich bewegen kann?"

Jakob fährt herum. „Aber – aber der Zutritt ist hier für Passagiere verboten."

„Ist er nicht. Es gibt sogar eine Führung durchs Schiff."

„Das ist etwas anderes."

Dennis lässt Bella an seinen Händen schnuppern. „Ach, komm, es ist doch nichts dabei. Lass mich die Hunde mit dir ausführen. Es ist so langweilig da oben."

Jakob zögert, dann drückt er Dennis Bellas Leine in die Hand. „Na gut, dann nimm sie. Ich versuch mal, ob ich Arco auf die Beine kriege."

Aber nach einigen Minuten läuft er hinter Dennis her.

„Mit dem Hund stimmt was nicht, glaube ich. Ich hab auch den Käfig nicht sauber machen müssen, er hatte bloß Pipi gemacht. Das ist doch komisch, findest du nicht?"

„Hm, eigentlich schon. Aber vielleicht ist es auch die Reise, und er ist krank vor Angst. Es sieht ziemlich unheimlich hier aus, finde ich, jedenfalls für Hunde. Wem gehört er denn?"

„Eigentlich ist er bloß Frachtgut. Er wird von einem deutschen Züchter an eine amerikanische Familie geschickt. Ich hab die Käfigtür offen gelassen, vielleicht kommt er doch noch raus, wenn er sieht, dass Bella mit uns geht.“ Er dreht sich um. „Oh verflixt, da kommt wer. Jetzt krieg ich bestimmt Ärger. Das ist nämlich eine Art Probefahrt für mich. Wenn man nicht zufrieden ist mit mir, muss ich zurück ins Excelsior.“

Dennis kriegt ein schlechtes Gewissen, als er Jakobs unglückliches Gesicht sieht.

„Keine Angst, ich versteck mich. Und von weitem seh ich bestimmt aus wie ein Offizier, die haben auch eine dunkle Uniform.“

Er lässt die Leine fallen, macht ein paar Schritte und duckt sich hinter einen Wassertank. Jakob ist sehr erleichtert, als er sieht, dass Karlchen näher kommt. Aber dem sagt er lieber auch nicht, dass er einen Passagier bei sich hat, Karlchen ist im Stande und hält ihm aus bester Absicht eine Standpauke.

„Wer war denn das?“

„Keine Ahnung. Ein Offizier, glaube ich, denn die Maschinisten haben ja Overalls aus Leder. Aber ich kenn sie noch nicht alle, und ich hab auch nicht auf ihn geachtet, denn ich war mit dem Hund beschäftigt.“

Karlchen hat schon das Interesse an seiner Frage verloren.

„Es gibt tatsächlich eine Bombendrohung. Als der Käpten und der Erste weg waren, haben die anderen geredet. Und ich hab alles gehört. Die Hindenburg soll von einer Zeitmaschine zerstört werden. Es ist ein Brief mit einer Warnung an die Deutsche Botschaft in

Washington geschickt worden, aber ohne Zeitangabe. Es kann auf dieser Fahrt passieren oder auf einer der nächsten."

„Hm. Tatsächlich? Glaubst du das?"

„Ich weiß nicht. Die Offiziere waren jedenfalls verschiedener Meinung. Einer meinte, es steckt überhaupt nichts dahinter. Aber zwei haben gesagt, es könnten Nazigegner sein."

Jakob zieht die Stirn kraus. „Was hat denn die Hindenburg mit den Nazis zu tun?"

„Menschenskind, das ist doch klar. Die Regierung nimmt die Zeppeline als Reklame für sich. Wir haben zwei Hakenkreuze am Heck, die sind größer als ein Haus."

„Na, und wenn schon." Jakob zuckt mit den Schultern. „Das ist doch schließlich die deutsche Flagge. Was sollen wir denn sonst haben?"

„Aber es gibt Leute, denen passt das nicht. Sie sagen, die Regierung schmückt sich mit den Zeppelinen, als ob die ihre Erfindung wären, dabei waren die Luftschiffe schon lange vorher da."

„Ja gut. Aber die Hindenburg ist erst zwei Jahre alt. Und wie sie voriges Jahr mit den olympischen Ringen übers Olympia-Stadion gefahren ist, da waren alle begeistert, das weiß ich noch genau. Jedenfalls sind die deutschen Luftschiffe die Einzigen, die über den Atlantik fahren. Und es sind immer Ausländer an Bord, die haben ja wohl auch nichts gegen Hakenkreuze."

„Ich sag ja bloß, was ich gehört habe. Jedenfalls ist das FBI eingeschaltet worden. Und es könnte vielleicht nicht schaden, wenn wir unauffällig alle Passagiere beobachten, ob uns was Verdächtiges auffällt. Ich muss zurück, der Koch wartet. Beeil dich mit den

Hunden, bald gibt's das erste Mittagessen, da wird jeder Mann zum Servieren gebraucht."

Karlchen läuft zurück, und Dennis krabbelt hinter dem Tank hervor.

„Was ist eine Zeitmaschine?"

Jakob erklärt es. Dennis reißt die Augen auf.

„Good Lord! Eine Bombe! Aber – dann fliegen wir ja alle in die Luft!"

Die beiden sehen sich an. Ihnen läuft eine Gänsehaut über den Rücken, und das nicht wegen der Kälte im Schiff. Schweigend gehen sie weiter über den Laufgang. Bella springt vor ihnen her, ihr macht der Spaziergang offensichtlich Spaß, trotz der ungewöhnlichen Umgebung. Allmählich wird das Dröhnen leiser, sie haben die Motorengondeln hinter sich gelassen. Man kann sogar das Schnarchen der Maschinisten hören, die in der zweiten Mannschaftsunterkunft im hinteren Teil des Schiffes schlafen. Die Jungen bleiben im Schwanz des Zeppelins stehen. Bella rennt auf dem Steg hin- und her.

„Ist das nicht gefährlich?"

Jakob winkt ab. „Der Chefsteward hat das eben bei der Führung auch gemacht. Er ist gesprungen wie ein Känguru. Die Passagiere sollten sehen, wie fest und elastisch die Außenhaut ist. Ein Hund bricht da nicht ein."

Sie sehen der tollenden Bella zu. Jeder weiß, woran der andere denkt.

„Ich glaube nicht, dass wir in die Luft gesprengt werden sollen", sagt Jakob schließlich. „Egal, wer dahinter steckt, ob Nazigegner oder nicht, es macht keinen Sinn, 90 Menschen umzubringen. Sie wollen ja den Zeppelin treffen und nicht die Deutschen und

Amerikaner und Engländer an Bord. Die ganze Welt wäre entsetzt und empört und hätte Mitleid mit uns. Die Bombenleger würden das Gegenteil von dem erreichen, was sie wollen."

„Aber was wollen sie denn?"

„Woher soll ich das wissen? Karlchen meint, der Zeppelin ist so eine Art Aushängeschild für die Nazis."

„Was ist das?"

„Na, so ein Wahrzeichen."

„Ein Symbol?"

„Genau. Und vielleicht will man das vernichten. Oder man will zeigen, dass die Hindenburg doch nicht so sicher ist, wie alle glauben. Aber dazu braucht man doch keine Menschen zu töten."

Dennis denkt nach. „Hm, das klingt vernünftig. Also, falls es überhaupt eine Bombe gibt, dann geht sie erst in die Luft, wenn alle von Bord sind?"

„Bestimmt. Denn wenn einer wirklich eine Bombe aufs Schiff geschmuggelt hat, dann würde er ja selbst sterben, wenn sie während der Fahrt explodiert. Und garantiert bringt sich niemand um bloß aus Protest. Allerdings glaube ich auf keinen Fall, dass einer von der Mannschaft die Hindenburg zerstören will. Wenn überhaupt, dann muss es einer von den Passagieren sein."

Dennis überlegt. „Du, der Mann eben hat dir doch gesagt, dass du sie beobachten sollst. Vielleicht kann ich dir dabei helfen? Du kommst in alle Kajüten und kannst ihr Gepäck untersuchen. Und ich kann versuchen, mit ihnen zu reden und sie ein bisschen auszuhorchen. Es sind ja bloß 36 Passagiere an Bord, und davon kann man einige ausschließen, die sieben von meiner Familie zum Beispiel und die alte Dame, die so mit den Händen zittert. Und die Familie mit den beiden kleinen Jungen. Obwohl die Eltern sind irgendwie sonderbar, die kommen mir verdächtig vor."

„Mir auch. Der Vater hat heute Morgen in der Kabine rumgeschnauzt wie ein Feldwebel, dabei spielt er sonst den großen Herrn."

„Und was ist mit dem kleinen Mann, der manchmal so komisch spricht, dass ich ihn gar nicht verstehe? Der ist auch irgendwie – wie heißt das noch auf Deutsch?"

Jakob schüttelt den Kopf. „Den kenn ich. Das ist Monsieur Dova, so nennt er sich jedenfalls auf den Plakaten, in Wirklichkeit heißt er Späh und ist Varietee-Künstler. Er hat dem Direktor vom Excelsior gesagt, dass er mich auf die Hindenburg schicken soll, deshalb will ich eigentlich nichts Schlechtes von ihm denken."

„Na gut. Dann bleiben bloß 25."

Nachdenklich gehen sie zurück, sperren Bella wieder in den Käfig, streicheln Arco, der immer noch zusammengekauert in seiner Ecke liegt, und laufen dann zurück zum B-Deck. Dennis massiert seine Finger und schüttelt sich.

„Verflixt kalt hier draußen. Frierst du nicht in deiner Koje?"

„Und ob! Heute wahrscheinlich noch mehr als gestern Nacht. Wir sind nämlich ziemlich weit nach Norden abgebogen. Vielleicht sehen wir morgen sogar Eisberge." Er öffnet die Tür und schaut, ob der Gang leer ist. „Ab jetzt reden wir nur dienstlich, ja? Es ist wirklich besser so für mich."

„Okay. Wenn ich irgendetwas Wichtiges entdecke, bestelle ich eine heiße Zitrone bei dir, dann weißt du Bescheid. Eigentlich ist es ganz lustig, ein bisschen Detektiv zu spielen. Vor allem, wenn einem dabei nichts passieren kann."

13 „He, was soll das? Wo bleibt denn das Wasser? Das ist doch nicht zu fassen! Hallo! Hört mich denn keiner? Hallo!“

Da die Stimme nicht nur sehr laut ist, sondern noch von einem heftigen Klatschen begleitet wird, stürzt außer Karlchen auch Jakob in die Dusche. Sie finden dort zwei nackte, bibbernde, mit Seifenschaum bedeckte Jungen im Vorraum und hinter dem Duschvorhang einen ebenso nackten, bibbernden, mit Seifenschaum bedeckten Dr. Schneider, der allerdings im Gegensatz zu den Jungen nicht schweigend dasteht, sondern laut schimpft und mit den Händen gegen die Wände schlägt.

„Was soll das heißen? Wollen Sie mich umbringen? Stellen Sie sofort das Wasser wieder an! Man holt sich ja den Tod in dieser Kälte!“

Doch er sieht gar nicht so aus, als ob er sich zu Tode friert, sondern als ob ihn der Schlag treffen wird. Sein Kopf ist puterrot, und er zittert, aber wohl eher vor Wut und nicht von der Kälte, denn die Duschräume sind gut geheizt. Jakob bringt sich mit einem Schritt hinter Karlchens Rücken und damit außer Sichtweite. Das ist ein Fall für einen erfahrenen Steward, nicht für einen kleinen Anfänger.

„Es tut mir außerordentlich Leid, gnädiger Herr, aber das Wasser wieder anzustellen steht leider nicht in meiner Macht. Die Regelung der Wasserzufuhr liegt außerhalb unserer Möglichkeiten. Sie hängt allein vom Druck in den Tanks ab, und der wiederum ist abhängig von der Menge des aufgefangenen Regenwassers und den Erfordernissen des Ballastes an Bord. Ich ...“

„Hören Sie gefälligst auf, so hochgestochen herumzureden. Ich brauche keine Erklärungen, ich brauche Wasser!"

„Wie ich bereits sagte, gnädiger Herr, kann ich Ihnen das nicht geben." Karlchen bleibt unverändert höflich und behält auch die Anrede bei. Zwar sollen alle Stewards im Laufe des ersten Tages die Namen der Passagiere auswendig lernen, und Karlchen kann sie natürlich längst, aber gnädiger Herr klingt unterwürfiger, und ein Typ wie der Kritiker weiß das bestimmt zu schätzen.

„Das ist doch die Höhe! Die Zeppelin-Reederei brüstet sich damit, dass die Hindenburg das einzige Luftfahrzeug mit einer Dusche ist! Was nutzt mir eine Dusche ohne Wasser, können Sie mir das sagen?"

„Im Augenblick nützt sie Ihnen gar nichts, gnädiger Herr, das gebe ich zu. Aber ich kann Ihnen versichern, dass es sich nur um einen momentanen Ausfall handelt, der sich über kurz oder lang geben wird."

Dr. Schneider ballt die Fäuste und sieht aus, als ob er gleich handgreiflich werden will. „Über kurz oder lang? Bilden Sie sich etwa ein, ich bleibe hier stehen und warte, bis die Dusche irgendwann wieder geruht zu laufen? Ich denke nicht daran!"

„Ich werde Ihnen eine Kanne mit warmem Wasser holen, gnädiger Herr. Dann können Sie sich abspülen und frottieren und vielleicht später noch einmal duschen."

„Den Teufel werd ich! Ich setze keinen Fuß mehr in diesen Raum! Aber das wird die deutsche Öffentlichkeit erfahren, darauf können Sie sich verlassen! Und jetzt beeilen Sie sich gefälligst!"

Karlchen verdreht die Augen, als er hinausgeht, aber so, dass nur Jakob es sieht. Die meisten Passagiere, denen ein ähnliches Missgeschick passiert, nehmen die Sache mit Humor. Es ist schließlich ein einmaliger Luxus, auf einer Flugreise duschen zu können, da ist man nicht kleinlich, wenn die Technik einmal streikt. So ein Pech, dass es ausgerechnet einen Journalisten erwischt, auch wenn er bloß Kunstkritiker ist. Aber Einfluss hat der Mann.

Jakob bückt sich zu den beiden Jungen.

„Wieso steht ihr denn hier im Vorraum?“

Max zeigt mit dem Kinn auf den Wütenden.

„Er hat gesagt, wir sollen uns draußen abseifen, es dauert ihm zu lange, und in der Zeit ist er längst mit dem Duschen fertig.“

„Und dann war das Wasser auf einmal weg“, ergänzt Philipp.

Jakob fühlt sich etwas überfordert von der Situation. Soll er warten, bis die Dusche frei ist und die Kleinen dann auch abspülen? Oder soll er sie in ihre Kabine bringen? Aber darf die Seife auf der Haut trocknen? Und dürfen sie in Bademänteln über die Korridore und die Treppe hochgehen? Oder soll er ihre Sachen aus der Kabine holen?

„Ich suche eure Mutter und sage ihr Bescheid.“

Die Blondine sitzt im Schreibzimmer und legt eine Patience. Sie schaut kaum auf, als Jakob berichtet.

„Du siehst doch, dass ich beschäftigt bin. Hol die Stewardess, die wird schon wissen, was zu tun ist.“

Sie deckt die nächste Karte auf. Jakob schaut etwas hilflos in die Runde, aber außer Dennis Johnson, der ein Buch liest, und Marion Meitner, die ein Kartenhaus baut, ist niemand im Raum. Die beiden haben den Kopf gehoben, aber sie können ihm auch nicht helfen. Jakob macht sich auf die Suche nach der Stewardess. Als er aus der Tür ist, steht Dennis auf und geht zu Thea hinüber.

„Darf ich dir bei deinem Kartenhaus helfen? Ich heiße Dennis."

„Ja. Natürlich darfst du. Das fände ich nett. Ich heiße Marion."

Er hat sie auf Englisch angesprochen, und sie sucht ein bisschen nach den Worten, als sie antwortet. Er setzt sich so, dass Irene sein Gesicht nicht sehen kann.

„Ich glaube, dein Kartenhaus fällt immer wieder zusammen, weil du den Unterbau nicht groß genug machst. Du musst einfach ein paar Zimmer mehr bauen, dann hast du eine stabilere Grundlage. Spielt die Blonde weiter?"

„Ja, das tut sie."

„Hast du den Eindruck, dass sie auf uns achtet?"

„Nein, überhaupt nicht. Sie guckt nur auf ihre Karten. Aber ich glaube, das Spiel geht nicht auf, sie sieht ziemlich unzufrieden aus."

„Dann lass uns noch etwas warten mit dem Reden, vielleicht verschwindet sie bald."

Und tatsächlich schiebt Irene nach ein paar Minuten die Karten zusammen, wirft einen flüchtigen Blick auf die beiden, die schweigend und konzentriert das Kartenhaus in die Höhe ziehen, und verlässt den Raum. Dennis senkt die Stimme und wechselt ins Deutsche.

„Sag mal, du beobachtest diese Familie doch auch, nicht? Sie ist mir schon am Zoll aufgefallen. Die Eltern haben so komisch mit den Kindern geredet, und alle waren ganz aufgeregt, als ob sie ein schlechtes Gewissen hätten."

Thea errötet. „Na ja, das mit dem Zoll verstehe ich.

Die Zöllner gucken so streng, da kann man schon nervös werden. Nein, am Zoll hab ich nicht weiter auf die vier geachtet. Aber später hier oben an den Fenstern. Mir sind auch mehr die Kinder aufgefallen als die Eltern. Sie haben Angst, da bin ich fast sicher. Der Große hat erst geantwortet, als er gesehen hat, dass weder Vater noch Mutter in der Nähe sind. Und er hat einen furchtbaren Schrecken gekriegt, als der Vater den Witz mit dem Hinausfallen machte. Er hat es überhaupt nicht witzig gefunden."

Dennis nickt. „Das stimmt. Hast du auch gesehen, dass er sie kneift, damit sie ‚Ja, lieber Egon' sagen? Am Zoll hab ich gedacht, ich bilde es mir ein, aber jetzt hab ich es schon ein paar Mal gesehen. Und bei der Mutter auch."

„Und heute früh hat er den Kleinen angebrüllt, dass man Angst kriegen konnte. Hast du das auch gehört?"

Dennis schüttelt den Kopf. „Wahrscheinlich ist meine Kabine zu weit weg. Obwohl die Wände enorm hellhörig sind. Meine Nachbarn rechts und links schnarchen nämlich."

Thea dreht eine Karte in den Fingern. „Erst hab ich gedacht, die beiden sind einfach Eltern, die richtig gemein sind. So was soll's ja geben. Auch dass es ihr jetzt so gleichgültig war, dass die zwei frieren und am Ende krank werden, das passt dazu. Aber wie sie heute Morgen auf das Spielzeugauto reagiert haben, das war richtig verdächtig."

„Das finde ich auch."

Dennis betrachtet das Mädchen vor ihm abwägend. Sie sieht sehr nett aus. Sie redet auch nett, ruhig und vernünftig, nicht so albern und kicherig wie manche Mädchen. Sie hat ganz dunkle Augen und Brauen und eine bräunliche Haut, das sieht ungewöhnlich aus zu den weißblonden Haaren. Sie gefällt ihm. Und sie ist wach. Jedenfalls ist ihr die Familie aufgefallen. Vielleicht sollte er sie in die Geschichte mit der Bombendrohung einweihen? Er kann sich nicht mit jedem Passagier unterhalten, und Jakob muss ja den ganzen Tag arbeiten. Aber andererseits – die Bombendrohung muss ein Geheimnis bleiben, sonst können sie ihre Suche gleich aufgeben.

„Das Mädchen bei dir in der Kabine, ist das deine beste Freundin?"

Thea betrachtete ihn erstaunt. Was für eine komische Frage. Wie kommt er denn plötzlich auf Erika? Die hat doch nichts mit der sonderbaren Familie zu tun.

„Warum fragst du das?"

„Ich würde dir gerne etwas erzählen", sagt er ehrlich. „Aber es muss unter uns bleiben."

Theas Staunen wächst. Sie legt die restlichen Karten auf den Tisch und lehnt sich zurück. Ihre Blicke wandern über die Bilder, die auf die Felder der Wandbespannung gemalt sind: ein Postreiter vor einem Tor, ein altertümliches Gasthaus unter einem großen Baum mit einer Kutsche davor. Die Häuser in der Frankfurter Altstadt sehen so ähnlich aus. Wann wird sie die wohl wieder sehen? Und Dörte? Und Marion? Das sind ihre besten Freundinnen, nicht Erika. Sie beißt sich auf die Unterlippe. Dennis erschrickt, als er sieht, dass sie auf einmal Tränen in den Augen hat. Wieso kann seine Frage sie traurig machen?

„Habe ich etwas Falsches gesagt, Marion? Entschuldige bitte."

„Nein, nein. Schon gut. Ich glaube, ich habe einfach ein bisschen Heimweh. Meine beiden besten Freundinnen sind nämlich in Frankfurt, und ich kenne niemanden in Amerika."

„Das kann ich gut verstehen. Ich habe auch die ganze Zeit in Europa Heimweh gehabt. Ich konnte es gar nicht erwarten, bis wir endlich zu Hause sind." Sein Gesicht wird ernst. „Meine Familie wollte eigentlich noch bleiben. Aber mein Bruder ist verunglückt, deshalb müssen wir zurück. Zur Beerdigung."

Du hast ja keine Ahnung, hat Thea bei seinen ersten Sätzen gedacht. Du hast dich nach einem Zuhause gesehnt, in das du jederzeit zurückkommen kannst. Aber ich werde vertrieben und muss in ein fremdes Land, und mein Zuhause gibt es nicht mehr. Doch als er weiterredet, schämt sie sich. Sie ist noch am Leben und fährt zu ihrem Vater. Ein paar Minuten lang sind beide still.

„Erika bringt mich nur nach Amerika", sagt Thea schließlich. „Sie ist sehr nett, aber sie ist nicht meine beste Freundin. Wenn du mir ein Geheimnis erzählen willst, werde ich nicht darüber sprechen."

Ein kluges Mädchen! Sie hat gleich begriffen, worum es geht. Dennis gibt dem Kartenhaus einen Stups, dass es zusammenfällt, beugt sich über den Tisch und fängt an zu flüstern.

Auf Jakobs Hilferuf ist Uschi mit einer Kanne voll warmem Wasser und einem Stapel Handtücher im Duschraum erschienen. Die beiden Jungen stehen immer noch da und bibbern.

„Ach, ihr armen Kerlchen, ihr seid ja ganz blau gefroren! Warum habt ihr euch denn nicht wieder angezogen?"

„Irene hat gesagt, sie will uns erst wieder sehen,

wenn wir sauber gewaschen sind. Wir hatten überall Klebe, sogar in den Haaren."

Max schnattert mit den Zähnen, während er spricht, Philipp sagt gar nichts, nur ein paar Mal schwach „Au".

„Tut mir Leid, Philipp, ich muss dich jetzt frottieren, bis du rot bist wie ein Krebs, auch wenn's ein bisschen wehtut. Sonst kriegst du noch eine Mordserkältung. Warte, Max, ich bin gleich fertig, dann reib ich dich ab."

Sie arbeitet schnell und geschickt. Im Handumdrehen hat sie Philipp trockengerubbelt und angezogen. Der Duschvorhang wird plötzlich zurückgezogen.

„Würde es Sie nicht mehr locken, sich um mich zu kümmern als um dumme kleine Jungen? Ich muss auch abgetrocknet werden."

Dr. Schneider hat nur ein Handtuch um seine mächtigen Hüften. Er hat fest damit gerechnet, dass sie verlegen wird bei seinem unerwarteten Erscheinen und seiner mangelhaften Bekleidung. Aber Uschi sieht ihn unbefangen an, während sie Max weiterfrottiert. Sie hat so ihre Erfahrungen mit zudringlichen Gästen und überdrehten Kranken und ist nicht leicht aus der Fassung zu bringen.

„Hm. Sie stellen mich da vor ein Problem. Es würde mich natürlich sehr locken, aber ich bin ausschließlich für Kinder und Frauen eingestellt, und diesem Kreis kann ich Sie ja wohl nicht zuordnen. Oder erwarten Sie von mir, dass ich so unhöflich bin und Sie als dummen kleinen Jungen bezeichne?"

Er sucht verblüfft nach einer Antwort. Hat da nicht Spott in ihren Worten geklungen? Jetzt wird sie etwas zu hören kriegen! Aber ihr Ton ist so freundlich und ihr Lächeln so entgegenkommend, und ihre riesigen blauen Augen schauen ihn so unschuldig an, dass er zögert.

„Ich werde Ihnen Karl Nettelbeck schicken, das ist unser größter und kräftigster Steward.“

Was soll denn das nun wieder heißen? Will sie etwa andeuten, dass ein anderer mit seiner Fülle nicht fertig wird? Aber sie ist schon mit den Kindern zur Tür hinaus.

Vor dem ersten Abendessen versammeln sich viele Passagiere an der Fensterreihe. Zum ersten Mal an diesem Tag ist der Nebel verschwunden. Die *Hindenburg* wirft einen langen Schatten auf das dunkelblaue Wasser. Manchmal wird der Schatten von einem kreisrunden Regenbogen eingefasst. Es sieht aus wie ein leuchtendes Plakat, denkt Erika. Am liebsten würde sie ihren Zeichenblock holen und das Bild skizzieren.

„Sogar die Natur macht für den Zeppelin Reklame“, sagt Herr Späh neben ihr. „Ah, da kommt ja mein kleiner Freund.“ Er winkt einem Steward zu, der die Blumenvasen auf den Tischen verteilt. „Jaköble, main Jingelchen, bin ich nicht grrosses Wahrrsagerr? Werr macht jetzt Rreise, grrosses Rreise hoch iberr Wolken und grosses Mährr?“

Jakob lacht und verneigt sich, aber ehe er antworten kann, fährt Dr. Schneider dazwischen.

„Was ist denn das für ein unmöglicher Dialekt? Man kommt sich ja vor wie auf einem östlichen Markt zwischen lauter Judengeschmeiß!“

Thea spürt eine heiße Welle im Gesicht. Sie bückt sich vor und schaut aus dem Fenster. Jetzt sieht es hoffentlich so aus, als ob der Widerschein der Abendsonne ihre Haut färbt.

„Oberr, oberr, main werter Herrr Doktorr. Hoben Sie kaine Ahnung von Sproche! Jäderr kluge Mensch merkt sich glaich, doss ich komm aus Madscharenland.“

„Wollen Sie damit etwa andeuten, dass ich nicht klug bin? Ich halte die Kenntnis von Untermenschen-Sprachen nicht für einen Beweis von Intelligenz.“ Dr. Schneider schaut hochmütig auf den kleinen Herrn Späh hinunter. „Die Ungarn sind zwar nicht so eine minderwertige Rasse wie die Slawen oder gar die Juden, aber mit den Germanen kann man sie nicht vergleichen.“

Herr Späh lächelt etwas verzerrt und geht ein paar Schritte den Wandelgang hinunter.

„Deshalb sind die Teutonen ja so überaus beliebt in der ganzen Welt.“ Er spricht laut, alle Umstehenden können ihn hören. „Wegen ihrer unvergleichlichen Höflichkeit und Bescheidenheit. Jaköble, main Jingelchen, mechte ich dich bitten um Tisch onderres!“

Einige Augenblicke lang herrscht betroffenes Schweigen. Jeder weiß, dass die beiden bisher an einem Tisch gesessen haben. Der Kritiker öffnet schon den Mund, aber er merkt, dass er hinter dem Künstler herrufen müsste und ein ziemlich lächerliches Bild abgeben würde. Also beherrscht er sich und schaut zum Fenster hinaus. Thea hört ihn murmeln, dass die Deutschen es sich Gott sei Dank leisten können, auf die Meinung der ganzen Welt zu pfeifen.

Eine Welle der Wut überläuft sie. Sie sieht den Fens-tergriff neben ihren Fingern. Ein paar Sekunden lang stellt sie sich vor, dass sie ihn dreht und dem unverschämten Kerl einen Stoß gibt. Um sie herum summen wieder die Gespräche. Ihre Wut verebbt langsam. Noch zwei Nächte und einen Tag, dann hat sie all das hinter sich gelassen. Wieso hat sie eben bloß Heimweh gekriegt bei dem Gedanken an Frankfurt? Sie kann froh sein, dass sie nicht mehr dort ist. Sie dreht sich um und geht zum letzten Sofa. Erika will hinter ihr her, aber Dr. Schneider vertritt ihr den Weg.

„Da ist ja das bezaubernde Fräulein, das mir schon am Zoll aufgefallen ist."

„Am Zoll?" Erika weiß ganz sicher, dass sie da nur auf den Zöllner geachtet hat und sonst auf niemanden.

„Natürlich nicht nur da. Und ich wundere mich eigentlich, warum Sie immer bei Ihrer Freundin sitzen. Sogar beim Essen. Und gewissermaßen am Katzentisch. Das Schöne an so einer Reise ist doch, dass man andere Leute kennen lernt. Ich habe mir deshalb erlaubt, den Steward zu beauftragen, Sie heute Abend an unseren – hm – an meinen Tisch zu setzen."

Erika ist so überrascht, dass sie ihn nur anstarrt.

„Sie sind ein ungewöhnlich hübsches Mädchen, Fräulein Aberle. Aber das wissen Sie ja selbst. Und Sie merken es auch an den Blicken, die Ihnen zugeworfen werden, nicht wahr?"

Wieso weiß er ihren Namen? Wahrscheinlich hat er die Stewards gefragt. Und es liegt ja auch eine Gästeliste aus. Er mustert sie so unverhohlen, dass sie ärgerlich wird. Was fällt dem Kerl eigentlich ein? Glaubt er etwa, dass er sie mit derartig plumpen Komplimenten beeindrucken kann? Außerdem hat er Quellaugen wie ein Karpfen!

„Ich habe allerdings außer dem Interesse, das jeder

Mann an einem Mädchen Ihrer Art hat, noch ein – nun, nennen wir es berufliches Interesse. Ich bin nämlich Kunstkritiker, müssen Sie wissen. Beim Völkischen Beobachter. Also gewissermaßen ein amtlicher Wächter über die Reinerhaltung der deutschen Kunst."

Erika schiebt die Arme nach hinten und stützt sich mit beiden Ellbogen auf die Fensterbank. Sie hat das Gefühl, als ob die Beine unter ihr wegsacken.

„Sie haben da einige Blätter in Ihrer Mappe – und deshalb sind Sie mir auch beim Zoll aufgefallen – die muss ich mir unbedingt noch einmal ansehen."

„Blätter?" flüstert Erika. „Was für Blätter?"

„Sie wissen schon, welche ich meine. Sie finden sicher bald einmal Zeit, sie mir zu zeigen!"

Erika räuspert sich ein paar Mal, aber sie merkt, dass sie keinen Ton herausbringen wird, selbst wenn sie wüsste, was sie sagen sollte. Aber sie weiß es nicht. Ihr Gehirn ist wie mit Watte gefüllt. Jeder Gedanke erstickt darin. Sie wagt nicht, den Kopf zu drehen. Sie weiß, dass die blassen Quellaugen sie anstarren und dass die vollen Lippen lächeln. Wie kann ein Mann nur so einen Frauenmund haben? In so einem schweren, weißen Gesicht?

Sie blickt immer noch schweigend zu den Tischen hinüber und sieht ihn trotzdem so deutlich vor sich, dass sie ihn malen könnte. Sie würde ihn als Teufel malen, mit Hörnern auf dem Kopf und – du lieber Himmel, Mädchen, hör auf, Unsinn zu denken. Lass dir etwas einfallen! Sie leckt sich die trockenen Lippen und versucht, überlegen zu lächeln.

„Wissen Sie, Ihre Reaktion bringt mich fast auf den Verdacht, dass Sie ein schlechtes Gewissen haben.

Jede andere hätte sich jetzt geschmeichelt gefühlt und sofort die Mappe geholt. Oder mich patzig gefragt, was mich ihre Bilder angehen. Aber dass jemand derartig die Fassung verliert und kein Wort herausbringt – das lässt schon sehr tief blicken. Sollten Sie am Ende keine eigenen Versuche in Entarteter Kunst unternommen haben?"

Er spricht seidenweich, fast schnurrend wie ein riesiger, fetter Kater. Erika spürt ein Schaudern über ihre Arme laufen.

„Also gebe ich Ihnen einen guten Rat, Fräulein Aberle: Seien Sie sehr lieb und freundlich zu mir, denn ich habe eine Schwäche für niedliche, kleine Mädchen. Und vergessen Sie nicht, mir heute Abend Ihre Mappe zu zeigen. Sie wissen sicher, dass der Kapitän an Bord seines Schiffes die Staatsgewalt vertritt und entsprechende Befugnisse hat. Er wäre bestimmt dankbar für ein paar Hinweise."

Uschi kontrolliert die gedeckten Tische im Speisesaal und schaut dabei auch zu den Passagieren hinüber, die am Fenster stehen. Sie hat Dr. Schneider sofort entdeckt, seine Gestalt ist nicht zu übersehen. Er redet auf die kleine Mollige ein, Erika Aberle, die immer so freundlich lächelt. Sie hat krause, braune Haare und große, schräge Augen, die ihrem Gesicht etwas Erstauntes, Kindliches geben. Das Mädchen rührt sich nicht und blickt in den Speisesaal, als ob sie gar nichts sehen würde. Jetzt verzieht sie ein bisschen den Mund, aber das Lächeln rutscht über ihr Gesicht wie Butter in der Pfanne, findet keinen Halt und zerläuft. Sie sieht fast verstört aus.

Die Kleine ist offensichtlich nicht in der Lage, mit dem aufdringlichen Kerl fertig zu werden, denkt

Uschi mitleidig, denn aufdringlich ist er, das sieht man seinem öligen Grinsen an. Sie mustert die anderen Passagiere. Wo ist denn das weißblonde Mädchen, das sonst immer bei ihr ist, Marion Meitner? Da sitzt sie ganz allein, auf dem ersten Sofa. Uschi geht zu ihr.

„Drehen Sie sich jetzt bitte nicht um. Ich will Ihrer Freundin helfen. Stützen Sie bitte Ihren Kopf in beide Hände. Ich erklär's Ihnen gleich."

Theas Augen weiten sich ein bisschen. Dann tut sie, was Uschi gesagt hat. Bravo! Das nennt man Reaktionsvermögen.

„Ich bin in einer Minute wieder da", sagt Uschi hastig und läuft zu Erika. Die Stewardess hört noch die beiden letzten Sätze von Dr. Schneider, aber sie verschwendet keine Zeit damit, sich darüber zu wundern.

„Verzeihen Sie bitte, gnädiges Fräulein, die junge Dame drüben fühlt sich nicht wohl und bittet Sie, zu ihr zu kommen."

Erika erwacht aus ihrer Erstarrung. Sie sieht Marion mit den Händen am Kopf an der Fensterbank lehnen und lässt Dr. Schneider einfach stehen. Uschi geht eilig hinter ihr her.

„Marion! Was ist los?"

„Sie hat ganz furchtbare Kopfschmerzen, hat sie mir eben gesagt." Uschi legt ihre Hand auf Theas Stirn. „Ich fürchte fast, sie hat Fieber. Am besten bringen wir sie in die Kabine."

Sie legen beide ihre Hände unter einen Ellbogen und ziehen Thea behutsam in die Höhe. Die merkt, dass ihre schauspielerischen Fähigkeiten gefragt sind, und stolpert mit leidendem Ausdruck und hängendem

Kopf zwischen den beiden her. In der Kabine lässt sie sich auf das untere Bett sinken.

„Oh, The... – oh, Marion, du Ärmste, du tust mir so Leid! Aber du kannst dir nicht vorstellen, wie erleichtert ich war. Das kam genau im richtigen Moment!“

Thea setzt sich auf und grinst.

„Spar dir dein Mitleid. Ich bin putzmunter.“ Sie sieht die Stewardess an. „Jetzt bin ich richtig gespannt auf Ihre Erklärung!“

„Was – was soll das heißen? Putzmunter? Aber du hast doch Kopfschmerzen und Fieber!“

Erika schaut mit ihren Kulleraugen von Thea zu Uschi und zurück. Die Haartolle fällt ihr in die Stirn, das Stumpfnäschen ist gekraust, sie sieht ratlos und fast ein bisschen dumm aus. Thea muss daran denken, dass Franz sie Kälbchen genannt hat und platzt los vor Lachen. Auch Uschi bringt es nicht fertig, sie wieder als gnädiges Fräulein anzureden. Sie legt spontan den Arm um Erika. Sie kommt ihr fast so schutzbedürftig vor wie Max oder Philipp.

„Ich wollte Sie von dem unverschämten Kerl weglotsen, und mir ist in der Eile nichts Besseres eingefallen. Sie wirkten richtig hilflos.“

„Das war ich auch. Ich wusste überhaupt nicht, was ich sagen sollte.“

„Er sah aus, als ob er Ihnen einen unsittlichen Antrag machen würde.“ Uschi tätschelt ihr beruhigend die Hand. „Aber Hilflosigkeit ist die falsche Reaktion. Das ermutigt diese Typen bloß. Man muss ihnen kräftig auf die Füße treten.“

„Unsittlicher Antrag? Wenn's das bloß wäre! Obwohl – ich glaub, das hat er auch angedeutet. Aber es ist noch viel schlimmer.“

Thea hört auf zu lachen. „Unverschämter Kerl? Unsittlicher Antrag? Redet ihr etwa von diesem Dr. Schneider?“

Erika nickt und guckt ganz tragisch. „Er ist Kunstkritiker. Beim Völkischen Beobachter.“

„Oh Gott! Erika! Hat er etwa ...? Oh nein! Ich hab so was befürchtet, aber ich wollte dir keine Angst machen. Ich hab sein Gesicht beim Zoll gesehen. Er hat direkt hinter dir gestanden.“

„Er will meine Mappe anschauen. Ein paar Blätter interessieren ihn besonders, sagt er. Er muss sie erkannt haben, da bin ich sicher.“ Sie fällt neben Thea aufs Bett. „Was soll ich denn jetzt machen? Er hat sogar mit dem Kapitän gedroht. Und ich soll besonders lieb und freundlich zu ihm sein. Dieser Widerling!“

Die beiden sehen sich ratlos an – und dann Hilfe suchend zu Uschi hoch.

„Es ist nämlich so“, will Thea erklären, aber Uschi unterbricht sie.

„Nein, sagen Sie mir bitte nichts. Je weniger ich weiß, desto unbefangener kann ich sein. Mir genügt es, dass ein Passagier zudringlich geworden ist. Und er hat irgendein Druckmittel gegen Sie, habe ich das richtig verstanden?“

Erika nickt. „Es gibt keine Möglichkeit, ihm auszuweichen. Wir sollen uns heute Abend an seinen Tisch setzen.“

„Wir gehen erst, wenn er schon fertig ist“, schlägt Thea vor.

Erika winkt ab. „Er wartet bestimmt, bis wir kommen. Schon bei dem Gedanken vergeht mir der Appetit.“

„Ich hab’s. Wir werden beide krank und bleiben im

Bett und stehen erst kurz vor der Landung wieder auf."

Sie denken über diesen Vorschlag nach, aber dann schüttelt Uschi den Kopf.

„Wie ich diesen Typen einschätze, wird ihn das so wütend machen, dass er dann vor nichts mehr zurückschreckt. Nein, Sie müssen ihn irgendwie hinhalten. Hm. Ich glaube, ich werde den Kapitän alarmieren."

„Um Himmels willen!" Erika ringt die Hände. „Das wollen wir ja gerade vermeiden!"

„Aber doch nicht Ihretwegen! Herr Dr. Schneider ist Ehrengast auf der Hindenburg und muss sowieso bevorzugt behandelt werden. Besonders heute gibt es Grund dazu, denn er hat vorhin ein kleines Missgeschick erlitten. Das Wasser ist versiegt, als er gerade eingeseift unter der Dusche stand. Er ist fast geplatzt vor Wut, sagen die Stewards."

„Das geschieht ihm recht! Hoffentlich holt er sich eine Lungenentzündung, dann bin ich ihn los." Die sanfte Erika klingt geradezu rabiat.

„Wenn ich das dem Kapitän erzähle, lädt er ihn bestimmt an seinen Tisch ein. Das ist eine große Ehre, und alle Passagiere sind scharf darauf. Und vielleicht kümmert er sich auch später noch um ihn, dann sind Sie ihn für heute los."

„Und morgen?"

„Da wird uns schon etwas anderes einfallen."

Der Kritiker nimmt das Abendessen tatsächlich am *Captain's table* ein und ist sichtlich geschmeichelt von der Höflichkeit des Kapitäns und seiner beiden Stellvertreter. Die beiden Mädchen beobachten die Gruppe von ihrem Zweiertisch aus und sind erleichtert, dass die Herren sich angeregt unterhalten. Dr. Schneider hat Erika zugezwinkert, so als ob sie die besten Bekannten wären.

„Er hat wohl das Gefühl, dass ich in der Falle sitze." Erika zerkrümelt eine Scheibe Brot. „Und im Grunde hat er Recht. Wenn ich mich weigere, ihm die Mappe zu zeigen, wird er mich verhaften lassen. Wenn er die Bilder sieht, auch. Und wenn ich sie verstecke, wobei ich gar nicht weiß, wo, wird er mir den amerikanischen Zoll auf den Hals hetzen. Es gibt keinen Ausweg. Mir fällt jedenfalls keiner ein."

„Aber mir", sagt Thea. „Egal, wie wichtig die Bilder sind – du bist wichtiger. Wir schmeißen sie einfach aus dem Fenster."

„Was?? Aus dem – ? Aber dann – dann sind sie verschwunden."

Thea verdreht die Augen. „Natürlich. Das sollen sie ja."

„Ich meine – dann sind sie vernichtet."

„Ja und?"

„Das – das kann ich nicht. Das sind Kunstwerke! Franz hält sie für unersetzlich."

„Nun sei doch bitte vernünftig, und sieh die Sache mal nüchtern." Thea kommt sich plötzlich richtig erwachsen vor. „Wenn du die Bilder nicht genommen hättest, wo wären sie dann?"

„Ja – ich weiß, was du meinst. Aber vielleicht hätte Franz ein Versteck gefunden."

„Hätte er nicht! Denn er hat sie dir gegeben, weil deine Reise für ihn der einzige Ausweg war. Und wenn er jetzt hier wäre, dann würde er dasselbe sagen wie ich, das kannst du mir glauben."

„Hm." Erika versinkt in Nachdenken. „Ich glaube,

du hast Recht. Ja, bestimmt, das ist der beste Weg. Mein Gott, mir fällt ein Stein vom Herzen."

Thea fängt an zu kichern. „Ich hab grad eine Idee, die ist noch besser. Weißt du, was wir machen? Wir falten Flieger aus den Bildern und lassen sie vor Dr. Schneiders Augen aus dem Fenster segeln. Ihn wird der Schlag treffen."

„Dieses Ende droht ihm sowieso, wenn er so weitertrinkt. Die Offiziere prosten ihm dauernd zu, aber bloß mit Wasser. Und er ist schon bei der zweiten Flasche. Hoffentlich kippt er bald unter den Tisch."

Aber diese Hoffnung erfüllt sich nicht. Als die Mädchen später im Aufenthaltsraum sitzen, ein Schachspiel zwischen sich, steht der Kritiker auf einmal neben ihrem Tisch.

„Sie erlauben doch, dass ich mich zu Ihnen setze?"

Ohne eine Antwort abzuwarten, zieht er sich einen Stuhl heran. Erika denkt an Uschis Ratschläge. Warum soll sie sich diese Frechheit gefallen lassen? Sie hat keine Angst mehr vor ihm.

„Erlauben wir es ihm, Marion? Was meinst du?"

Thea schaut angestrengt auf das Schachbrett. Dr. Schneider ist mindestens 40, und man hat ihr beigebracht, zu Erwachsenen höflich zu sein. Aber wie hat er vor dem Abendessen den netten Herrn Späh behandelt? War das etwa höflich? Sie bemüht sich, ihre gute Erziehung zu vergessen.

„Nein, ich meine nicht. Er stört uns beim Nachdenken."

„Sie haben es gehört, mein Herr. Vielleicht später, wenn wir mit unserer Partie fertig sind. Jetzt lassen Sie uns bitte in Ruhe."

Erika greift nach einem Bauern und macht langsam

einen Zug. Auch sie wagt nicht, dem Mann ins Gesicht zu sehen. Es ist gar nicht einfach, jemandem auf die Füße zu treten. Wenn ihre Mutter sie jetzt hören könnte, würde sie sich schämen.

Dr. Schneider ist einige Augenblicke sprachlos, dann fängt er sich wieder. Er ist nicht der Mann, der sich von zwei kleinen Mädchen vertreiben lässt, denn mehr sind sie nicht in seinen Augen. Er bleibt einfach sitzen und sieht sie drohend an, aber das hat keine Wirkung, weil beide auf das Brett blicken.

„Sie vergessen wohl, mein Fräulein, dass wir eine Verabredung haben. Das Schachspiel kann warten. Sie wollten mir Ihre Mappe zeigen."

Erika gibt keine Antwort. Sie nimmt die Dame auf, überlegt lange und stellt sie wieder zurück.

„Wollte ich das? Ich kann mich nicht erinnern, dass ich das gesagt habe."

„Das haben Sie auch nicht. Aber es gibt einige zwingende Gründe, warum Sie mir die Mappe zeigen sollten – das wissen Sie genau. Ich hoffe in Ihrem eigenen Interesse, dass ich nicht deutlicher werden muss."

Erika nimmt die Hände von der Tischplatte und verschränkt sie im Schoß. Ihre Finger zittern, und das soll Dr. Schneider nicht merken. Sie erkennt auf einmal, dass sie doch noch Angst hat. Das Vernichten der Bilder ist ja bloß ein Plan, im Moment liegen alle noch in ihrer Mappe. Und einer längeren Auseinandersetzung ist sie nicht gewachsen. Sie war noch nie gut im Streiten.

„Meine Damen und Herren." Der Kapitän übertönt mühelos alle Gespräche. Sofort wird es still im Raum.

„Sie haben zweifellos alle längst unseren Flügel bemerkt. Er ist eine Spezialanfertigung für die Hindenburg, gefertigt aus Aluminium, überzogen mit Leder, das leichteste Instrument, das je gebaut worden ist, aber trotzdem von der Klangfülle eines echten Steinways. Bisher haben sich auf jeder Fahrt mehrere Passagiere bereit erklärt, eine kleine Probe ihres Könnens zu geben. Selbstverständlich erwartet niemand Konzertreife. Wir werden jedem dankbar applaudieren, der uns ein bisschen unterhält."

Alle nicken und klatschen und schauen sich um, ob sich wohl jemand an die Tasten wagt. Erika steht auf.

„Jetzt weiß ich doch, wozu ich zehn Jahre meines Lebens täglich drei Stunden am Klavier verbracht habe." Sie blickt Dr. Schneider flüchtig an. „Wie sagten Sie gerade sehr richtig? ‚Das Schachspiel kann warten.' Ich beherzige Ihren Vorschlag."

Sie geht zum Flügel und verneigt sich leicht.

„Aus gegebenem Anlass: Die Mondscheinsonate von Ludwig van Beethoven."

Wieder nicken und applaudieren alle, denn das Mondlicht färbt die Nebelstreifen und die Wolken silbern, sodass es aussieht, als ob die *Hindenburg* durch eine Schneelandschaft fährt.

Dr. Schneider braucht einige Zeit, um sich zu fassen. Dann zischt er Thea zu: „Was ist in der Mappe?"

„Psst!", zischt Thea zurück. Das fällt ihr gar nicht schwer, denn es ist eine unumstößliche Konzertregel, dass während eines Vortrags nicht gesprochen werden darf. Dr. Schneider weiß das natürlich auch. Also hält er notgedrungen den Mund, während Erika spielt. Aber als der Applaus einsetzt, rückt er näher an Thea heran.

„Was ist in der Mappe?"

„Wie bitte?"

„Stellen Sie sich doch nicht dümmer, als Sie sind." Dr. Schneider lässt jedes Vortäuschen von Höflichkeit fahren. „Sie sind doch ihre Freundin, Sie müssen es doch wissen."

„Ach so, Sie meinen die Examensarbeiten."

„Halten Sie mich gefälligst nicht für blind! Examensarbeiten! Das können Sie vielleicht einem Zöllner weismachen, aber nicht mir. Ist Ihnen eigentlich klar, dass Sie einen Betrug unterstützen? Sie machen sich strafbar! Wenn Sie nicht sofort ..."

„Tut mir Leid, das ist mein Einsatz."

Thea geht zum Flügel. Erika spielt seit einigen Minuten die ersten Takte von „Es war ein König in Thule" in immer neuen Variationen. Sie hat Dr. Schneiders wütendes Gesicht gesehen und bietet Thea eine Möglichkeit, ihn sitzen zu lassen.

„Geh eine Quinte runter", flüstert Thea. „Ich singe Alt."

Sie hat das Lied so oft geübt, dass jeder Ton sitzt. Der Applaus ist lang und herzlich. Thea lächelt und verneigt sich. Auf einmal ist sie so ruhig, als ob sie zu Hause vor ihrem Spiegel stehen würde. Sie spielt eine Rolle. Das ist ihr erster Auftritt als Schauspielerin. „Lorelei?", schlägt sie leise vor. Erika nickt.

„Du die erste Stimme, ich die zweite?"

Wieder nickt Erika und beginnt zu präludieren. Viele Passagiere lächeln und bewegen die Köpfe im Takt. Thea hebt die Hand und sieht Dr. Schneider an. Erika spielt so leise, dass die Melodie wie ein Flötenton durch den Raum zittert.

„Die meisten von Ihnen kennen dieses Lied, meine Damen und Herren, denn es ist in Deutschland so bekannt wie eine Volksweise. Der Text stammt von

Heinrich Heine, der ein Jude war und einer der größten deutschen Dichter."

Dr. Schneider sitzt da wie ein Standbild. Seine üppigen Lippen sind schmal wie ein Strich, so verkniffen ist sein Mund. Thea blickt zu Dennis und seiner Familie hinüber und zu der netten amerikanischen Dame mit ihrer Gesellschafterin und den beiden englischen Kaufleuten. Sie wiederholt ihre Erklärung auf Englisch. Und während sie das tut, hat sie eine Idee. Sie wird Dennis ebenfalls ein Geheimnis verraten. Und sie wird ihn um seine Hilfe bitten.

Erika greift ein paar Akkorde, und dann fangen sie an zu singen: „Ich weiß nicht, was soll es bedeuten ..."

Schon bei der zweiten Strophe fallen mehrere Gäste ein. Als der Applaus verklungen ist, fühlt Thea sich fast übermütig. Und irgendwie unangreifbar.

„Wie Heinrich Heine kennen Sie alle auch Felix Mendelssohn-Bartholdy, den Enkel des berühmten Philosophen Moses Mendelssohn. Er hat Lieder geschrieben, die bis heute zum festen Repertoire aller deutschen Chöre gehören."

„Oh Täler weit, oh Höhen", intoniert Erika. Einige Herren stehen auf und stellen sich neben den Flügel. Dr. Schneider erhebt sich mit finsterem Gesicht und geht auf die Tür zu, aber kaum jemand achtet auf ihn. Nur Erika und Thea zwinkern sich zu. Und der Kapitän beugt sich zum Zweiten und flüstert mit ihm.

„Wunderrrbarrr", ruft Herr Späh, „wirrr werrrden grründen einen Chorrr, den Hindenburrrg-Chorrr!"

Begeisterung und Beifall. Der Zweite läuft hinter Dr. Schneider her und holt ihn auf der Treppe ein. Da steht Jakob und poliert den Handlauf. Ihm fallen fast die Augen zu. Als er die beiden Decks zum ersten Mal gesehen hat, hat er sich nicht vorstellen können, dass er fast pausenlos auf den Beinen sein würde. Aber vier Mahlzeiten pro Tag für die Passagiere und für die Besatzung, plus Servieren und Abräumen und Spülen, das hält einen ganz schön auf Trab. In der Küche herrscht ständig Hochbetrieb. Und die Kabinen und die Aufenthaltsräume und Offiziersunterkünfte müssen jeden Morgen auf Hochglanz gebracht werden. Das ist eine ganze Menge für acht Stewards und eine Stewardess. Und der Chefsteward hat Röntgenaugen. Eben hat er Flecken auf dem Geländer entdeckt und Jakob mit Polierwatte und Wiener Kalk nach oben geschickt.

„Die Offiziere würden sich freuen, wenn Sie uns die Ehre gäben, noch ein oder zwei Glas mit uns zu trinken, Herr Dr. Schneider“, sagt der Zweite. „Haben Sie schon die Kreationen unseres Barkeepers getestet? Auf der Millionärsfahrt im vorigen Jahr haben sie großen Anklang gefunden.“

Bei der Erwähnung des Barkeepers hellt sich das finstere Gesicht des Kritikers auf. „Millionärsfahrt? Darüber habe ich gelesen. War eine ausgezeichnete Reklame.“

„Wenn Sie gestatten, erzähle ich Ihnen ausführlich darüber“, bietet der Offizier an. „Der Kapitän wird bald zu uns stoßen. Gleich ist unser Dienst zu Ende, dann dürfen wir uns auch einen Schluck genehmigen.“

Jakob sieht hinter den beiden her und gähnt. Er ist froh, dass er noch zu jung ist, um an der Bar eingesetzt zu werden. Gestern Nacht war es drei Uhr morgens, als die letzten Gäste in ihre Kabinen gegangen sind. Karlchen ist ins Bett gefallen wie ein Klotz und hat am Morgen richtig mitgenommen ausgesehen. Oder hat er das erst nach der Bemerkung von Fräulein Uschi Hoff?

„Ich habe Recht gehabt, die Kletterschächte haben tatsächlich Ähnlichkeit mit einem Felskamin“, hat sie zu Karlchen gesagt, und der ist so weiß wie seine Jacke geworden und hat irgendwas gemurmelt, was niemand verstehen konnte.

Die Herren verschwinden Richtung Bar. Wenig später erscheint Dennis und blickt sich suchend um.

„Ah, da bist du ja, Jakob. Das ist gut. Du kennst doch diesen Dr. Schneider?“

„Klar. Er ist eben an mir vorbeigegangen. Der Zweite lädt ihn in die Bar ein. Sie müssen ihn bei Laune halten, weil in der Dusche das Wasser gestreikt hat, grad als er drunter stand. Oh Mann, der war vielleicht wütend. Ich glaube, am liebsten hätte er uns verprügelt, Karlchen und mich. Hoffentlich fällt's ihm nicht wieder ein, wenn er Karlchen in der Bar sieht.“

„Karlchen ist in der Bar? Sehr gut. Pass auf, wir müssen etwas unternehmen. Dieser Dr. Schneider muss – wie nennt man das – flachgelegt werden?“

„Waas? Glaubst du etwa, er hat was mit der Bombe zu tun?“

Dennis zögert. Den wahren Grund kann er Jakob nicht verraten. Marion verlässt sich darauf, dass er Erikas Geheimnis für sich behält. Und er hat auch gar nicht richtig begriffen, was es mit dieser Entarteten Kunst auf sich hat. Marion hat so schnell und aufgeregt gesprochen, dass er nicht alles verstanden hat. Maler werden verfolgt und Bilder werden vernichtet, weil sie der Regierung nicht gefallen. Dennis versteht das nicht. Es würde doch genügen, dass man die Bilder nicht kauft, oder? Und warum ist es ein Verbrechen, sie ins Ausland zu bringen? Aber das kann er nicht mit Jakob auf der Treppe bereden.

„Nein, mit der Bombe nicht. Aber er ist hinter Erika Aberle her, und die weiß nicht, wie sie sich – wie sie ihn – “

„Sich vom Hals halten soll, meinst du. Und wir sollen ihn aus dem Verkehr ziehen.“

„Genau. Auf Englisch kann man das einfacher ausdrücken.“

„Ich könnte das nicht.“ Jakob merkt, dass er immer noch dieselbe Stelle poliert und nimmt die Watte vom Geländer. „Aber wie willst du das machen? Alle Passagiere sind nun mal den ganzen Tag zusammen.“

Dennis zieht ein Geldstück aus seiner Börse und hält es ihm hin. Jakob schluckt. So viel Lohn wird er für eine ganze Woche bekommen, wenn er mit der Lehre fertig ist.

„Gib das Karlchen. Die Offiziere werden den Dr. Schneider bestimmt einladen.“

„Bestimmt.“ Jakob nimmt das Geld. „Und der Käpten auch. Der kommt gleich nach.“

„Aber das reicht noch nicht. Gib Karlchen das Geld. Er soll diesem Kerl sofort ein neues Glas bringen, wenn seins leer ist, und sagen, das geht aufs Haus.“

„Aufs Haus?“

„Auf den Zeppelin. Die Hindenburg zahlt, okay?“

Am nächsten Morgen erscheint der Kritiker nicht zum Frühstück. Er bestellt schwarzen Kaffee und Aspirin und einen Eisbeutel in seine Kajüte, wie Jakob Dennis grinsend erzählt. Aber auch Max und Philipp sind nicht zu sehen. Ihre Eltern essen und reden munter, und erst als Herr Späh sich nach den Kleinen erkundigt, macht Irene ein besorgtes Gesicht.

„Ich glaube, Philipp ist krank. Und Max wird es auch noch, fürchte ich. Sie waren geradezu verdächtig brav und still in den letzten Tagen, das hätte mir zu denken geben sollen."

„Ja, das ist meistens ein Alarmzeichen. Was fehlt dem Kleinen denn?"

„Wenn ich das nur wüsste. Alles tut ihm weh, aber das sagt ja nicht viel. Leider habe ich keine Ahnung von Kinderkrankheiten. Ich bin selbst so überaus empfindlich, dass ich jede Ansteckungsgefahr strikt vermeiden muss. Es ist ein Jammer, dass ich die Kinderfrau nicht mitgenommen habe, die kennt sich viel besser aus mit den beiden als ich."

„Verzeihen Sie bitte, wenn ich mich einmische, Frau Köcherts, aber unsere Stewardess ist als Krankenschwester ausgebildet. Wenn Sie möchten, kann sie nach den beiden sehen." Karlchen ist gerade dabei, die schmutzigen Teller abzuräumen. „Und darf ich Ihnen noch etwas bringen, gnädige Frau?"

„Ein Kännchen Kaffee, Rührei mit Krabben und Räucheraal auf Toast. Und sagen Sie der Stewardess Bescheid, dass sie sich um die Jungen kümmert."

Irenes schrille Stimme ist an allen Nachbartischen zu hören. Thea und Dennis sehen sich an. Die Sorge um die Kleinen scheint den Appetit der Mutter nicht zu beeinträchtigen. Aber zum Erstaunen der beiden erhebt sich der Vater.

„Ich werde mitgehen. Ich muss doch wissen, ob ich eine eigene Kabine für dich anfordern muss, mein Schatz, falls es etwas Ansteckendes ist."

Als Karlchen von dem kranken Kind berichtet, spitzt

Jakob die Ohren. Das ist doch die Familie, die Dennis verdächtig findet. Und wo der Vater morgens so geschimpft hat.

„Ich gehe mit und mache die Betten und alles andere, dann können Sie sich um den Kleinen kümmern“, schlägt er Uschi vor.

Als sie vor der Kabine stehen, hören sie Herrn Köcherts Stimme.

„Habt ihr das verstanden?“

Es klingt eindeutig drohend. Eine Antwort ist nicht zu hören, sie muss geflüstert worden sein. Uschi und Jakob schauen sich erstaunt an. Uschi zögert ein paar Augenblicke, aber als es in der Kabine still bleibt, klopft sie an die Tür. Der Vater steht nicht neben dem Bett, in dem Philipp liegt, sondern blickt zum Fenster hinaus, obwohl draußen nur der Nebel zu sehen ist, der den Zeppelin noch immer umgibt.

Während Jakob die Betten macht, Staub wischt und das Waschbecken poliert, schaut er unauffällig zu den beiden Kindern hinüber. Mit der Erfahrung eines Jungen, der sein Leben lang geprügelt worden ist, erkennt er bald: Die beiden haben Angst. Die Art, wie sie die Köpfe einziehen und nicht wagen, den Mund zu öffnen, und ständig ihren Vater anschauen, bevor sie auch nur Ja oder Nein sagen – diese Art hat man nur, wenn man Angst hat. Dabei fragt Uschi so freundlich und geduldig, dass sie eigentlich zutraulich sein müssten. Ob sie Prügel kriegen?

Jakob geht zum Fenster.

„Verzeihen Sie bitte, Herr Köcherts, dürfte ich wohl eben die Scheiben wischen?“

„Herrje. Hat das nicht Zeit, bis ich weg bin?“

„Gewiss! Selbstverständlich!“ Jakob ist schon auf

dem Rückzug. Huh, was hat der Mensch für Eulenaugen! Und der Blick geht einem durch Mark und Bein!

„Nein, warte, mach es jetzt. Falls der Kleine krank ist, möchte ich nicht, dass er gestört wird. Was hat er denn nun, Fräulein? Sind Sie immer noch nicht fertig?“

Uschi hat mit einer Taschenlampe in Philipps Kehle geleuchtet, die Haut an Brust und Rücken betrachtet, den Hals abgetastet und ihm ein Thermometer unter den Arm geschoben.

„Ich kann das Fieber erst nach einer bestimmten Zeit ablesen.“ Sie schaut auf ihre Armbanduhr und lässt sich durch die Ungeduld des Vaters nicht aus der Ruhe bringen. „So, das ist lang genug. Hm. 39,5. Das ist recht hoch für den Vormittag. Die Mandeln sind geschwollen, allerdings muss das nicht heißen, dass es eine Angina wird. Wahrscheinlich ist es eine fiebrige Erkältung. Ich werde ihm Wadenwickel machen und ihn gurgeln lassen und ...“

„Ja, ja, Sie werden schon das Richtige tun. Aber eine Angina wäre ansteckend, nicht wahr?“

„Das ist richtig. Allerdings nur durch direktes Anhusten.“

„Dann geh gefälligst auf Abstand, Max. Es hat keinen Zweck, dass du auch noch krank wirst. Am besten lassen wir Philipp allein, bis feststeht, dass er nur erkältet ist.“

So sonderbar ist dieser Vorschlag eigentlich nicht. Warum sieht der Große denn derartig fassungslos aus? Jakob wundert sich.

„Nein!“, krächzt der Kleine und umklammert die Hand seines Bruders. „Geh nicht weg, Max!“

Jakob muss auf einmal an seinen Vater denken.

Wenn der den Stock in der Hand hatte und zuschlug, dann machte er genau so ein Gesicht wie Herr Köcherts jetzt. Unwillkürlich duckt er sich. Auch Uschi spürt die Spannung.

„Lassen Sie Max ruhig hier, Herr Köcherts. Entweder er hat sich längst angesteckt, und dann ist es besser, er kommt nicht mit den anderen Passagieren in Berührung. Oder die Krankheit ist nicht ansteckend, und dann wird sie schneller vorbei sein, wenn der Kleine sich nicht aufregt und ein bisschen Unterhaltung hat. Damit wäre auch Ihre Frau entlastet."

„Meine Frau?" Ein hochmütiges Zucken geht um den schmalen, schwarzen Schnurrbart. „Sie denken dabei wohl eher an sich? Sie sind doch zuständig für kranke Kinder. Meine Frau ist dafür viel zu empfindlich."

Diese Unterstellung ist eigentlich eine Unverschämtheit, denkt Uschi. Aber sie lächelt gleichmütig.

„Für mich sind kranke Kinder keine Belastung. Ich gehe gerne mit ihnen um. So, Philipp, ich hole jetzt deine Wickel und alles andere. Vielleicht liest dein Bruder dir ein bisschen vor. Das kannst du doch sicher schon, Max, nicht?"

Max nickt.

„Fein. Hast du ein Buch?"

„Ja. Den Gulliver."

„Oh, der ist spannend! Da höre ich gleich auch zu."

Sie geht hinaus. Jakob würde gerne noch länger bleiben, aber er ist mit seiner Arbeit fertig. Er klopft an der Nachbartür, und als niemand antwortet, geht er hinein und fängt an, die Betten zu machen. Falls Herr Köcherts etwas sagt, kann er es hier bestimmt hören, jedenfalls wenn er es in seiner üblichen Lautstärke tut.

Aber es bleibt still. Wahrscheinlich starrt er die Kleinen nur mit seinen unheimlichen Eulenaugen an, das genügt schon, um einem Angst zu machen. Und Angst haben die zwei, große Angst. Ob sie genauso geprügelt werden wie er früher? Er arbeitet so langsam wie möglich, aber nach einiger Zeit ertönt Fräulein Hoffs Stimme. „Da bin ich wieder. Ist euer Vater schon wieder gegangen? So, Philipp, als Erstes wird gegurgelt."

Da ist wohl im Moment nicht mehr zu erfahren. Es ist ohnehin höchste Zeit, sich um die Hunde zu kümmern. Jakob biegt um die Ecke und sieht die mächtige Gestalt von Herrn Dr. Schneider an der Tür zum Aufenthaltsraum. Gerade steckt er den Kopf in den Raum, doch dann zieht er ihn wieder zurück. Sein Gesicht ist geschwollen, die Augen sind rot unterlaufen, und er hat offensichtlich miserable Laune.

Als er Jakob sieht, bleibt er stehen, wendet sich zur Seite und betrachtet den bronzenen Hindenburg-Kopf, als ob er ihn bisher noch nie bemerkt hätte. Wie eigenartig! Jakob geht mit lauten Schritten die Treppe hinunter und schleicht dann ein paar Stufen wieder hinauf, gerade hoch genug, um Dr. Schneider beobachten zu können. Und der verschwindet im linken Gang. Dabei ist seine Kabine im rechten, das weiß Jakob genau.

Er huscht die Treppe empor und lugt um die Ecke. Dr. Schneider öffnet eine Tür ziemlich am Ende des Korridors. Jakob runzelt die Stirne. Das ist doch die Kabine, in der er gerade die Betten gemacht hat. Und dabei hat er zwei Nachthemden gefaltet und auf den Kopfkissen drapiert. Zwei ganz eindeutig weibliche Nachthemden mit Blümchen und Rüschen. Das ist die Kabine von Fräulein Aberle und Fräulein Meitner.

Was hatte Dennis gesagt? Dr. Schneider hat nichts mit der Bombe zu tun, sondern ist hinter Fräulein Aberle her? Aber selbst dann kann er doch nicht einfach in ihre Kabine gehen. Am besten, er holt Dennis zu Hilfe. Er als kleiner Hilfssteward kann sich nicht allein mit dem Journalisten anlegen.

Jakob läuft in den Aufenthaltsraum. Alle Passagiere drängen sich an den Fenstern. Kein Dennis. Doch, dahinten am letzten Fenster steht er neben Fräulein Meitner. Jakob hastet an den Leuten entlang und schiebt sich neben ihn.

„Verzeihung, Mr Johnson!"

Dennis blickt zur Seite. „Hast du das gesehen? Da sind tatsächlich Eisberge! Sieht das nicht toll aus? Wenn wir doch einen Eisbären entdecken würden!"

Er rückt ein Stückchen zur Seite. In den grünlich schimmernden Wellen glitzern gewaltige weiße Blöcke. Manche sind so groß wie ein Fußballfeld, durchzogen von schwarzblauen Rissen und Furchen, überragt von spitzen Gipfeln. Einen Augenblick lang vergisst Jakob den verdächtigen Dr. Schneider. Er möchte am liebsten am Fenster stehen bleiben und die ersten Eisberge seines Lebens bewundern. Aber dann erinnert er sich, warum er hier ist.

„Sie hatten eine heiße Zitrone bestellt, Mr Johnson. Soll ich sie Ihnen hier servieren oder oben am Tisch?"

„Eine heiße Zitrone? Richtig, das hatte ich ja ganz vergessen."

Dennis dreht sich um und geht mit Jakob ein paar Schritte von den Passagieren weg.

„Kabine!", flüstert Jakob.

„Weißt du, im Augenblick habe ich gar keinen Appetit mehr auf eine heiße Zitrone. Aber du könntest sie mir in meine Kabine stellen. Ich trinke sie dann später." Er schiebt die Tür zum Aufenthaltsraum hinter sich zu.

„Der Schneider ist in der Kabine von den beiden jungen Damen", erklärt Jakob.

Dennis weiß sofort, wer gemeint ist. Es gibt nur zwei junge Damen auf der *Hindenburg*.

„Wie kommt er denn da rein?"

„Sie war nicht abgeschlossen. Wenn man keinen Schmuck oder Wertsachen bei sich hat, sondern bloß das Gepäck für zwei Tage, ist das ja auch nicht nötig, oder?" Jakob fragt sich etwas beklommen, ob er nach dem Saubermachen wohl hätte abschließen müssen. „Warum geht dieser Mensch in eine fremde Kabine? Vielleicht will er eine Bombe verstecken, damit der Verdacht nicht auf ihn fällt, falls eine Durchsuchung gemacht wird."

„Das ist es bestimmt nicht. Komm, wir ertappen ihn auf frischer Tat." Dennis läuft schon den Gang hinunter.

„He, warte. Und wenn er eine Pistole hat?"

„Unsinn. Nicht hier auf dem Schiff. Ich kann mir schon denken, was er jetzt macht. Aber da sucht er vergebens. Los, geh du zuerst."

Er reißt die Tür auf und gibt Jakob einen Stups. Dr. Schneider fährt herum.

„Was fällt dir ein? Wieso klopfst du nicht an?"

„Verzeihung, gnädiger Herr!" Oh Gott! Hat er etwa doch eine Pistole? Warum versteckt er seine Hände? „Äh – ich – ich muss noch Staub wischen."

„Bist du verrückt? Verschwinde gefälligst."

„Was tun Sie denn hier?" Dennis steckt seinen Kopf durch die Tür. „Sie wohnen doch gar nicht hier. Hier wohnen zwei junge Damen. Ich weiß das genau, denn ich bin schräg gegenüber."

Jakob zeigt wortlos auf die beiden Nachthemden auf den Kopfkissen. Dr. Schneiders ohnehin rotes Gesicht hat mittlerweile eine lila Färbung angenommen. Er stiert die beiden Jungen an, dann in der Kabine umher und schließlich in den Schrank, vor dem er steht.

„Na, so was!" Er schüttelt den Kopf. „Na, so was!" Er nimmt die Hände aus dem Schrankfach. Sie sind leer. „Kein Wunder, dass ich meine Sachen nicht finde. Ich begreife nicht, wie mir so etwas passieren kann. Hm. Wirklich sehr sonderbar. Hm." Er geht langsam auf die Tür zu. „Bin heute nicht richtig in Form, glaube ich."

„Meine Mutter sagt mir immer, dass ich meine Kabine abschließen soll. Ich glaube, da hat sie Recht. Man kann offenbar nicht vorsichtig genug sein." Dennis spielt den Entrüsteten.

„Soll ich Sie lieber in Ihre Kabine begleiten, wenn Sie sich nicht wohl fühlen, Herr Doktor?" Jakobs Fürsorge ist auch nicht ganz echt.

Dr. Schneider würdigt sie keiner Antwort. Man sieht ihm an, dass es sie am liebsten packen und mit den Köpfen zusammenschlagen würde, seine Hände öffnen und schließen sich krampfhaft. Er knurrt etwas Unverständliches, dreht sich um und geht den Gang hinunter. Jakob lässt sich auf den einzigen Stuhl der Kabine sinken, obwohl er das als Steward eigentlich nicht darf. Seine Beine zittern wie Wackelpudding, und er ist ganz weiß um die Nase.

„Vor dem brauchen wir uns nicht zu fürchten", sagt Dennis beruhigend. „Er ist hinter Bildern von Erika Aberle her, hat Marion gesagt. Aber die sind längst in meiner Kabine." So viel darf er doch wohl verraten, oder?

In Jakobs Gesicht kommt wieder etwas Farbe. „Wirklich? Na, Gott sei Dank. Einen Moment lang hab ich gedacht, er zieht eine Pistole und schießt mich über den Haufen. Verflixt, da ist schon der Gong fürs erste Mittagessen. Aber ich muss jetzt erst zu den Hunden."

„Ich geh mit und helfe dir, dann bist du schneller fertig."

Sie stellen Futter und Wasser in die Käfige. Bella fällt gleich darüber her, aber Arco liegt teilnahmslos in der Ecke und hebt nicht einmal den Kopf, als Dennis die Schüsseln in seine Reichweite schiebt. Jakob macht Bellas Käfig sauber und sieht sich dann in Arcos Käfig um.

„Das ist doch nicht zu fassen. Er hat immer noch nichts gemacht. Dabei hat er gestern seinen ganzen Napf leer gefressen und auch die Kalbsknochen, die ich ihm am Abend gebracht habe."

„Geh du mit Bella spazieren, ich bleib bei ihm."

Dennis krault den Foxterrier hinter den Ohren und streichelt dann vorsichtig über seinen Leib. Der Bauch fühlt sich hart und geschwollen an. Arco winselt leise und sieht Dennis aus trüben Augen an.

„Ja, du willst mir etwas sagen, du armes Kerlchen. Du bist krank, das merk ich schon. Aber was ist los mit dir? Hast du etwas Giftiges gefressen? Dein Bauch sieht ja aus, als ob er bald explodiert."

Oh Gott. Dennis schluckt. Sein Mund ist auf einmal trocken. Das – das ist doch ein völlig aberwitziger Gedanke! Er sieht seine Hände auf Arcos schwarzweißem Fell. Die Finger zittern, die Härchen auf seinen Unterarmen haben sich aufgerichtet. Seine Handflächen sind so gewölbt, als ob sie einen Fußball umfassen würden.

Er hat mit Jakob überlegt, dass niemand an Bord die *Hindenburg* in die Luft sprengen wird, weil er dann sich selbst in Gefahr bringt. Aber der Hund ist alleine. Er ist in Frankfurt in den Zeppelin gebracht worden und wird in Lakehurst abgeholt. Das kann stimmen, aber auch eine Lüge sein. Ob man etwa ...? Aber wie? Gänse werden gemästet, indem man ihnen eine Röhre durch den Hals schiebt und sie mit Körnern voll stopft. Könnte man so auch Dynamit in einen Hund füllen? Der Sprengstoff müsste wahrscheinlich in einer Hülle sein, damit die Magensäfte den Inhalt nicht angreifen. Oder ist das gar nicht nötig? Ich habe keine Ahnung von so etwas, denkt Dennis. Aber ich weiß, dass mit diesem Hund etwas nicht stimmt, und dafür könnte es eine schreckliche Erklärung geben.

Er springt auf und rennt hinter Jakob her.

„Du bist verrückt!“

„Ich sag ja nicht, dass es so ist.“ Dennis findet seine eigene Idee unglaublich, als er sie Jakob erzählt. „Aber du kannst es auch nicht völlig ausschließen.“

Sie laufen zurück und hocken sich neben Arco. Behutsam tastet Jakob seinen Bauch ab. Das Fell darüber ist gespannt wie bei einer Trommel.

„Ja, du hast Recht. Es könnte sein. Der arme Hund! Aber was machen wir jetzt?“

Sie sehen sich an.

„Ich muss das melden, Dennis. Und zwar sofort. Es ist zu gefährlich.“

„Nein, warte noch. Lass uns in Ruhe überlegen. Was werden sie mit ihm anstellen, was meinst du?“

Jakob kaut auf seiner Unterlippe herum. „Ich fürchte, sie werden ihn über Bord werfen. Jetzt schau mich nicht so an! Wenn er einen Darmverschluss hat, stirbt er sowieso."

„Nein, tut er nicht. Wenn man einen Durchfall hervorrufen kann, dann ist er gerettet. Meine Patsy hat mal einen Beutel verschluckt und der hat sich im Bauch gedreht und alles Fressen ist hineingelaufen und hat ihn aufgebläht. Sie war schon halb tot, aber der Tierarzt hat ihr eine ganze Flasche Rizinusöl gegeben, da ist alles rausgekommen. Und zwar ziemlich schnell."

„Hm. Aber wenn es nicht wirkt?"

„Dann kannst du es immer noch melden."

„Ja, aber stell dir vor, es wirkt, und du hast Recht, und wir stehen dann da mit einem Beutel voll Dynamit."

Dennis reibt seine sommersprossige Nase. „Aber das explodiert nicht von alleine, oder? Man muss es irgendwie zünden. Das muss dann der Kapitän entscheiden. Komm, gib dem armen Tier eine Chance. Wir landen erst morgen früh, und du hast selbst gesagt, dass wahrscheinlich bloß der Zeppelin zerstört werden soll und nicht die Menschen. Am Ende ist wahrscheinlich überhaupt nichts dahinter."

„Na gut. Aber ich hab ein verflixt komisches Gefühl dabei." Jakob seufzt ganz tief aus dem Bauch heraus. „Ich wünschte fast, ich wäre im Excelsior geblieben. Irgendwie habe ich Angst."

**14** Als Jakob Uschi Hoff von dem kranken Hund erzählt, gibt sie ihm eine große Flasche Rizinusöl.

„Wir landen ja schon morgen. Bis dahin wird es wohl niemand brauchen“, sagt sie. „Ich würde es sowieso ungern verordnen, es ist viel zu drastisch, da gibt es schonendere Mittel. Sag mal, du hast die beiden Jungen vorhin doch auch gesehen. Ist dir nichts aufgefallen?“

„Doch. Sie haben Angst.“

„Den Eindruck hab ich auch. Aber ich komme nicht dahinter, wieso. Sie reden fast überhaupt nicht. Ich weiß bloß nicht, wie ich an sie herankommen soll.“

Von den Kindern muss ich Dennis auch noch erzählen, denkt Jakob. Aber nicht jetzt. Erst will ich die Sache mit Arco hinter mir haben. Wie lange dauert das wohl? Lieber Gott, ich wünschte, die nächsten Stunden wären schon vorbei. Das hätte ich auch nie für möglich gehalten, dass ich mal lieber im *Excelsior* wäre als auf der *Hindenburg*.

„Was soll das heißen? Wieso bist du nicht in der Anrichte?“ Der Chefsteward vertritt ihm den Weg.

„Ich muss noch zu den Hunden.“

„Unsinn! Du musst servieren. Die Hunde können warten.“

„Aber einer ist krank. Ich habe gerade Rizinusöl geholt. Ich glaube, er hat eine Verstopfung.“

„So, glaubst du das? Du bist wohl ein Tierarzt?“ Der Chefsteward verzieht angewidert das Gesicht. „Und du bildest dir ein, dass du anschließend servieren kannst? Das ist ja unappetitlich! Erledige jetzt gefälligst deine Arbeit. Und dann gehst du in die Küche, der Konditor braucht dich. Um den Köter wirst du dich erst kümmern, wenn nichts anderes mehr zu tun ist."

Da kann man nichts machen. Jakob dreht sich um und geht in die Anrichte. Der Speisenaufzug aus der Küche ist schon in Betrieb und spuckt Schüsseln und Platten mit silbernen Deckeln, Wein-, Bier- und Wasserflaschen, kleine Körbe mit warmen Brötchen, Butterfässchen und Saucieren aus.

„Na, endlich!" Karlchen balanciert ein volles Tablett hinaus. „Mach das nächste fertig."

Jakob schaut auf den Bestellzettel, der neben dem Aufzug hängt, und stellt alle Gerichte zusammen, die auf einen Tisch gehören. Dennis wird schon merken, wenn er nicht kommt. Und er wird sich auch denken, dass ihn jemand abgeschnappt hat. Jedes Mal, wenn Karlchen die Tür zum Speisesaal öffnet, hält Jakob nach Dennis Ausschau. Aber der kommt erst zum zweiten Essen, allerdings als einer der Ersten, und blickt sich suchend um. Jakob schiebt die Flasche mit dem Rizinusöl in eine Porzellankanne.

„Ich habe Ihnen Zitronenlimonade gemacht, Mr Johnson, aber ich konnte Sie nirgendwo finden."

„Das ist aber sehr freundlich." Mit einem Blick hat Dennis den Inhalt der Kanne erkannt. „Ich werde sie in mein Zimmer bringen und später trinken."

„Ich hab gleich Küchendienst", murmelt Jakob.

„Okay. Ich versuch's allein."

Das Mittagessen kommt Jakob endlos vor. Nicht einmal die köstlichen Überreste auf den abgeräumten Tellern können ihn aufheitern, obwohl er sich jedes Mal den Mund voll stopft, wenn er allein in der Anrichte ist. Und anschließend muss er gleich in die Küche. Der Konditor hat fünf Sachertorten gebacken für den Nachmittagskaffee, die müssen noch glasiert werden. Fünf Torten für 36 Passagiere und die Offiziere. Da werden bestimmt ein paar Stücke übrig bleiben! Jakob brockt Schokolade in eine Schüssel und stellt sie ins Wasserbad, dann hilft er Karlchen beim Abtrocknen, bis die Schokolade so flüssig ist, dass man sie verstreichen kann. Uschi Hoff kommt mit einem Tablett voller Geschirr herein.

„Weiß hier jemand etwas von einer Bombendrohung?"

Jakob lässt fast das breite Messer fallen, mit dem er die Glasur glatt streicht.

„Eine Bombendrohung?" Karlchen tut ahnungslos.

„Ich hab eben den Kaffee in die Offiziersmesse gebracht, da ist der Zweite reingekommen und hat gesagt: ‚Funkspruch vom FBI! Sie haben entdeckt, wer hinter der Bombendrohung steckt. Es ist eine Sie. Und zwar eine Wahrsagerin.'"

„Wahrsagerin?" Diesmal ist Karlchens Staunen echt.

„Sie hat im letzten Jahr zwei Aufsehen erregende Prophezeiungen gemacht, hat der Zweite gesagt. Sie hat verkündet, dass Bette Davis die Rolle der Scarlet O'Hara in ‚Vom Winde verweht' spielen wird. Und sie hat geweissagt, dass Mrs Wallis Simpson Königin von England wird. ‚Was soll der Quatsch?', haben die anderen gerufen. ‚König Edward hat abgedankt, um die Amerikanerin zu heiraten, und jetzt wird sein Bruder König. Und die Hauptrolle in ‚Vom Winde verweht' hat doch die kleine Engländerin gekriegt, die hübsche Brünette mit den grünen Augen.'

‚Genau!', hat der Zweite gesagt. ‚Und deshalb ist diese Dame eine Idiotin, die sich wichtig machen will.'"

„Eine Idiotin?“ Karlchen dreht sich zu Jakob um.

Uschi legt den Kopf schief. „Ich freue mich natürlich, wenn Sie von meinen Worten beeindruckt sind. Aber ich finde es etwas übertrieben, sie immer zu wiederholen.“

„Bist du verrückt, Junge!“, ruft der Konditor. „Wo hast du denn deine Augen? Du sollst die Torte glasieren, nicht den Tisch!“

Jakob zuckt zusammen. Er hat wie gebannt zu den beiden hinübergeschaut und dabei immer weiter gestrichen, ohne auf seine Finger zu schauen. Jetzt hat das Kuchengitter eine dicke Schokoladenglasur und die Tischplatte auch.

„Ich habe – ich war so – bitte vielmals um Entschuldigung. Ich hab mich so erschrocken, wegen der Bombendrohung, mein ich, ich hab irgendwie ...“

„Das ist doch kein Grund, nicht aufzupassen!“ Der Konditor dreht die Torte mit dem Gitter und begutachtet sie von allen Seiten. „So was kommt immer wieder vor, daran wirst du dich schon gewöhnen. Die Zeppeline ziehen die Spinner an. Das FBI sagt, es ist nichts dran an der Sache, das hast du doch gehört. Jetzt konzentriere dich gefälligst, und schmilz neue Schokolade. Wehe, wenn sie Klumpen kriegt. Und die Glasur muss so glatt sein, dass man sich drin spiegeln kann!“

Jakob geht zum Herd. Er würde am liebsten laut singen. Eine Wahrsagerin! Eine verrückte Wahrsagerin, die nur Unsinn prophezeit! Kein Dynamit, kein Zeitzünder, keine Gefahr! Er schaut zu Karlchen hinüber. Ob der auch so erleichtert ist? Das lässt sich nicht feststellen, denn er hat angefangen, Fräulein Hoff die Geschichte von den beiden ausgefallenen Motoren zu erzählen, als die *Hindenburg* vor der Wahl stand, entweder mit dem Passatwind nach Südamerika umzukehren oder in der afrikanischen Wüste notzulanden oder so hoch zu steigen, dass der Mistral sie das Rhonetal hinaufblasen würde.

Jakob hat die Geschichte schon mehrmals von verschiedenen Leuten an Bord gehört, denn sie gilt als eine der wenigen wirklich gefährlichen und aufregenden Situationen der Zeppelin-Fahrten. Komisch, dass Karlchen jetzt davon anfängt. Dabei hat er gestern und vorgestern kaum ein Wort mit der Stewardess gesprochen, obwohl er doch am Anfang so beeindruckt von ihr gewesen war. Aber Jakob hat jetzt keine Lust, darüber nachzudenken. Er glasiert die Torten und setzt sie auf Kristallplatten und schleckt den Schokoladentopf aus. Er wird später nach Arco sehen. Ganz gleich, was das Rizinusöl aus dem Hund heraustreiben wird, es wird jedenfalls keine Bombe sein.

Nach dem zweiten Abendessen versammeln sich die meisten Passagiere im Aufenthaltsraum. Es hat sich tatsächlich ein *Hindenburg*-Chor gebildet, mit Erika am Klavier. Sie haben den ganzen Nachmittag geprobt und geben jetzt das Ergebnis zum Besten. Nur Dr. Schneider und die Köcherts sitzen noch beim Dessert. Uschi räumt die Tische ab, geräuschlos, um sie nicht zu stören. Als Karlchen die Tür zum Speisesaal öffnet, wehen ein paar Musikfetzen herein.

„Es steht ein Soldat am Wolgastrand, hält Wache ...“

„Was ich jetzt brauche, ist ein Cognac. Oder meinetwegen auch zwei. Das Essen war zu schwer, und außerdem geht mir diese Musik auf die Nerven.“ Irene macht eine abfällige Handbewegung. „Das habe ich gestern schon gedacht. Wenn man eine Luftreise nach Amerika macht, dann könnte man doch etwas weniger Hausbackenes wählen. Mondscheinsonate und deutsche Volkslieder und Schmachtfetzen aus Operetten! Das ist doch wirklich zu provinziell."

„Und was würdest du singen, mein Schatz? ‚Ich bin von Kopf bis Fuß auf Liebe eingestellt'?" Herr Köcherts Stimme hat wie immer einen spöttischen Unterton, wenn er mit seiner Frau spricht.

„Ach was. Vor diesem Publikum würde ich gar nichts singen. Kommen Sie, Doktorchen, wir nehmen Reißaus und verbarrikadieren uns in der Bar. Sie brauchen ganz offensichtlich etwas Stärkeres als Rheinwein, so angenehm er ist." Sie leert ihr Glas und steht auf. „Sie wissen doch, einen alten Kater schlägt man am besten mit einem neuen tot. Außerdem sehne ich mich nach einer Zigarette. Ich sitze gerne im Rauchsalon. Das dunkelblaue Leder ist eine Erholung nach all dem Rot hier oben."

„Du wirst unseren Doktor schockieren, meine Liebe. Du weißt doch, eine deutsche Frau raucht nicht."

„Er hat es schon gestern gesehen und war gar nicht schockiert. Nicht wahr, Doktorchen?" Sie hängt sich bei ihm ein. „Eine deutsche Frau trinkt auch nicht, und sie schminkt sich auch nicht, das hat man mir einmal sehr nachdrücklich klargemacht."

„Darf ich daraus schließen, dass Ihnen ein übereifriger Wirt Hausverbot erteilt hat?", fragt Dr. Schneider.

„Übereifrig, das ist genau das richtige Wort. Er hat mir einen Erlass des Polizeipräsidenten unter die Nase gehalten, dass geschminkte Frauen aus dem Haus zu weisen sind, und ich musste tatsächlich das Lokal verlassen. Aber hier vertrete ich gewissermaßen die deutsche Ehre gegenüber dem Ausland. Haben Sie gesehen, wie angemalt die Amerikanerinnen sind? Da kann ich doch nicht als graue Maus auftreten."

Sie rafft den bodenlangen Rock des blauseidenen Abendkleides und lässt die Nerzstola ein Stückchen von den bloßen Schultern gleiten. Wenn ich derartig mit Lippenstift und Rouge und Wimperntusche umgehen würde, denkt Uschi, mein Vater würde mir etwas Anderes sagen. Und der Chefsteward wahrscheinlich auch.

„Ich muss gestehen, dass ich in diesen Fragen sehr strikte Grundsätze habe, meine Gnädigste. Aber Sie haben Recht, es gibt Situationen, wo man sie vergessen muss."

Dr. Schneider hält Irene die Tür auf.

„Du hast im Himmel die Englein bei dir, schicke eines davon auch zu mir", tönt es aus dem Aufenthaltsraum.

„Du lieber Himmel! Da kann man wirklich nur in der Bar Zuflucht suchen. Eigentlich wollte ich heute Abend keinen Tropfen trinken. Aber wir haben schon jetzt Verspätung wegen des Gegenwindes. Da wird das Frühstück später serviert, und wir können morgen früh so lange schlafen, wie wir wollen. Das muss man als Aufforderung des Wettergottes zu einem feuchtfröhlichen Abend sehen."

Seine laute Stimme ist noch deutlich im Speisesaal zu hören, obwohl Egon die Tür schon wieder zugeschoben hat. Uschi stützt die Hände auf den Tisch und blickt mit gekrauster Stirn auf die Wand. Aber sie sieht weder das Bild vom Zuckerhut noch von der Freiheitsstatue, noch alle anderen Gemälde, die den Speisesaal schmücken. Sie denkt nach.

„Bleiben die drei lange im Rauchsalon?"

„Das kann man wohl sagen!“ Karlchen seufzt. „Endlos. Wenn sie einmal sitzen, sind sie wie festgewachsen. Sie waren jede Nacht die Letzten.“

„Hm.“ Sie nickt langsam. „Gut.“

Karlchen versucht ein Gespräch, aber Uschi gibt nur einsilbige Antworten und ist mit den Gedanken offensichtlich woanders. Er ärgert sich über sich selbst. Sein Verdacht war lächerlich! Statt sich in Spekulationen zu verlieren, ob sie eine Spionin oder schlimmer noch eine Bombenlegerin ist, hätte er die Zeit besser nutzen können. Und der Zweite, der streicht auf einmal ständig um die Küche herum, obwohl er dort nichts zu suchen hat. Aber den wird er schon aus dem Feld schlagen. Die Stewards arbeiten schließlich den ganzen Tag zusammen, da gibt es viele Möglichkeiten, eine Freundschaft anzubahnen. Sie haben ja noch den ganzen Rückflug vor sich, und auf dem wird er sich nicht so ungeschickt anstellen.

Uschi türmt das restliche Geschirr auf ihr Tablett. Als sie in der Küche fertig ist, geht sie leise in die Kabine der Köcherts. Philipp schläft schon. Seinem Schnaufen ist die Erkältung anzuhören, der Atem rasselt. Mäxchen ist noch wach. Er liegt im oberen Bett und hat die Leselampe eingeschaltet. Sein Kopf fährt herum, als Uschi die Tür öffnet. Das Licht fällt auf sein Gesicht. Die Erleichterung, als er die Stewardess erkennt, ist offensichtlich. Uschi tritt an das Bett.

„Du brauchst nichts zu sagen, wenn du nicht willst, Max.“ Sie spricht leise, aber bestimmt. „Ich weiß, dass irgendetwas nicht in Ordnung ist bei euch. Meinst du, ich kann euch helfen?“

Max zögert. Einen Augenblick lang ist die Versuchung groß. Da ist jemand, der ihnen helfen will. Ein

Erwachsener. Einer, der zum Zeppelin gehört. Dann schüttelt er den Kopf.

„Das ist zu gefährlich."

„Für wen?"

„Für Flippi."

Sie blickt ihn ruhig an. Der Schein der Lampe strahlt sie an. Hinter ihr ist alles dunkel. Ihre großen blauen Augen leuchten. Sie sieht so freundlich aus, Max würde sich am liebsten in ihren Armen verkriechen.

„Sie wollen ihn aus dem Fenster schmeißen, wenn ich etwas verrate."

Die Worte brechen einfach aus ihm heraus. Seit zwei Tagen und Nächten lebt er jetzt mit dieser Drohung. Flippi hat er inzwischen fast davon überzeugt, dass es zu Egon passt, so einen komischen Witz zu machen. Aber er selbst kann genau zwischen einem Witz und tödlichem Ernst unterscheiden. Er kann Tag und Nacht an nichts anderes denken. Immer wieder fährt er aus dem Schlaf auf und horcht auf Flippis Atem. Er kann einfach nicht mehr allein damit sein, einer wenigstens soll es wissen.

Der Junge redet im Fieber, ist Uschis erster Gedanke. Sie streckt die Hand aus und legt sie auf seine Stirn. Doch sie ist kühl, nur ein bisschen feucht.

„Max! Das kann ich nicht glauben. Das sind eure Eltern. Du musst irgendetwas falsch verstanden haben. Vielleicht haben sie einen Scherz machen wollen."

Max gibt keine Antwort und sieht starr vor sich hin.

„Oder sie wollten euch ein bisschen Angst machen, damit ihr nicht leichtsinnig an den Fenstern herumturnt."

„Ich darf nichts sagen." Das klingt sehr endgültig. Und verzweifelt.

Uschi ist voller Mitleid. Die armen Kinder! Sie leben also in ständiger Todesangst. Was immer sich die Eltern dabei gedacht haben, und selbst wenn sie in bester Absicht gehandelt haben, es ist grausam, die Kleinen so zu ängstigen. Das sind ja Rabeneltern. Auf einmal durchzuckt sie eine Frage: Sind das überhaupt die Eltern?

„Du brauchst kein Wort zu sagen, Max. Du brauchst nur den Kopf zu bewegen. Und das hat dir niemand verboten. Sind das überhaupt eure Eltern?"

Max zögert, dann schüttelt er den Kopf.

Uschis Gedanken wirbeln. Die vier sind auf der Passagierliste als Familie Köcherts verzeichnet und haben zweifellos entsprechende Papiere vorgelegt. Aber Papiere kann man fälschen. Man braucht allerdings sehr viel Geld dazu. Und das wird man wohl nur bezahlen, wenn es sich lohnt. Warum bringt man Kinder ins Ausland?

„Kriegen sie keine Kinder? Haben sie euch gestohlen, um welche zu haben?"

Max schüttelt wieder den Kopf.

Das hätte mich auch sehr gewundert, denkt Uschi. Die zwei wirken eher so, als ob sie Kinder ziemlich lästig finden. Ob sie die Kleinen etwa an ein kinderloses Paar verkaufen wollen? Das dann so tun wird, als ob es gerade aus Deutschland eingewandert wäre? Und in eine einsame Gegend zieht, wo niemand Fragen stellt? Das sind ja Räubermärchen! Konzentrier dich auf die Tatsachen, ruft sie sich zur Ordnung.

„Max, wenn wir warten, bis wir gelandet sind, dann können sie deinen Bruder nicht mehr hinunterwerfen. Und dann sag ich dem Kapitän Bescheid."

„Nein, nein, bloß nicht! Sie schießen Papa tot."

Max schlägt sich mit der Hand auf den Mund. Jetzt ist alles aus! Er hat das Geheimnis verraten! Sie werden nie mehr nach Hause kommen! Sie werden Papa und Mama nie wieder sehen! Vor Entsetzen fängt er an zu weinen. Philipp bewegt sich und hebt schlaftrunken den Kopf. Er sieht jemanden neben dem Bett stehen, hört das Schluchzen seines Bruders, und sofort ist die Angst in seinem Gesicht. Er richtet sich auf.

„Max! Was hast du? Hat er dir wieder wehgetan?"

Uschi blutet das Herz. Sie muss den armen Kindern irgendwie die Angst nehmen. Und sie muss verhindern, dass sie sich verraten und die beiden Verbrecher misstrauisch machen. Denn Verbrecher sind sie, selbst falls sie bisher nur gedroht haben sollten, so viel ist ihr klar. Was war das für ein Lied eben, das durch die Türen zu hören war? *Du hast im Himmel die Englein bei dir, schicke eines davon auch zu mir.* Das ist die Lösung!

„Pscht, Max! Pscht! Du musst nicht weinen. Und du brauchst auch keine Angst zu haben."

„Sie bringen uns alle um", schluchzt Max.

„Nein, das tun sie nicht. Das können sie gar nicht. Wenn du still bist und mir gut zuhörst, erkläre ich dir, warum."

Sie geht zum Becken, macht einen Waschlappen nass und kühlt seine heißen, tränenverschmierten Backen.

„Du weiß doch, dass der liebe Gott die Kinder ganz besonders lieb hat, nicht?"

Max nickt. Philipp nickt auch.

„Und was tut er, damit einem Kind nichts passiert? Damit es behütet wird in allen Gefahren?"

Max denkt nach. „Er schickt ihm einen Schutzengel.“

„Genau so ist es. Er schickt ihm einen Schutzengel. Und euer Schutzengel bin ich.“

Max’ Mund bleibt offen stehen vor Staunen. Philipp wundert sich gar nicht.

„Hast du deshalb weiße Kleider an?“

Uschi nickt. Max betrachtet sie ungläubig.

„Aber – aber du bist doch die Stewardess.“

„Natürlich. Die anderen brauchen doch nicht zu merken, dass ein Schutzengel an Bord ist. Ich bin nur für euch beide da, und deswegen dürft auch nur ihr es wissen.“

„Das ist gut.“ Philipp legt zufrieden wieder den Kopf aufs Kissen. „Und du passt auf uns auf?“

„Ja, das tue ich. Ihr braucht keine Angst mehr zu haben. Euch kann nichts passieren.“

Philipp schließt die Augen. „Und Papa und Mama?“

„Denen auch nicht. Ich sorge dafür, dass ihr euch alle bald wieder seht.“

„Das ist gut.“ Philipps Stimme klingt schon ganz undeutlich. Wenige Minuten später schläft er wieder. Max sitzt noch immer aufrecht im Bett.

„Aber wir müssen weiterfahren. Er muss erst telefonieren, dass alles in Ordnung ist.“

Er bringt den Namen nicht über die Lippen, aber das ist auch nicht nötig.

„Das kann er ruhig. Ich komme hinter euch her. Ihr seht mich vielleicht eine Zeit lang nicht, aber dann bin ich wieder da.“

Und mit mir die amerikanische Polizei, denkt Uschi zornig. Die Verbrecher sollen sich ruhig in Sicherheit wiegen, sie werden nicht davonkommen. Jetzt legt sich auch Max wieder hin. Sie stopft die Decke um ihn fest.

„Das ist jetzt unser Geheimnis“, flüstert sie. „Ihr dürft mit niemandem darüber sprechen, das wisst ihr, nicht? Auch du nicht mit Philipp. Und mit mir natürlich auch nicht.“

„Ja, ich weiß. Wir reden bestimmt nicht. Hauptsache, wir wissen, dass du da bist.“

# 15

„Du verschwendest entschieden zu viel Zeit an die Hunde! Wir haben fast einen halben Tag Verspätung und dadurch eine zusätzliche Mahlzeit. Ist dir eigentlich nicht klar, dass wir jede Hand in der Küche brauchen?"

Jakob zieht den Kopf ein. Der Chefsteward in eigener Person hat sich auf die Suche nach ihm gemacht und ihn an den Hundekäfigen aufgetrieben. Ein Glück, dass ausnahmsweise Dennis nicht da ist. Aber der Berliner Maschinist geht gerade vorbei. Der ist ein großer Hundefreund und hat überhaupt keine Angst vor dem Chefsteward.

„Nu man langsam mit die jungen Pferden! Icke an Ihrer Stelle, ick würd mir den Jungen warm halten. Wenn der die arme Töle nicht in die Mangel jenommen hätt, denn hätten Sie 'ne Leiche an Bord."

„Was? Den Jakob?"

„Quatsch!" Der Maschinist zeigt mit einem ölverschmierten Finger auf den Käfig. „Die Töle natürlich."

„Sie meinen, der Hund wäre gestorben."

„Det mein ick. Präzis jenau. Un det kann ick Ihnen sagen, so wat von Schweinerei, wie det arme Viech produziert hat, da täten Sie sich nicht dran schmutzig machen, det können Sie mir jlooben."

„Hm. Das ist auch nicht meine Aufgabe, würde ich sagen."

„Nee, det wohl nicht. Aber Ihre Aufgabe is et, die Kundschaft zufrieden zu stelln. Und der Töle ihren Herrn möcht ich sehn, wenn Sie ihr tot abliefern."

Das strenge Gesicht des Chefstewards verzieht sich zu einem halben Lächeln. „Das ist ein Argument. Na gut, Wohlfahrt, wenn das so ist, dann muss ich dir wohl ein Lob aussprechen. Aber komm trotzdem gleich in die Küche."

Der letzte Tag der Fahrt ist genauso trüb und nebelig angebrochen wie alle übrigen. Die meisten Passagiere haben sehr spät gefrühstückt und dann ihre Taschen gepackt. Jetzt sitzen sie im Aufenthaltsraum, lesen, schreiben die letzten Postkarten und werfen ab und zu einen Blick aus den Fenstern, ob nicht doch etwas anderes zu sehen ist als das dichte Grau ringsum. Erika hat endlich dem ständigen Drängen von Herrn Späh nachgegeben. Seit er sie das erste Mal mit ihrem Zeichenblock gesehen hat, will er ein Bild von sich haben.

„Aber richtig gut bin ich nur in Karikaturen."

„Das macht nichts. Im Gegenteil, ich liebe Karikaturen. Sehen Sie, ich posiere für Sie in meiner berühmtesten Nummer. Da spiele ich einen Betrunkenen, der auf eine altmodische Gaslaterne klettert, weil er sich an der Flamme seine Zigarre anzünden will, mit vielen Verzögerungen natürlich. Und dann hängt er hoch oben und traut sich nicht mehr runter. Etwa so."

Er setzt seinen Hut schief auf den Kopf, hangelt sich an einer der silbernen Säulen hoch und strampelt mit den Beinen. Dann rutscht er wieder herunter und bleibt in einer ähnlichen Haltung auf dem Boden stehen. Erika kneift die Augen zusammen und betrachtet ihn intensiv. Ein Betrunkener auf einer Laterne? Die Haare unter dem Hut müssen zerrauft aussehen und die Augen glasig und ein bisschen schielend, der oberste Hemdenknopf soll geöffnet sein, die Krawatte verrutscht, das Jackett zerknittert. Sie beginnt zu zeichnen. Eine halbe Stunde später betrachtet der Artist hingerissen das Blatt.

„Das ist perfekt! Da ist alles drin, was die Nummer ausmacht! Das ist brillant!“ Er nimmt Erikas Hand und tut so, als ob er die Linien in der Innenfläche begutachtet. „Sage ich Ihnen Karriere vorraus, kleines Frräulein, grrosses grrosses Karriere in Amerrika. Werrden Sie zeichnen alle Starrs und Sterrnchen von Film. Werden Sie werrden berrühmt in Hollywood.“

Die anderen drängen sich um den Tisch, und innerhalb von Minuten kann Erika sich vor Aufträgen kaum noch retten. Der Nebel draußen ist vergessen, alle rufen und lachen durcheinander. Herr Späh schiebt Erika einen Briefumschlag über den Tisch.

„Ihr Honorar.“

„Aber nein! Ich will doch kein Geld! Ich hab doch Spaß daran gehabt. Und außerdem waren Sie immer so freundlich.“

Er hebt warnend den Zeigefinger. „Aber, aber! Diese beiden Sätze müssen Sie sich abgewöhnen. In Amerika will man Geld verdienen, je mehr, je besser. Wenn Sie gestatten, erkläre ich mich jetzt zu Ihrem Impresario und werde Ihre Zeit meistbietend versteigern.“ Er dreht sich zu den Passagieren um. „Meine Damen und Herren! Wie viel bieten Sie für Ihr Konterfei, gefertigt von dieser begnadeten Künstlerin? Der Sieger wird als Erster verewigt!“

Die Zahlen schwirren durcheinander. Erika hört erschrocken die Höhe der Summen. Man merkt, dass nur reiche Leute mit der *Hindenburg* fahren. Sie würde am liebsten weglaufen, aber da sieht sie Dr. Schneider näher kommen und bleibt sitzen.

„Zurück! Zurück!“ Herr Späh wedelt mit beiden Händen. „Sie sind als Letzter gekommen! Also stellen Sie sich hinten an.“

„Ich will mit Fräulein Aberle reden." Der Kritiker denkt nicht daran, stehen zu bleiben.

„Kann schon sein, dass Sie das wollen. Aber Fräulein Aberle will das bestimmt nicht. Sie ist nämlich jetzt beschäftigt. Ach, was sage ich ‚jetzt'. Sie wird den ganzen Nachmittag beschäftigt sein. – Bitte sehr, Herr Gießner, Sie sind als Sieger aus dem Bietgefecht hervorgegangen, Sie dürfen als Erster Platz nehmen. Die Nächste ist Ihre Frau, der Dritte ..."

Er verkündet die Namen in der Reihenfolge der Sitzungen, und es bleibt Dr. Schneider nichts anderes übrig, als sich zurückzuziehen.

„Ich fürchte, Fräulein Aberle ist ausgebucht bis zur Landung", ruft der Akrobat hinter ihm her. „Müssen Sie warrten bis Amerrika, werrter Herrr, können Sie rreden errst bei Zoll."

„Worauf Sie sich verlassen können!" Die Drohung in den Worten ist nicht zu überhören, aber Erika lächelt nur. Dennis hat alle Bilder von Klee in seinem Handgepäck, und selbst wenn Dr. Schneider die amerikanischen Zöllner alarmiert – falls er das überhaupt kann und falls der Zoll für Entartete Kunst überhaupt zuständig ist – so werden sie in ihrem Gepäck nichts finden.

Gegen Mittag hebt sich der Nebel. Die amerikanische Küste taucht auf, bald ist Boston zu sehen. Als das Mittagessen serviert wird, streicht Dr. Schneider um die Tische, offensichtlich in der Hoffnung, Erika abzufangen, aber Mr Johnson hat die beiden Mädchen an seinen Tisch geladen. Jakob hat am Familientisch durch Zwischeneinsätze Platz für acht Personen geschaffen. Er weiß inzwischen, dass die Platten so gebaut sind, dass man alle Tische vergrößern und sogar zwei Tafeln für je 28 Personen aufstellen kann, die fast den ganzen Raum einnehmen.

„Jetzt, wo die Reise zu Ende geht, kann ich ja darüber reden: Ich bin mit einem gewissen Widerwillen an Bord gegangen – ich weiß auch nicht, warum." Mrs Johnson entfaltet ihre Serviette. Sie hat trotz Dennis' Befürchtungen die beiden Mädchen sehr freundlich begrüßt und nicht das geringste Interesse für Beruf und Vermögen ihrer Eltern gezeigt. Der Schicksalsschlag muss sie verändert haben.

„Ich habe erst an irgendeine Vorahnung geglaubt, aber meine Nerven haben mir wohl einen Streich gespielt. Jetzt bin ich richtig froh, dass wir mit der Hindenburg gefahren sind. Das ist tatsächlich die erste Atlantiküberquerung, die ich ohne Übelkeit hinter mich gebracht habe."

„Und bedenke die Zeitersparnis, meine Liebe. Noch keine drei Tage, und schon sind wir da! Dabei haben wir eine ganz nette Verspätung, aber daran ist der Gegenwind schuld, hat mir der Kapitän gesagt. Ich glaube, wir werden in Zukunft den Schiffen untreu und stattdessen Stammgäste auf der Hindenburg werden."

„Einverstanden, mein Lieber. Ihr müsst wissen, mein Mann gehört zu den Amerikanern, für die Zeit Geld bedeutet." Sie lächelt die beiden Mädchen an. „Aber er ist keiner von den üblen Kapitalisten, über die man so viel in der Zeitung liest. Im Gegenteil, er interessiert sich für Kunst, und er ..."

„Vielen Dank, meine Liebe, das genügt." Mr Johnson unterbricht sie hastig. „Mein Interesse an Kunst hat Erika schon bemerkt, hoffe ich. Ich darf Sie doch beim Vornamen nennen, nicht wahr? Das ist eine sehr angenehme amerikanische Sitte, da fühlt man sich gleich ein bisschen befreundet."

Dennis wundert sich. Seine Eltern haben in den letzten zwei Tagen kaum gesprochen. Seine Mutter ist oft in der Kabine geblieben und mit rotgeränderten Augen zum Essen gekommen. Und sein Vater hat manchmal stundenlang aus dem Fenster in den Nebel gestarrt. Aber jetzt fragt er interessiert Thea:

„Werden Sie denn in New York bleiben?"

Thea denkt an Marions Ausrede. „Nein, leider nicht. Meine Mutter hat den Fuß gebrochen und kann uns nicht abholen, sonst hätte sie uns bestimmt die Stadt gezeigt. Wir müssen zu ihr fahren."

„Und wir haben beide ein bisschen Angst, weil wir noch gar nicht richtig wissen, wie wir von Lakehurst zum richtigen Bahnhof und dann nach Philadelphia kommen", ergänzt Erika.

Mr Johnson reibt sich die Hände. „Das trifft sich ja großartig, wir wohnen nämlich auch in Philadelphia. Sie fahren mit uns, und wir werden Sie sicher abliefern. Wir können dann gleich ausmachen, wann Sie uns besuchen kommen."

Thea versucht mühsam, Begeisterung zu heucheln. Sie möchte ihrer Tante ohne Zeugen unter die Augen treten und am liebsten erst in Gegenwart ihres Vaters.

„Ich weiß gar nicht, ob meine Mutter Besuch empfangen kann. Vielleicht ist sie sogar im Krankenhaus."

„Dann kommen Sie doch am besten erst mit zu uns. Wir klären dann alles telefonisch, und ich kann Erika schon einmal meine Gemäldesammlung zeigen. Ich habe nämlich ein kleines Attentat auf sie vor."

Die Beschreibung seiner Galerie und seines Einfalls, Erika von jedem Bild eine Karikatur zeichnen zu lassen, dauert bis zum Ende des Mittagessens. Erika strahlt. Damit ist ihr Amerikaaufenthalt gesichert, selbst falls Marions Mutter so empört sein sollte, dass sie die pflichtvergessene Reisebegleiterin ihrer Nichte nicht behalten will.

Während die Passagiere zu Mittag essen, fährt der Zeppelin an der Küste entlang. Manchmal streichen noch Nebelfetzen und Regenschauer an den Fenstern vorbei. Als New York in Sicht kommt, türmen sich hinter den Hochhäusern schwarze Wolkenberge. Plötzlich bricht die Sonne durch. Alle Passagiere stehen an den Fenstern.

Die Mädchen wollen ihren Augen nicht trauen. Das soll wirklich eine einzige Stadt sein? Sie dehnt sich bis zum Horizont, ein Gebirge aus Stein, durchschnitten von Straßenschluchten und Wasserläufen, überragt von Haustürmen, die tatsächlich bis an die Wolken reichen. Die Spitze des Empire State Building glitzert. Die *Hindenburg* geht so tief, dass sich die Passagiere und die Besucher auf der Aussichtsplattform zuwinken können. Dann fährt der Zeppelin einen weiten Bogen.

„Jetzt will der Käpten den Leuten noch etwas bieten für ihr Geld.“ Herr Späh weist mit dem Finger geradeaus. „Da, in der Lücke zwischen den Wolkenkratzern, da ist die Freiheitsstatue. Wo sind denn Ihre Jungen, Herr Köcherts? Die werden Ihnen nie verzeihen, wenn sie diesen Anblick verpassen.“

Herr Köcherts zögert einen Augenblick, dann läuft er Richtung Kabinen. Klein wie eine Porzellanfigur erscheint die bekannte Silhouette in der Ferne.

„Give me your tired, your poor ...“ Mr Johnsons Stimme klingt feierlich.

„Your huddled masses yearning to breathe free,
The wretched refuse of your teeming shore,
Send these, the homeless tempest-post to me,
I lift my lamp beside the golden door!"

Thea sieht die weiße Frauengestalt mit der Fackel in der erhobenen Hand und würde am liebsten die Hände falten. Sie kennt die Worte. Im Englischunterricht haben sie die Verse ein paar Mal im Chor aufgesagt, und Thea hat sie auswendig gelernt, weil sie ihr so gut gefallen haben. Sie haben auch von den Auswanderern gesprochen und der schrecklichen Reise über den Atlantik, zusammengepfercht im Zwischendeck, die Neue Welt als einzige Rettung vor Hunger und Armut vor Augen.

„Schickt mir, die arm sind und geschlagen,
bedrückte Massen, die's zur Freiheit drängt,
der Länder Abfall, elend, eingeengt,
die Heimatlosen schickt, vom Sturm getragen
zum goldenen Tor, dahin mein Licht sie lenkt!"

Thea flüstert die Worte vor sich hin. Ich bin nicht arm und müde, denkt sie. Auch nicht elend und eingeengt, sondern umgeben von Luxus. Mir geht es besser als allen Auswanderern. Aber ich bin heimatlos. Und deshalb hält die Freiheitsstatue auch für mich ihre Fackel in den Himmel.

Herr Köcherts kommt zurück. Er trägt Philipp auf dem Arm. Gerade hat Herr Späh das Fenster einen Spalt geöffnet. Von unten dringt ein ohrenbetäubendes Konzert aus Autohupen und Schiffs- und Fabriksirenen.

„Das ist die Begrüßung für die Hindenburg", sagt Herr Späh. „Die New Yorker lieben den Zeppelin. Er ist genau ..."

Aber weiter kommt er nicht, denn ein schrilles Kreischen unterbricht ihn: „Lass ihn los!"

Max stürzt in den Raum, rennt zu seinem Vater, krallt sich an seiner Jacke fest: „Lass ihn los! Lass ihn sofort los!"

Alle Köpfe fahren herum. Thea, die dicht neben den beiden steht, erschrickt fast vor dem Ausdruck auf Herrn Köcherts Gesicht. Es zeigt eine geradezu mörderische Wut. Nicht einmal Ilse hat so schlimm ausgesehen, als sie sich über die Juden ereifert hat. Uschi, die gerade die Tische abräumt, ist mit wenigen Schritten bei dem Jungen und legt die Arme um ihn.

„Aber Max, was soll das heißen! Dahinten ist die Freiheitsstatue, und dein Vater will sie euch zeigen. Das ist doch eine wunderbare Idee, findest du nicht? Ich hab mich schon gewundert, dass du nicht mitgekommen bist."

Max merkt auf einmal, dass er die allgemeine Aufmerksamkeit erregt hat, und vergräbt sein Gesicht an ihrer Schulter.

„War im B-Deck, auf dem Klo", murmelt er.

Und da ist er die Treppe hochgekommen und hat gerade noch gesehen, wie sein Bruder zu den offenen Fenstern getragen wird, der arme kleine Kerl, denkt Uschi. Sie legt ihm die Hand auf die Stirn.

„Kind, du hast ja Fieber. Also deshalb benimmst du dich so sonderbar." Sie blickt zu Herrn Köcherts hoch. „Der Junge gehört ins Bett. Er hat sich ganz offensichtlich bei seinem Bruder angesteckt."

Die Stimmung entspannt sich fühlbar. Die Passagiere blicken wieder auf die Stadt, versuchen, weitere Sehenswürdigkeiten zu entdecken, und setzen ihre Unterhaltung fort. Die *Hindenburg* macht eine Kehrtwende und fährt den East River hinauf. Uschi nimmt Max an die Hand.

„Du kriegst jetzt auch Wadenwickel, genau wie dein Bruder. Und ich bleibe bei euch bis zur Landung. Wenn das Wetter nicht besser wird, kann es noch ein paar Stunden dauern, da bringen wir das Fieber schon herunter."

Herr Köcherts hat Philipp ziemlich unsanft auf den Boden gesetzt. Der läuft sofort zu Uschi und klammert sich an ihren Rock. Sie geht mit den beiden Kindern hinaus. Thea sieht, wie Herr Köcherts seiner Frau ein Zeichen macht.

„Am besten bringen wir unser Gepäck schon jetzt nach draußen, dann müssen wir gar nicht mehr in ihre Nähe."

Irene nickt, und die beiden gehen hinaus. Dennis schiebt sich neben Thea.

„Komische Eltern. Sie machen sich überhaupt keine Sorgen um die Kinder."

„Bloß um ihr Gepäck. Warum holen sie es denn aus der Kabine? Wir wissen doch noch gar nicht genau, wann wir landen."

Nachdenklich wühlt Thea mit beiden Händen in ihren Haaren. Jedes Mal erschrickt sie bei der Berührung, sie fühlen sich so fremd und trocken an wie Stroh. Ob sie sich einen kurzen Herrenschnitt zulegen muss, wenn ihre schwarzen Haare nachwachsen? So wie Dennis? Sie spiegelt sich in der Fensterscheibe und muss lachen bei der Vorstellung.

„Vielleicht haben die Eltern Angst, dass die Stewardess das Gepäck durchsucht", sagt Dennis langsam. „Sie ist von nun an allein in der Kabine. Na ja, mit den Kindern, aber die sind krank, und wahrscheinlich schlafen sie bald ein. Die Eltern haben irgendetwas zu verbergen, da bin ich mir sicher. – Warum hast du eigentlich eben gelacht?"

Sie dreht sich zu ihm um. „Ich habe mir vorgestellt, wie ich wohl mit ganz kurzen Haaren aussehen würde. So kurz wie deine."

Herrje. Sie sind vielleicht Verbrechern auf der Spur, und sie denkt an ihre Haare. Sie ist halt doch bloß ein Mädchen. Seine Schwestern reden auch ständig von ihren Frisuren. Er fühlt ein Gefühl von Enttäuschung in sich hochsteigen. Sie betrachtet sich wieder in der Fensterscheibe.

„Marion versucht schon seit Monaten, mich zu einem Bubikopf zu überreden. Die würde sich halb tot lachen, wenn sie mich mit einem Igelkopf sähe."

„Marion?"

„Meine Kusine."

Sie wird plötzlich dunkelrot.

„Habt ihr zweimal denselben Namen in derselben Familie? Das ist aber komisch."

Einen Augenblick lang überlegt Thea, ob sie eine besonders beliebte Vorfahrin namens Marion erfinden soll. Oder zwei weitere Vornamen für jede Kusine? Aber so schnell fallen ihr keine ein. Und außerdem will sie Dennis nicht weiter belügen.

„Nein, haben wir nicht. Es ist etwas passiert, dass wir – es ist eine Art Geheimnis. Ich erzähl's dir, wenn wir in Amerika sind."

„Bist du blind? Schau doch nach unten! Wir sind längst in Amerika."

„Hm. Ja, das stimmt." Sie zögert. „Aber doch nicht ganz. Wir sind noch nicht in Amerika, sondern erst darüber."

Dennis' Neugier ist geweckt. Das Grübeln über die Frisur war also doch nicht bloße Eitelkeit. Ein Geheimnis? Um einen Namen für zwei Mädchen?

„Ob in oder darüber – macht das einen Unterschied für dich?"

„Oh ja. Wir befinden uns nämlich noch in einem deutschen Luftschiff und damit auf deutschem Boden."

„So ein Unsinn!", sagt Dennis hitzig. „Wir sind in Amerika."

„Das ist kein Unsinn. Wenn der Kapitän mich jetzt verhaften und nicht von Bord lassen würde, dann könnte mir in Amerika niemand helfen."

Darauf sagt er erst einmal gar nichts, sondern betrachtet sie fassungslos.

„Verhaften? Dich?"

Sie nickt bloß und schaut wieder aus dem Fenster. Noch immer dehnen sich die Häuserschluchten unter ihnen.

„Wie heißt der Fluss?"

Dennis merkt, dass sie das Thema wechseln will. Er beugt sich über ihren Kopf. Er steht dicht hinter ihr und ist viel größer als sie.

„East River", sagt er.

Ihre Haare kitzeln sein Gesicht. Er schielt nach rechts und links. Alle anderen Passagiere schauen wie gebannt nach unten. Er hebt die Hand und nimmt vorsichtig eine Haarsträhne zwischen die Finger. Sie fühlt sich an wie Stroh und steht irgendwie leblos vom Kopf ab. Er fasst sicherheitshalber seine eigenen Haare an und dann noch einmal Marions. Der Unterschied ist so groß, als ob es zwei völlig verschiedene Substanzen wären.

Thea kämpft mit sich. Ihr Stiefbruder Fritz hat sie verraten. Ihre Klassenkameradin Ilse ist über sie hergefallen mit Beleidigungen. Am Montagmorgen hat sie geglaubt, dass sie nie mehr jemandem wird trauen können. Aber Frau Schulz und Dörte haben versucht, zu ihr zu halten. Marion hat ihr geholfen. Und Erika auch. In ein paar Stunden landet der Zeppelin auf amerikanischem Boden. Thea holt tief Luft. Sie wird nicht den Rest ihres Lebens allen Menschen misstrauen. Sie schaut zu Dennis hoch. Er lächelt sie an. Sie nimmt seine Hand und zieht ihn vom Fenster weg, in den Leseraum, wo sie zum ersten Mal miteinander gesprochen haben. Sie setzt sich auf einen der Ledersessel und weiß nicht, wie sie anfangen soll.

„Du hast deine Haare gefärbt, nicht?"

Wieder schießt die Röte in ihr Gesicht. Sie nickt.

„Ich habe gleich gedacht, dass schwarze Haare viel besser zu deiner Haut passen würden. Und zu deinen Augenbrauen."

„Findest du auch, dass Thea besser zu mir passt als Marion?"

„Thea? Hm. Hört sich nicht schlecht an. Thea." Er horcht dem Namen nach. „Klingt irgendwie dunkel. Passend zu den Haaren, mein ich. Hm. Gefällt mir fast besser als Marion."

Sie spürt auf einmal, wie ein Lachen in ihrer Kehle hochsteigt. Wieder fährt sie mit beiden Händen in ihre Haare.

„Oh Gott! Wie Putzwolle! Mein Vater wird mich überhaupt nicht erkennen."

„Dein Vater? Aber ich denke – deine Mutter ..."

„Meine Mutter ist in Frankfurt", sagt Thea leise. „Ich fahre zu meinem Vater. Er weiß es bloß noch nicht.

Niemand weiß es, außer Marion und Erika. Du bist der Erste, dem ich's sage."

Uschi hat Max gerade ausgezogen und ins Bett gesteckt, als das Ehepaar Köcherts hereinkommt. Er nimmt die Reisetaschen aus einem Fach, sie öffnet den Schrank.

„Soll ich Ihnen die Taschen packen?", fragt Uschi freundlich. Das Paar darf auf keinen Fall merken, dass sie etwas weiß. „Wenn die beiden erst ihre Wadenwickel haben, habe ich noch genug Zeit."

„Nicht nötig, das mache ich selbst." Egon räumt bereits das erste Fach leer. „Ich nehme unsere Sachen schon jetzt mit. Aber den Koffer der Kinder können Sie gleich fertig machen."

Auch Irene packt hastig ihre Reisetasche und gibt sich überhaupt keine Mühe, alles ordentlich zu falten. Egon nimmt das Gepäck und geht nach draußen, ohne ein Wort mit den Jungen zu sprechen. Irene dreht sich an der Tür um.

„Vergesst eure Mützen nicht, ihr zwei!" Sie sieht Max durchbohrend an. „Kann ich mich darauf verlassen?"

Max nickt. Dann sagt er schnell: „Ja, liebe Irene."

„Achten Sie bitte auch darauf, Fräulein! Ich kann es nicht ausstehen, wenn ich vergessenen Sachen hinterherlaufen muss."

„Das wäre in diesem Fall auch etwas schwierig, gnädige Frau. Wir fahren so schnell wie möglich zurück und sind schon morgen wieder über dem Atlantik."

Irene wirft ihr einen misstrauischen Blick zu. Macht die Kleine sich etwa lustig über sie?

„Also ein Grund mehr, alles mitzunehmen, Fräulein“, sagt sie scharf. Sie hat es immer für überflüssig gehalten, sich die Namen des Personals zu merken. Die Tür fällt unsanft ins Schloss. Die beiden Jungen atmen hörbar auf. Uschi kann ihre Gefühle verstehen. Sie geht zum Waschbecken und tränkt zwei kleine Handtücher mit Wasser.

„Du hast kein Fieber, das weiß ich. Aber ich mach dir trotzdem Wadenwickel. Vielleicht kommen sie zurück.“

Max lässt sich ohne Widerrede die nassen Tücher um die Beine wickeln.

„Das war doch komisch, oder?“ Uschi sieht ihn fragend an. „Sonst rühren sie keinen Finger. Wieso wollten sie sich denn jetzt nicht bedienen lassen?“

„Ich glaub, es ist wegen der Reisetasche.“ Max schaudert. Die Tücher sind sehr kalt und nass. „Sie hat einen doppelten Boden für das Paket von Massimo.“

Uschi stockt einen Augenblick, beherrscht sich dann und wickelt trockene Tücher um die nassen. „Das verstehe ich nicht ganz. Das musst du mir erklären.“

„Ich weiß nicht, ob ich das kann.“ Max merkt ihre Spannung und wird unsicher. „Als wir abgefahren sind von zu Hause, da hat sie gefragt, ob er das Paket von Massimo untergebracht hat. Es war nämlich verdammt sperrig. Das hat sie gesagt, nicht ich.“

„Schon gut. Ich kann mir vorstellen, dass sie nicht immer so vornehm spricht wie hier. Und dann?“

„Dann hat sie gefragt, ob es in die Tasche mit dem doppelten Boden gepasst hat.“

„Aber er hat keine Antwort gegeben“, ergänzt Philipp. „Er hat sich darüber aufgeregt, dass sie immer Verdammt sagt. Dabei tut er das auch.“

Uschi muss auf einmal an die Warnung der Wahrsagerin denken. Die *Hindenburg* soll in die Luft gesprengt werden. Aber das war doch falscher Alarm gewesen, die Frau wollte sich wichtig machen. Oder haben sie sich zu früh gefreut? Niemand glaubt einer Wahrsagerin, aber trotzdem kann jemand ein Attentat planen. Und bei den Köcherts passt alles zusammen. Mit den Kindern wirken sie wie harmlose Eltern, deshalb haben sie die Jungen entführt. Aber würde man wirklich eine Bombe in seiner Kabine aufbewahren? Warum eigentlich nicht? Man braucht einen Zünder, um eine Explosion einzuleiten, und solange der nicht eingestellt ist, kann gar nichts passieren.

Uschi setzt sich auf den Stuhl neben dem Bett. Falls wirklich Sprengstoff in der Tasche versteckt ist, dann ist er jetzt im Aufenthaltsraum. Beim Verlassen des Zeppelins braucht Herr Köcherts bloß die Tasche unter einem Sofa zu vergessen. Im Grunde ist das ein ganz ungefährliches Vorgehen. Herr Köcherts muss nur unmittelbar vor der Landung den Zeitzünder einstellen und kann dann sicher von Bord gehen.

Aber hat er nicht gehört, dass die Mannschaft an Bord bleibt? Der Gedanke durchfährt Uschi wie ein elektrischer Schlag. Die Besatzung besteht außer ihr aus 60 Mann. Natürlich werden der Kapitän und einige Offiziere aussteigen, um die Formalitäten zu erledigen und die Vorbereitungen zum Start zu überwachen. Und die Post und Fracht und Proviant müssen eingeladen werden.

Aber da man die Verspätung wieder einholen will, wird das alles in größter Eile geschehen, und die Mannschaft wird mit dem Herrichten der Kabinen beschäftigt sein, während die Passagiere noch aussteigen. 60 Mann an Bord – und vielleicht tickt ein Zeitzünder. Uschi springt auf.

„Wo gehst du hin?“

Die beiden fahren in die Höhe.

„Ich bin in fünf Minuten wieder da. Ich habe euch versprochen, dass ich bis zur Landung bei euch bleibe, und das tue ich auch.“

Sie könnte natürlich selbst nach der Tasche suchen, sobald sie die beiden von Bord gebracht hat. Aber wo soll sie damit anfangen? Außerdem muss sie den Kapitän bitten, die Polizei zu alarmieren, damit die Kinder unauffällig überwacht werden. Nein, sie braucht jemanden, der die Köcherts bis zur Landung im Auge behalten kann. Alle ihre Kollegen sind dafür zu beschäftigt. Doch das kleine Fräulein Aberle, das sie vor dem unangenehmen Dr. Schneider in Schutz genommen hat, die wird ihr bestimmt helfen. Da ist sie – völlig darin vertieft, die vor ihr sitzende Mademoiselle Victorine zu zeichnen. So ein Pech!

Aber ihre Freundin, Marion Meitner, die macht eigentlich auch einen sehr verständigen und resoluten Eindruck. Wo steckt sie bloß? Uschi mustert die Passagiere und geht in den Leseraum. Der ist leer – bis auf Fräulein Meitner und Mr Johnson junior, die nur Augen und Ohren füreinander haben und nicht einmal bemerken, dass sie näher kommt. Jetzt nimmt er ihre Hand und streichelt sie. Ob sich da etwas anbahnt? Aber die zwei sind doch noch halbe Kinder! Und die Geste war auch irgendwie mehr brüderlich und tröstend als verliebt.

Tu nicht so erfahren, du hast doch keine Ahnung, sagt sich Uschi ehrlich. Du hast noch nie jemanden gekannt außer Richard, und von dem hast du dich gerade ohne Bedauern getrennt. Und du willst dich auch gar nicht verlieben, du willst Stewardess bleiben, und zwar auf der *Hindenburg*. Und deshalb musst du auf alle Fälle verhindern, dass sie in die Luft gesprengt wird, selbst wenn du dir die Gefahr vielleicht nur einbildest und dich lächerlich machst. Also unterbrich die beiden jetzt schleunigst! Sie tritt neben den Tisch und räuspert sich.

„Entschuldigen Sie vielmals, gnädiges Fräulein, dass ich Sie störe, aber ich muss Sie unbedingt kurz sprechen. In einer ziemlich heiklen Sache."

Dennis versteht den Wink sofort und geht zum Fenster. Wirklich ein kluger, rücksichtsvoller Junge! Uschi erklärt mit wenigen Sätzen die Lage. Zu ihrem Erstaunen ist Fräulein Meitner überhaupt nicht überrascht.

„Die beiden sind uns von Anfang an verdächtig vorgekommen. Wir beobachten sie sowieso schon dauernd. Wir dachten nur, die Sache mit der Bombe hätte sich erledigt. Aber Sie können sich auf uns verlassen. Wo sollen wir denn mit der Tasche hin?"

Das ist eine gute Frage. Uschi überlegt. Es gibt mehrere Möglichkeiten. Aber man muss die sicherste wählen!

„Sobald Sie sehen, dass er die Tasche irgendwo versteckt oder auch nur zurücklässt, laufen Sie zur Führergondel und alarmieren den Kapitän. In Ordnung?"

Thea nickt, und Uschi geht erleichtert zu Max und Philipp zurück. Sie weiß, dass die Köcherts keinen unbeobachteten Schritt mehr machen können.

Gegen vier Uhr kommt ein riesiger Hangar in Sicht. Winzig kleine Menschen laufen durcheinander. Das ist Lakehurst, der Landeplatz der *Hindenburg*. Der

Himmel hat sich wieder verfinstert, Regenschauer peitschen gegen die Fenster. Die Wolken jagen, die Baumkronen ducken sich und schnellen wieder empor. Es müssen starke Böen übers Land fegen, obwohl man im Zeppelin nichts davon merkt, er fährt ruhig und ohne jede Erschütterung.

Der erste Offizier teilt den Passagieren mit, dass eine Landung bei den herrschenden Windverhältnissen zu gefährlich ist und dass man warten muss, bis der Sturm abflaut. Die *Hindenburg* dreht ab, macht einen Abstecher ins Landesinnere und fährt dann im Bogen zurück zur Küste, ganz langsam, um sich nicht zu weit von Lakehurst zu entfernen.

„Sieh nur, Victorine, sind das nicht die Seaside Heights? Gott, was sehen die von oben fremd aus.“ Albert versucht, sich in der Landschaft unten zurechtzufinden. „Und das war Toms River, oder nicht? Wie nett, dass wir noch eine kleine Rundfahrt machen, dann bekommen wir wenigstens zum Abschluss noch etwas zu sehen nach all dem Nebel. Das bisschen Verspätung mehr macht auch nichts mehr aus.“

„Na, ich weiß nicht, ob die Leute in Lakehurst Ihnen da zustimmen würden“, brummt Herr Späh. „Die warten doch jetzt schon seit Stunden. Meine Kinder sind bestimmt außer Rand und Band. Sie wissen, dass ich ihnen eine Überraschung mitbringe, aber ich habe nicht verraten, was. Inzwischen haben sie meine Frau wahrscheinlich so genervt, dass sie ihnen von Bella erzählt hat.“

Die *Hindenburg* schwebt über niedrige Eichen- und Kiefernwälder, über sandige Heiden, über menschenleere Küstenstreifen. Manchmal taucht ein Auto auf der schmalen, gewundenen Straße auf. Ein paar Minuten bleibt das Dach direkt unter ihnen, so langsam sind sie.

Gegen sechs Uhr schlägt ein kräftiger Regenguss gegen die Scheiben, dann legt sich der Wind, und es klart auf. Die *Hindenburg* dreht und fährt wieder Richtung Lakehurst. Die Passagiere stehen an den Fenstern, fast alle in Hüten und Mänteln, einige schon mit Handgepäck. Um sieben Uhr liegt der Landeplatz unter ihnen. Er ist rundum mit Seilen abgesperrt. Neben dem Flughafengebäude drängen sich die Zuschauer. Männer laufen auf den Platz, 50, 80, 100. Viele tragen weiße Mützen, die von oben so klein aussehen wie Mottenkugeln.

„Das sind Marine-Soldaten", erklärt Herr Späh. „Die gehören zur Haltemannschaft."

Die *Hindenburg* dreht noch eine Runde übers Landefeld und geht dabei tiefer. Die Zuschauer unten winken. Es ist kurz nach sieben. Dann macht sie bei voller Geschwindigkeit eine scharfe Linkskurve. Die Motoren bremsen das Schiff ab und werden gedrosselt. Auf einmal rennen die Männer unten auseinander. Ein Wasserfall stürzt herunter und spritzt in die Höhe. Die *Hindenburg* wirft Ballast ab und nähert sich langsam dem Haltemast.

„Du lieber Himmel, jetzt hätten wir fast das Auto vergessen." Irenes schrille Stimme übertönt im Aufenthaltsraum alle Gespräche. „Max wäre außer sich geraten. Ich muss schon sagen, wenn Sie einem erst die Sachen wegnehmen, dann könnten Sie wenigstens daran denken, sie hinterher zurückzugeben. Was glauben Sie, was der Junge für ein Theater gemacht hätte?"

„Ich hätte durchaus daran gedacht, gnädige Frau",

verteidigt sich der Steward. „Aber wir sind ja noch nicht gelandet. Ich kann Ihnen das Auto erst geben, wenn wir auf dem Boden sind."

„Jetzt machen Sie sich bitte nicht lächerlich! Bilden Sie sich ein, ich würde jetzt die Kurbel drehen, dass die Funken fliegen? Ich möchte nur sicher sein, dass mein Sohn sein Spielzeug hat, wenn wir von Bord gehen."

Man sieht dem Steward an, dass er Einwände machen will, aber da dreht Herr Köcherts sich um. Alle Passagiere stehen an den Fenstern und fangen an zu lachen, weil die *Hindenburg* noch einmal Wasser ablässt. Diesmal werden die Zuschauer nass gespritzt. Nur Thea und Dennis, die das Ehepaar nicht aus den Augen gelassen haben, sehen Egons Gesicht und den Blick, den er dem Steward zuwirft. Und sie verste-hen gut, dass der Mann nach einigem Zögern den Schrank aufschließt und das Auto herausholt. Herr Köcherts hat kein Wort gesagt, nur die Hand ausgestreckt, aber seine glühenden Eulenaugen und sein verkniffener Mund sehen – ja, richtig zum Fürchten aus.

Die Sonne blitzt durch einen Riss in den Wolken. Die Fenster des Zeppelins funkeln.

„Ausgerechnet jetzt!" Herr Späh ärgert sich. Er hat seine Filmkamera am Auge und versucht, unter den Wartenden seine Familie zu entdecken und zu filmen. Die Sonne verschwindet wieder. „Na also! Oh, ich glaube, da sind sie. Bitte, Fräulein Aberle, winken Sie für mich. Wie spät ist es?"

Erika winkt eifrig, so wie viele Passagiere neben ihr. Die Menschen unten schwenken Hüte und Tücher.

„Viertel nach sieben."

Auch Uschi hat aus dem Fenster der Kabine geschaut, während sie den Jungen beim Anziehen geholfen hat.

Jetzt überzieht sie die Betten und richtet die Kabine für die neuen Passagiere her. Die Stewards werden gleich in Rekordzeit arbeiten müssen. Ein Glück, dass nicht alle Kabinen belegt waren und dass die meisten schon geräumt sind, weil die Passagiere so schnell wie möglich von Bord wollen.

„Seht ihr, da ist schon der Haltemast. Gleich werden wir da festgebunden und nach unten gezogen. Sobald wir auf dem Boden sind, bringe ich euch in den Aufenthaltsraum. Und vergesst nicht, ich passe auf euch auf, auch wenn ihr mich nicht seht. Habt ihr eure Mützen?"

Max und Philipp stülpen sich die Mützen über die Ohren. Uschi schiebt Philipp den Ranzen auf den Rücken und drückt ihm den Bären in die Hand. Max nimmt den Koffer.

Auf dem B-Deck direkt unter ihnen räumen Jakob und Karlchen die Offiziersmesse auf.

„In der Führergondel treten sie sich jetzt bestimmt auf die Füße." Karlchen wischt die Tische ab. „Außer dem Steuermann, dem Höhensteuerer, dem Mann am Maschinentelegrafen und dem Diensthabenden sind noch vier Offiziere da, alle im Kapitänsrang. Dabei haben sie schon viele hundert Mal eine Landung erlebt. Aber sie finden's wohl immer wieder spannend."

Jakob beugt sich über die kurze Balustrade und schaut durch die schrägen Fenster. „In der Führergondel wär ich jetzt auch gerne. Die Sicht hier ist nicht gerade toll. Da kommt die Haltemannschaft, glaube ich. He, die hat's aber erwischt. Die sind jetzt bestimmt patschnass."

„Die hinteren Haltetaue sind schon am Boden.“ Im Aufenthaltsraum recken sich die Hälse nach allen Seiten. „Wir sind ungefährt 60 Meter hoch, schätze ich.“

„Albär! ’ör endlisch auf mit deine Kamera! Wozu du ’ast Augen?“

Aber Mr Albert knipst weiter wie wild. „Ich habe 70 Fotos gemacht auf der Fahrt. Jetzt will ich auch auf 80 kommen.“

Mr Johnson öffnet ein Fenster. Die Motoren brummen nur noch ganz leise. Man hört eine Stimme aus der Führergondel:

„Hello, old friend! We are here at last.“

Das ist der Kapitän, der den Kommandanten von Lakehurst begrüßt.

Plötzlich herrscht eine seltsame Stille. Die Motoren schweigen. Die Passagiere verstummen. Man hört kein Kommando, keinen Ruf, keinen Laut. Es ist wie ein großes Innehalten.

Ein leiser Knall ertönt, als ob ein Sektkorken aus der Flasche springt. Auf einmal reden alle Passagiere durcheinander.

„Da ist ein Halteseil gerissen.“

„Was ist denn mit der Haltemannschaft los?“

„Sie bleiben ja alle stehen.“

„Schau dir die Zuschauer an! Sie ducken sich.“

„Und sie reißen die Arme hoch. Was soll das heißen?“

„Die Männer rennen zurück.“

„Sieht aus, als ob sie weglaufen.“

Ein gewaltiger Ruck erschüttert das Schiff. Der Zeppelin bäumt sich in die Höhe, als ob eine Riesenfaust ihm einen Schlag versetzt hätte. Die hintere Wand des Aufenthaltraums glüht auf.

Irene kreischt: „Wir brennen!“

Eine riesige Stichflamme schießt empor, schnell wie ein Blitz. Die Wand zerreißt. Thea spürt ihr Herz klopfen. Das ist kein Blitz, der sofort verglüht. Beim zweiten Herzschlag hat die Flamme sich schon ausgebreitet wie eine pilzartige Blume und alle anderen Wände überwuchert.

Jemand schreit: „An die Fenster.“

Der Boden saust in die Senkrechte. Die Passagiere stürzen zu Boden. Stühle und Tische wirbeln durch die Luft. Thea umklammert das Geländer. Die kleine Französin fällt gegen sie, rutscht langsam nach unten und bleibt mit geschlossenen Augen an der Balustrade liegen. Sie hat eine klaffende Wunde an der Stirn. Dennis wird gegen eine Säule geschleudert und hält sich mit beiden Armen an ihr fest. Die Wände haben sich in tosende Flammen verwandelt.

Erika schlittert das ganze Promenadendeck entlang. Eine Sitzbank fängt sie auf. Körper werden gegen sie geworfen, fallen über sie. Das Gewicht auf ihr wächst. Es wird sie zerquetschen, ersticken. Tritte, Stöße, Püffe hageln auf sie herunter, als die auf ihr Liegenden versuchen, wieder in die Höhe zu kommen. Der Druck lässt nach. Erika bleibt keuchend liegen. Sie sieht, dass die anderen Richtung Bug rennen.

Die Flammen schlagen in den Raum, lange Flammenzungen, leuchtend rot und sehr schön anzusehen. Sie lodern durch die Wände, durch die Decke, durch alle Ritzen. Erika ringt nach Atem. Sie hat das Gefühl, als ob jeder Knochen in ihrem Leib gebrochen wäre. Sie zieht sich hoch. Dabei fällt ihr Blick auf die Armbanduhr. 22 Minuten nach sieben. Gerade haben sie sich noch über die Zuschauer und die Haltemannschaft gewundert. Jetzt kennen sie den Grund. Aber wie kann in einer knappen Minute dieses gewaltige Schiff in Brand geraten?

Sie setzt sich auf die Bank. Sie fühlt sich wie betäubt. Langsam führt sie kleine Bewegungen aus. Sie kann Arme und Beine noch rühren. Sie sitzt still und schaut sich um. Glühende Stücke fallen von der Decke, zischen durch den Raum, wirbeln im Sog des Feuers. Die Menschen springen hin und her, um ihnen auszuweichen. Sie schlagen mit wilden Bewegungen auf die Funken, die auf ihre Kleider fallen und plötzlich aufflammen. Die Münder stehen offen, ihre Gesichter sind verzerrt.

Gerade noch waren es Mitreisende, die Erika alle mit Namen kannte. Jetzt erkennt sie niemanden mehr. Sie haben sich in irre Tänzer verwandelt, die heulen wie die Teufel. Sie sieht auf einmal die mittelalterlichen Bilder vor sich, die sie im Museum besprochen haben. Das also ist das große Höllenfeuer – und sie sitzt mitten darin. Sie spürt eine ungeheure Hitze in ihrem Rücken, die ihren Mantel durchdringt, ihren Hut, sogar die Haare. Sie muss etwas tun, sie muss fliehen. Aber sie kann sich nicht rühren.

Ein Splittern ertönt neben ihr. Herr Späh hat mit seiner Kamera ein Fenster eingeschlagen.

„Das ist das Ende.“ Dr. Schneiders Stimme überschlägt sich. „Das ist das Ende.“

Er schleudert den kleinen Mann zur Seite, hämmert mit bloßen Fäusten auf die zersplitterte Scheibe ein, um die Öffnung zu vergrößern. Das Blut läuft an seinen Händen hinunter. Er schwingt sich auf die Fensterbank und zwängt sich nach draußen.

Herr Späh kommt wieder auf die Beine.

„Springen Sie nicht!“, schreit er. „Halten Sie sich fest. Wir sind noch zu hoch!“

Er schlägt eine andere Scheibe ein, direkt neben Erikas Sofa. Er hangelt sich nach draußen und hält sich am Rahmen fest. Erika dreht langsam den Kopf und schaut ihm nach. Herr Späh baumelt draußen vor dem Promenadendeck. Er sieht aus wie in seiner berühmtesten Nummer: Ein zappelnder Mann, der sich verzweifelt festhält und nicht weiß, wie er auf den Boden kommen soll. Neben und über ihm lodert eine goldrote Flammenwand.

Erika sieht seine Finger, die sich um die Streben klammern, und daneben die des Kritikers, dessen eine Hand plötzlich abrutscht. Er greift nach dem Artisten, krallt sich in dessen Jackett, versucht sich am Revers festzuhalten. Aber er ist zu schwer, das Jackett zerreißt, und er stürzt in die Tiefe.

Herr Späh dreht den Kopf nach oben und schaut Erika an.

„Kommen Sie, Fräulein, kommen Sie! Ich helfe Ihnen.“

Erika steht langsam auf. Sie hält sich an der Fensterbank fest. Die Erde kommt näher und näher. Wie weit mag es noch sein? Zehn Meter? Der Akrobat lässt los, fällt nach unten, macht eine Rolle, die ziemlich schief ausfällt, kommt in die Höhe. Er dreht sich um und winkt ihr zu. Seine Haut glüht rot im Feuerschein. Er reißt die Hände hoch, um sein Gesicht vor der Hitze zu schützen, und beginnt, humpelnd zu laufen.

Thea umklammert immer noch die Balustrade, Dennis die Säule. Glosende Fetzen der Außenhaut segeln durch die Luft. Glühende Metallteile brechen von der

Decke. Thea schreit auf, als ein Stück ihre Hand streift. Sie lässt das Geländer los und krabbelt unter einen Tisch. Dennis macht es ihr nach. Sie sitzen unter der Platte wie unter einem Dach. Sie versuchen, nach Victorine zu greifen, aber die rutscht aus ihrer Reichweite, während ihre Kleider sich in dem Glutregen entzünden. Thea ächzt vor Entsetzen. Dennis schreit: „Victorine! Victorine!"

Aber seine Stimme ist nur ein Flüstern im Heulen und Prasseln der Flammen. Direkt vor ihren Füßen öffnet sich ein Spalt in den Dielen. Sie können durch ein Loch im B-Deck auf den Landeplatz sehen. Die Erde nähert sich in rasender Geschwindigkeit. Die *Hindenburg* stürzt ab. Gleich muss ein schrecklicher Aufprall zu spüren sein.

Jetzt! Der Stoß schleudert Möbel und Menschen in einem wirren Haufen gegen das Treppengeländer. Sie erdrücken mich, denkt Dennis. Ich werde zermalmt. Er spürt die Streben des Geländers in seinem Rücken, schiebt sich durch den Zwischenraum, fällt auf die Stufen zum B-Deck und rollt nach unten.

Für den Bruchteil einer Sekunde sieht Thea den glänzenden Bronzekopf des Feldmarschalls Hindenburg, umzüngelt von Flammen. Sie hält noch immer ein Bein des Tisches umklammert. Er ist herumgewirbelt worden und liegt jetzt mit der Platte nach unten. Sie stößt sich mit beiden Beinen ab und rutscht auf dem Tisch wie auf einem Schlitten die Stufen hinunter. Am Fuß der Treppe rappelt Dennis sich in die Höhe.

Auf einmal öffnet sich der Fußboden vor ihnen. Aber er zerbricht nicht. Nein, die Aluminiumtreppe löst sich wie bei einer ordnungsgemäßen Landung und setzt auf der Erde auf. Sie stolpern die Treppe hinunter. Um sie herum wirbeln Glutbälle. Sie halten den Tisch als Schutzschild über den Kopf, gehen wie Schlafwandler durch die Flammen und den Feuerregen.

Eine unsichtbare Gewalt schmettert Jakob und Karlchen gegen die Wand der Offiziersmesse. Jakob bleibt halb betäubt liegen. Karlchen robbt zur Tür, greift nach der Klinke, rüttelt mit beiden Händen, reißt mit aller Kraft, schreit auf einmal vor Schmerzen. Die Klinke hat sich in die Handflächen gebrannt, die Haut schmilzt. Die Tür schwankt. Die Wände verwandeln sich in Flammen. Die Tür neigt sich nach vorne. Karlchen versucht noch, sich zur Seite zu werfen, aber sie zerschmettert seine Zehen. Im Gang vor der Offiziersmesse wogt ein Meer aus Glut. Der nächste Stoß schleudert ihn in die Flammen.

Jakob richtet sich auf. Es gibt keine Wände, keinen Boden, keine Decke mehr. Es gibt nur noch Feuer. Die Aluminiumträger beginnen zu glühen. Die Hitze ist unerträglich. Ihm ist, als ob er feurige Nägel einatmen würde. Die Rippen des Gestänges biegen sich. Die *Hindenburg* hat sich in einen Hochofen verwandelt, in dessen Glut Metalle schmelzen. Jakob sieht durch die Flammen, wie Männer die Träger loslassen und in das brüllende Feuer stürzen.

„Ich will nicht sterben!“, wimmert er. „Ich will nicht verbrennen!“

Auf einmal weiß er, dass er nicht in einem Hochofen ist, sondern in einem Zeppelin. Und der hat Kabinenwände aus Stoff und eine Außenhaut aus beschichteter Baumwolle und Leinen. Er rutscht auf die Außenhaut zu. Da ist ein Riss! Er tritt mit beiden Füßen dagegen. Der Riss wird größer. Er zwängt die Beine hindurch. Der Riss weitet sich zu einem Loch. Jakob rutscht weiter. Das Loch vergrößert sich. Er fällt.

Uschi hat die Klinke schon in der Hand, um mit den beiden Jungen hinauszugehen, als ein fürchterlicher Ruck sie zur Seite schleudert. Der Boden hebt sich. Er liegt nicht mehr waagerecht unter ihren Füßen, er verwandelt sich in eine schiefe Ebene, in eine fast senkrechte Wand. Der Boden schüttelt sie ab. Sie landet in dem einen Doppelstockbett, auf den schreienden Kindern. Die seitliche Wand bildet jetzt eine Art Boden unter ihnen – und der Boden beginnt zu glühen.

Sie zieht sich am Bettpfosten in die Höhe, greift nach dem Stuhl und schleudert ihn durchs Fenster. Das Klirren ist nicht zu hören, nur das Sausen der Flammen. Wieder ein Ruck, der das Bett zum Schwanken bringt. Der Boden saust in seine Lage zurück, ist immer noch schräg, aber begehbar.

„Zum Fenster!“, schreit sie.

Max gehorcht, aber Philipp presst die Hand vor die Augen und rührt sich nicht. Sie packt ihn und trägt ihn zum Fenster. Draußen heult das Feuer. Aber da, gleich unter ihnen, da ist ein Stückchen Erde und Gras. Sie sind abgestürzt. Sie sind auf dem Boden. Und da kauert eine kleine Gestalt, beleuchtet von Flammen.

„Jakob!“, schreit sie.

Jakob blickt verzweifelt um sich. Er hat gar nicht begriffen, dass er gesprungen ist. Er spürt auf einmal weichen Sand und Gras unter den Fingern. Um ihn herum herrscht eine fast undurchdringliche Dunkelheit. Die Helligkeit des Tages ist verschwunden. Er ist umgeben von tiefschwarzem Qualm, von zuckenden Flammen. Wie durch ein Wunder ist er der Feuerhölle in der Offiziersmesse entkommen – nur um jetzt in die nächste zu geraten. Er blickt nach oben. Da taucht im Gewirr von Streben und Feuer und Rauch eine Gestalt auf. Nein, zwei Gestalten.

Uschi hebt Max hoch.

„Spring!"

Max blickt nach unten. Er zittert.

„Spring! Jakob fängt dich auf!"

Max springt. Uschi hebt Philipp hoch. Er klammert sich an ihr fest. Den Teddy hat er vorne in den Mantel gestopft.

„Du musst springen, Philipp! Spring zu Max!"

Er lockert seinen Griff nicht. Sie zieht den Bären aus dem Mantel und wirft ihn nach unten.

„Da, siehst du, dein Teddy ist schon gesprungen. Max hat ihn aufgefangen. Jetzt spring hinterher!"

Sie schiebt ihn an den Rand der Brüstung. Er lässt sie los und fällt nach unten. Sie spürt, wie die Flammen ihr Kleid ergreifen. Der Boden unter ihr gibt nach und verwandelt sich in Feuer.

Jakob, Max und Philipp stehen dicht nebeneinander, eingeschlossen von Flammen und Rauch. Plötzlich stürzt ein Wasserfall auf sie herunter. Das Feuer um sie herum verlöscht, der Rauch wälzt sich zur Seite. Sie sind nass bis auf die Haut. Das Wasser läuft ihnen aus Haaren und Kleidern. Sie starren nach oben. Über ihnen ist ein Wassertank geplatzt. Schon lodern die Flammen wieder durch die Außenhaut.

„Wo bist du?", schreit Max. „Wo bist du?"

Philipp lehnt sich gegen ihn. „Sie kann doch fliegen. Sie fliegt in den Himmel."

Jakob zieht sie mit sich. „Kommt schnell! Lauft! Dahinten sind Leute!“

Erika sitzt immer noch auf der Bank, fast teilnahmslos, ohne sich zu rühren. Ein Stoß erschüttert den Raum. Sie rutscht nach vorne, dann zurück auf den Sitz. Die Dielen brechen auseinander. Die Flammen sind jetzt überall. Das Schiff muss auf dem Boden aufgeschlagen sein. In dem Feuermeer vor den Fenstern erkennt Erika Gestalten in Uniform. Sie winken und schreien.

„Come out of here! Come out of here!“

Die Scheiben bersten aus den Rahmen. Auf einmal kann sie sich bewegen. Sie springt auf. Sie rennt durch die Flammen. Jemand packt sie und zieht sie mit. Sie rennt. Sie rennt wie noch nie in ihrem Leben.

„Wir müssen laufen!“, keucht Dennis. „Oh Gott, was ist das heiß!“

Er schlägt mit der Hand auf seinen Nacken, um die Flammen dort zu ersticken, aber jetzt ist der Hitzeschmerz auf der Hand, und als er sie zurückzieht, ist sie übersät mit Brandblasen. Der brennende Zeppelin haucht seinen Glutatem aus wie ein offener Hochofen. Sie haben den Tisch fallen lassen, weil die Beine anfingen zu glühen.

Thea gibt keine Antwort. Sie hat noch kein Wort gesprochen, seit das Feuer ausgebrochen ist. Er fängt an zu laufen und zieht sie mit sich. Auf einmal schreit sie auf. Ihre Jacke steht in Flammen. Sie wirft sich zu Boden, wälzt sich im Gras. Dennis geht in die Knie, reißt sich den Mantel herunter, schlägt damit auf sie ein, erstickt die Flammen.

Thea öffnet die Augen. Sie kann noch sehen. Sie sieht den glühenden Kern der Flammen, ein Gebirge, einen Gebirgskamm aus goldgelben Flammen mit glutroten Rändern, darüber die schwarzen, wirbelnden, sich wälzenden Massen der Rauchwolken. Sie fasst sich an den Kopf, der Hut zerbröselt unter ihren Fingern in Ascheflocken. Von ihren Haaren sind nur kurze Stoppeln geblieben.

Das Strebewerk der *Hindenburg* zerbricht und kracht zusammen. Glosende Metallstücke schießen durch die Luft. Ein weiß glühendes Teil zischt neben Dennis zu Boden, streift ihn. Ein wahnsinniger Schmerz fährt durch sein Bein. Die Hose brennt, die Glut schmort durch die Haut. Er bricht über Thea zusammen und stößt Heultöne aus wie ein Tier. Die scheinen sie zur Besinnung zu bringen. Sie schiebt ihn von sich herunter, sieht das brennende Bein, tötet die Flammen mit dem Mantel.

Unter einem zerborstenen Mast ragt eine Hand hervor. Ein Ring funkelt an einem Finger, Frau Köcherts großer Brillantring mit dem Saphir in der Mitte. Thea sieht ihn, aber sie begreift nicht, was der Anblick bedeutet. Der Schock lässt sie nicht denken.

„Ich kann nicht mehr laufen!“, stöhnt Dennis.

„Du musst!“

Sie packt ihn unter den Armen, richtet ihn auf, stützt ihn. Er humpelt stöhnend neben ihr her. Über dem Heulen der Flammen, dem Krachen der zusammenstürzenden Masten hört er plötzlich eine Stimme: „Marine-Männer, stehen bleiben!“

Mit schaurigem Pfeifen saust eine rot glühende Säule neben ihnen zu Boden. Dann wieder die Kommando-Stimme:

„Wir müssen die Leute da rausholen."

Vor ihnen taucht ein riesenhafter Mann mit der weißen Marine-Mütze aus dem Qualm auf, dann noch mehr weiße Mützen. Thea und Dennis bleiben stehen. Die Männer laufen auf sie zu und stützen sie. Ein Passagier taumelt an ihnen vorbei. Eine Flamme zischt empor und beleuchtet ihn. Der Anzug hängt in Fetzen vom Körper, die Haut darunter ist schwarz. Noch bevor die Männer in den weißen Mützen ihn packen können, bricht er zusammen und liegt still.

Zwei Marine-Soldaten bilden aus ihren Armen einen Sitz für Dennis, ein dritter hebt ihn darauf und hält ihn fest. Ein Mann will Thea auf den Arm nehmen, aber sie schüttelt den Kopf. Sie will hinter Dennis hergehen. Eine Frau taucht aus dem Qualm auf. Zwei Männer nehmen sie an den Ellbogen und stützen sie. Sie blickt starr geradeaus. Die Kleider wirken intakt, bis auf einige Brandlöcher. Sie hat sogar noch den Hut auf dem Kopf. Als die Männer sie vorbeiführen, sehen Dennis und Thea, dass ihre Schultern verkohlt sind.

Um sie herum laufen die Menschen, schreien, taumeln, versuchen den Flammen zu entkommen.

Thea macht Schritt für Schritt, mit leerem Kopf, kaum einer Empfindung fähig. Und allmählich merkt sie, dass der Gluthauch schwächer wird. Sie dreht sich um. Die graue Außenhaut der *Hindenburg* ist verschwunden. Die Gloriole aus Flammen zeigt die gewaltige Aluminiumkonstruktion des Schiffes in überwältigender Nacktheit, als glühendes, rotgoldenes Skelett, umwölkt von Flammen und Rauch. Dann kracht die Spitze des Bugs auf den Boden und verbiegt sich zu einem gigantischen Gewirr aus Sprossen, Masten und Rippen.

# Nachwort der Autorin

Bis heute ist nicht mit letzter Sicherheit geklärt, warum die *Hindenburg* bei der Landung in Lakehurst am 6. Mai 1937 verbrannte. Ein Beweis für eine Bombe oder Sabotage ist nie erbracht worden. Die Fachleute nehmen an, dass sich in der Gewitteratmosphäre entweder durch den neuen Spannlack der Außenhülle oder durch das elektrische Potenzialgefälle zwischen Wolken und Luftschiff im Augenblick der Erdung durch die Halteseile Funken gebildet haben. In beiden Fällen muss in einer Gaszelle im Heck beim Landemanöver ein Leck entstanden sein, sodass die Funken das Gas-Luft-Gemisch entzünden konnten. Der Zeppelin verwandelte sich innerhalb von Sekunden in ein Flammenmeer. Bei dem Unglück starben von den 97 Menschen an Bord 35. 13 von ihnen waren Fahrgäste und 22 Besatzungsmitglieder. Außerdem kam ein Mitglied der Haltemannschaft ums Leben.

Die technischen Daten des Luftschiffs und viele Details der Fahrt und des Unglücks entsprechen den Tatsachen. Einige sind allerdings aus früheren Fahrten der *Hindenburg* entliehen. So war der Aluminium-Flügel auf dieser Atlantikfahrt nicht mehr an Bord.

Es standen tatsächlich zwei kleine Jungen, ein Journalist, eine fünfköpfige Familie und ein Akrobat auf der Passagierliste, und zur Besatzung gehörten ein 14-jähriger Hilfssteward und eine 22-jährige Stewardess. Allerdings habe ich für alle Personen neue Lebensläufe und Namen erfunden.

Christa-Maria Zimmermann, Februar 2000

**Christa Maria Zimmermann** ist in einem mit Antiquitäten vollgestopften Barockhaus aufgewachsen, das nur wenige Schritte vom Rhein entfernt stand. Sie studierte Kunstgeschichte und Geschichte, arbeitete als Redakteurin bei einer große Tageszeitung, heiratete und bekam statt der geplanten sechs nur vier Kinder. Ihre Kinder sind heute die ersten und kritischen Leser ihrer Bücher und viele ihrer Geschichten würde ohne sie anders verlaufen.